감정의
과학

SHIFT
Copyright © 2025 Ethan Kross
All rights reserved.

Korean translation copyright © 2025 by Woongjin Think Big Co., Ltd.
Korean translation rights arranged with The Marsh Agency Ltd. through EYA Co., Ltd.

이 책의 한국어판 저작권은 EYA Co., Ltd를 통한 The Marsh Agency Ltd. 사와의 독점
계약으로 ㈜웅진씽크빅이 소유합니다.
저작권법에 의하여 한국 내에서 보호를 받는 저작물이므로 무단전재 및 복제를 금합니다.

감정의 과학

불안과 무기력, 감정 기복의 악순환을 끊는
6가지 감정 체인저

—— Shift ——

이선 크로스 지음 · 왕수민 옮김 · 김경일 감수

웅진 지식하우스

일러두기

- 이 책은 국립국어원 표준국어대사전의 표기법을 따랐으나 일부 용어의 경우 통상의 발음을 따랐다.
- 독자의 이해를 돕기 위한 옮긴이 주는 본문 중 괄호 안에 '–옮긴이'로 표기하고 기술했다.
- 본문 중 주요 용어와 인명은 첨자로 원어를 병기했다.
- 국내 번역 출간된 도서는 한국어판 제목을 표기했으며, 미출간 도서는 원어를 병기했다.

본의 아니게
'왜'라는 질문으로 이끌어 주신 할머니,
항상 곁을 지켜주신 어머니,
그 외 모든 것을 해준 라라, 마야, 대니에게
이 책을 바칩니다.

감수자의 말

반응과 결정을 구분하는 지혜에 관한 친절한 안내서

_김경일(인지심리학자)

> 공포는 반응이다. 용기는 결정이다.
> Fear is a reaction, Courage is a decision.
> _윈스턴 처칠

얼마 전 기업인 한 분을 만났다. 삶의 연륜과 성숙함의 면에서 나보다 한참 위에 있는 존경할 만한 분이었는데, 약간 민망해하면서 이런 고충을 토로하셨다.

"젊은 직원들과의 대화가 힘들고 그들에게서 여러모로 불편한 느낌을 받을 때가 많아져 당황스러워요. 이제 나이 어린 사람들과는 거리를 좀 두고 대화도 줄여야 할 것 같습니다."

내게 그분은 롤모델과 같은 존재였기에 놀라운 마음을 감출 수 없었다. 바로 그 순간, 내가 예전에 겪었던 이와 비슷한 일이 떠올랐다.

당시 나는 한 기업의 부장님과 함께 세미나에 참석하기 위해 지하철을 타고 이동 중이었다. 종종 출근길에 장애인 운동 단체에서 장애인 이동권과 관련된 시위를 벌일 때가 있는데, 그날이 바로 그랬다. 그 시위로 인해 우리는 제시간에 세미나에 도착하기가 어려워졌다. 그 세미나의 주최자이자 진행자였던 부장님은 매우 난감해했다. 하지만 그 부장님을 더욱 당황스럽게 한 것은 자신이 평소 장애인 권리 문제에 관심이 많고 장애인 이동권 보장 요구를 적극적으로 지지한다는 사실이었다. 가족 중 한 사람이 장애인인 영향으로 장애인 이슈에 더 관심을 가지고 살아왔는데, 막상 장애인 시위로 지하철이 연착되자 불편함을 느꼈던 것이다. 그분은 짜증에 더해 당황스러움까지 느끼면서 이러지도 저러지도 못하는 표정을 짓고 있었다.

그 순간 심리학자들이 참으로 좋아하는 말 하나가 필자의 뇌리를 스쳤다. "Fear is a reaction. Courage is a decision(공포는 반응이다. 용기는 결정이다)." 윈스턴 처칠의 말로 알려진 이 문장은 정말이지 많은 심리학자가 무릎을 치며 공감하는 말이다. 연구를 해볼수록 맞는 말이기 때문이다. 공포는 인간으로서 당연히 느낄 수밖에 없는 반응이다. 이는 정상이라는 뜻이며 오히려 두려움을 느끼지 않는 쪽이 이상하다. 중요한 건 그다음에 나오는 '용기는 결정'이라는 말이다. 우리가 어떤 일을 경험하면서 느끼는 '감정'과 최종적인 행동을 이끌어내는 '결정'은 분명히 서로 다른 문제이다. 뇌에서의 반응과 결정의 발생 순서도 명확히 구분되며 서로 다르다.

그런데도 우리는 살아가면서 종종 이 둘을 동일시하는 오류를 저지른다. 장애인 시위를 보면서 느끼는 불편함은 '반응'이다. 하지만 그럼에도 불구하고 그 시위를 성원하고 지지하는 것은 자신의 주체적인 '결정'이다. 그래서 나는 그분의 당황스러운 마음을 달래드리고자 이렇게 말했다.

"부장님, 짜증내세요. 그리고 그분들을 응원하세요."

그렇다. 반응과 결정을 별생각 없이 동일시하면 자신이 느낀 부정적 감정과 평소의 가치관 중 하나를 왜곡하는 오류가 발생한다. 『감정의 과학』의 저자 이선 크로스는 이러한 지점을 참으로 잘 들여다보고 있다. 우선, 앞의 두 예시처럼 화가 나거나 불쾌하다고 자신의 가치관이나 신념을 의심하는 경우를 보자. 이 경우 자신이 오랫동안 쌓아온 관계나 가치관을 우연하거나 사소한 일들로 인해 허물어 버리면 이후 큰 후회를 겪게 될 수 있다. 예를 들면 배우자나 연인의 특정한 행동을 보며 짜증과 불쾌한 감정을 느낀 나머지 이제 그 사람과 헤어져야 할 때라는 결론에 도달했다고 하자. 하지만 결국 여전히 사랑하는 사람을 잃었다는 사실을 깨닫고 더 큰 후회를 하게 된다.

두 번째 오류는 자연스럽게 느끼게 되는 감정 반응이 자신의 신념 체계와 부합하지 않는다고 해서 그 감정 자체를 부정하는 오류이다. 이 오류는 더 심각하다. 자신의 신념이나 평소 생각과 어긋나는 감정을 느꼈다는 사실을 애써 부정하다 보면, 실제로 일어난 상황에 대해 대처하기가 쉽지 않기 때문이다. 이런 함정에 빠지는 사람들은 대체로 '모든 것은 최선을 다하면 바꿀 수 있다.'고 믿으며 과도하게 긍정적인 가치관을 지니고 있다. 이들은 살면서 자연스럽게 느끼게 되는 부정적 감정을 과장된 긍정으로 왜곡하곤 한다.

이선 크로스는 우리가 더 지혜롭게 살아가려면 감정을 자연스럽게 받아들이면서도 그것에 지배당하지 않아야 하며, 이를 위해서는 좋은 결정과 행동으로 감정을 조절해야 한다고 말한다. 이순신 장군이 13척의 배로 약 330척의 배를 거느린 일본군에 맞서야 했던 절체절명의 위기를 다룬 영화 〈명량〉에 이런 대사가 나온다.

"육지라고 무사할 듯싶으냐. (…) 더 이상 살 곳도 물러설 곳도 없다. 목숨에 기대지 마라. 살고자 하면 필히 죽을 것이고, 또한 죽고자 하면 살 것이니."

두려움을 부정하지 않고 그것을 용기로 바꾸고자 한 이순신 장군의 지혜는 "공포는 반응이다. 용기는 결정이다."라는 윈스턴 처칠의 말과 일맥상통한다.

문제는 그 방법을 우리가 잘 모른다는 점이다. 그래서 인간의 다양한 감정과 연결되는 생각, 그리고 최종적인 행동의 연결고리를 잘 알고 있는 심리학자의 조언이 필요하다. 이선 크로스는 『감정의 과학』을 통해 그 '방법'을 매우 친절하면서도 조리 있는 설명으로 충분한 근거와 설득력을 갖춰 논지를 펴나간다. 감정 관리에 애먹고 있는 이들에게는 참으로 쓸모 있는 감정 사용 설명서가 될 것이다.

위인들의 이야기는 그들이 밟아나간 비범한 행적과 그 결과 이뤄낸 찬란한 업적에 주목하곤 한다. 그렇기에 평범하기 그지없는 우리가 보기에는 그들이 너무 대단해서 괴리감과 열등감마저 느껴진다. 하지만 불안, 공포, 무기력과 같은 감정들은 인간이라면 누구나 느낄 수밖에 없으며, 역사 속 위대한 인물들도 역시 예외일 수 없었다. 그들은 삶에서 마주한 두려움과 불안과 무기력을 어떻게 이겨냈을까? 이제 그 감정 관리의 기술을 이 책과 함께 차근차근 알아가 보자.

contents

감수자의 말　반응과 결정을 구분하는 지혜에 관한 친절한 안내서　6
　　　　　_인지심리학자 김경일

들어가며　**감정에 '왜'를 물을 때**　16

할머니가 겪은 참혹한 전쟁 16 | '왜'는 고통만 낳을 뿐이란다 20 | 인류 역사는 감정 조절법을 찾는 여정 27 | 외로움이 국가적 과제가 되는 시대 31 | 만능 해결책은 없다 33

part 1
감정이란 무엇인가

chapter 1　**우리는 왜 그런 감정을 느낄까**　43

미 해군 특수부대의 감정 스위치 43 | 아름답고 혼란스러운 감정적 삶 50 | 감정이란 무엇인가 52 | 부정적 감정의 순기능 58 | 감정 조절을

못하는 아이의 50년 뒤 64 | 감정이라는 악기를 제대로 연주하려면 71 | 조절할 줄 모르면 지배당한다 74

chapter 2 **감정은 조절할 수 있다**   77

불안한 생각을 멈출 수 없을 때 77 | 우리가 통제할 수 없는 것 82 | 우리가 통제할 수 있는 것 88 | 자기효능감의 강력한 힘 93

part 2
안에서 밖으로의 전환

chapter 3 **나만의 프루스트 효과 만들기**   105
　　　　　도구 ① 감각 전환

1980년대 파워 발라드가 가르쳐 준 것 105 | 감각 경험의 놀라운 효과 111 | 마들렌 한 조각이 소환한 기억들 115 | 최소 노동의 법칙 121 | 나만의 감각 처방전 127

chapter 4 **스포트라이트, 돌리거나 비추거나**   136
　　　　　도구 ② 주의력 전환

회피할 것인가 직면할 것인가 136 | 불구덩이 속으로 걸어 들어가기 141 | 농구계 악동의 회피 전략 145 | 상처에는 시간이 약이다 152 | 감정에도 유연성이 필요하다 154 | 회피와 접근의 똑똑한 사용법 158

| chapter 5 | 감정을 바라보는 필터 바꾸기   165
          도구 ③ 관점 전환

"젠장, 말이야 쉽지" 165 | 감정을 바꾸는 A-B-C 공식 170 | 1인칭 시점에 중독된 사람들 174 | 모국어로 듣는 욕설이 더 찰진 이유 180 | 거리를 둔 자기 대화, "너는 할 수 있어" 182 | 머릿속 시간 여행을 떠나보자 189 | 태도는 선택할 수 있다 193

part 3
밖에서 안으로의 전환

| chapter 6 | 감정에도 오아시스가 필요하다   201
          도구 ④ 공간 전환

우울증에 걸린 행복 전문가 201 | 공간의 힘 206 | 감정의 오아시스, 장소를 옮겨라 210 | 의지력보다 강력한 가족사진의 효과 220 | 오아시스는 어디에나 있다 227

| chapter 7 | 감정 조언자를 찾아라   231
          도구 ⑤ 관계 전환

꼰대형 리더와 치어리더형 리더 231 | 감정이 마치 바이러스처럼 234 | 건강한 감정 조언자, "나한테 말해봐" 238 | 비교라는 기쁨 도둑 이용하기 248 | 배려의 전염성이 더 강하다 256 | 관계의 직조물 속에서 살아가다 261

> chapter 8 마음을 움직이는 마스터 스위치   263
> 도구 ⑥ 문화 전환

해고당한 알코올중독자 263 | 마음을 움직이는 문화의 힘 270 | 툰드라에 간 브루클린 사람 274 | 믿음·규범·관행을 바꿔라 286

part 4
감정 전환 시스템 설계하기

> chapter 9 나만의 자동 전환 시스템을 설계하라   297

격렬한 감정에 대비한 시나리오 301 | 감정 폭탄을 해체하는 WOOP 기술 307

> 나가며 건강한 감정적 삶을 위하여   316

감사의 말   328
주   332

| 들어가며 |

감정에
'왜'를 물을 때

할머니가 겪은
참혹한 전쟁

농가의 문이 갑자기 열리고 군인들이 우르르 들이닥친 순간, 도라 크레민Dora Kremin은 몇 달 만에 입에 댄 따뜻한 식사가 실은 함정이었음을 깨달았다.[1] 1943년 겨울, 도라는 남자친구 이지Izzy와 함께 아직 폴란드 땅이었던 에이시쇼크 외곽의 눈 덮인 숲속에서 살고 있었다. 둘은 한창나이인 20대의 젊은 연인이었다. 2차 세계대전이 터지기 전까지는 가족, 공동체, 음악과 게임을 곁들인 금요일의 식사가 전부였던, 작은 마을에서의 평범한 삶이었다. 그러던 어느 날 나치가 오토바이를 몰고 마을로 들어왔다. 그들은 유대인

주민들에게 모두 평소와 같을 것이며, 그저 함께 일하고 함께 살게 될 뿐이라고 했다. 하지만 얼마 지나지 않아 그 모든 비극이 시작됐다. 유대인 주민들은 출신을 드러내는 노란 별을 옷에 달아야 했고 강제 노역에 동원됐으며 집을 빼앗기고 짐승처럼 몰아넣어졌다.

아직 어린아이였던 도라는 여느 때처럼 계란과 치즈를 사러 시장에 갔다가 가족, 친구들, 그때껏 알고 지낸 이웃들과 함께 줄을 서서 총살을 기다리는 신세가 됐다. 그런데 마침 이지가 나치 점령기 전부터 알던 폴란드인 경비병에게 손을 써서 도라를 도망치게 해줬다. 그 덕분에 도라는 달아날 수 있었다.

다행히 도라의 언니 부부도 에이시쇼크에서 무사히 빠져나와 도라, 이지와 함께 넷이서 몇 안 되는 유대인 무리에 합류했다. 이들은 유대인 거주지인 게토^{ghetto}를 전전한 끝에 무장 저항군을 만나 숲속의 벙커를 은신처로 삼았다. 그해 겨울에는 폭설이 심해 아무도 벙커 밖으로 나갈 엄두를 내지 못했다. 누군가의 발자국이 나치의 눈에 띄기라도 하면 모두 총살당할 게 뻔했다. 벙커 안에서 감자를 구워 먹으며 하루하루 연명하던 중 이런 소식이 들려왔다. 나치가 저항군을 사냥하고 다닌다! 그들이 들이닥친다!

도라 일행은 벙커를 버리고 떠났다. 숲속에서 지내다가 밤이 되면 헛간에 들어가 말과 소의 틈에서 잠을 잤고 새벽 동이 트기 전 몰래 빠져나왔다. 그래야 사람들 눈에 띄지 않을 수 있었다. 어면 유대인들은 인근의 농부들에게 돈을 쥐여 주고 그들 집에서 하루나 이틀을 숨어 지내며 숙식을 제공받는다고도 했다. 하지만 그 농부들은 금이 아니면 받지 않으려 했고, 도라와 이지에게 금이 있을 리 없었다.

전쟁이 터지기 전부터 도라의 가족과 알고 지내던 폴란드인 농부가 있었다. 도라 일행은 거지꼴로 그를 찾아가 애걸했다. "겨울이라 갈 데가 정말 없어요." 농부는 겨울 동안 그들을 숨겨주기로 하고, 평소 가축우리로 쓰는 얕은 땅굴인 지엠랑카^{zíemlanka}를 파줬다.[2] 여느 때 그는 땅굴로 음식을 가져다줬다. 그런데 어느 날 밤 그가 빈손으로 와서는 밖으로 나오라고 하며 말했다. "오늘은 우리 집으로 가시죠. 여러분을 위해 저녁 식사를 준비했어요. 다 같이 먹을 만큼 많이요."

지독한 추위와 배고픔, 피로에 절었던 도라 일행은 몇 달 만에 온기가 어린 진짜 집에 발을 들인다는 생각에 들떴다. 그들은 농부의 집으로 들어가 식탁에 둘러앉아 함께 식사를 시작했다. 집 안의 온기, 음식, 사람들 사이의 정을 접하자 금요일의 왁자지껄했던 저녁 식사 시간이 새록새록 떠올랐다. 벌써 아득한 옛일처럼 기억 저편으로 사라진 추억이었지만 말이다. 도라의 가족은 부유한 편은 아니었으나 사랑과 다정함, 함께하는 기쁨이 넘쳤었다. 전쟁으로 갈가리 뜯겨나갔던 풍성한 유대의 삶이 잠시나마 다시 느껴지는 듯했다.

그러다가 순식간에 모든 일이 벌어졌다. 문이 열리더니 남자들이 총을 쏘기 시작했다. 방 안은 삽시간에 칠흑 같은 어둠 속에 빠졌다. 도라가 집 밖으로 나가기 위해 이를 악물고 마룻바닥을 기는 동안 총성이 몇 발 더 울렸다. 나중에 안 사실이지만, 무장한 사내들은 반유대주의 폴란드 민병대 소속이었고, 그들이 들이닥친 순간 도라의 일행 중 한 명이 일부러 불을 끄고 총을 꺼내 민병대 리더를 쏜 것이었다. 아드레날린이 마구 분출되는 가운데 도라 일행의 남자들은 창문을 타고 밖으로 빠져나갔고, 도라와 그녀의 언니는 겨울이면 닭들이 홰를 트는 커다란 오븐 안으로 기어들었다. 둘은 손을 꼭 맞잡은 채 숨을 죽였다.

둘은 그날 밤늦게 짙은 어둠을 타고 창문으로 몰래 빠져나왔다. 우여곡절 끝에 남자들을 다시 만나고 보니 개머리판으로 얻어맞은 이지의 머리가 찢어져 있었다. 얼굴은 피범벅이었지만 다행히 생명에는 지장이 없었다. 그의 피부 위에는 피가 딱딱하게 엉겨 붙어있었다.

일행은 몸을 사리며 조심스레 겨울철 논밭을 떠돌면서 다른 농가, 헛간, 언제 등을 돌릴지 모를 사람들을 찾아가 자신들을 재워달라고 간청했다. 또다시 목숨을 담보로 거는 꼴이었지만, 다시 누군가를 믿는 것 외에는 별도리가 없었다. 그저 사람들이 배신하지 않게 해달라고 기도하며 살아남아야 했다.

'왜'는
고통만 낳을 뿐이란다

숲에 숨어서 지낸 도라 일행의 이야기는 2차 세계대전을 배경으로 한 할리우드 블록버스터의 줄거리가 아닌가 싶겠지만, 이건 영화가 아니다. 나와 아주 가까운 관계에 있는 평범한 이들이 겪었던 혹독한 세월의 이야기이다. 도라와 이지는 내 조부모님이시다. 2차 세계대전이 끝나고 두 분은 무일푼으로 리투아니아로 이주했고, 그곳에서 결혼해 어머니를 낳으셨다. 그러고는 이스라엘로 가셨다가, 결국에는 내가 나고 자란 미국 브루클린의 커나시에 정착하셨다.

할머니와 나는 서로 각별한 사이였다. 할머니는 우리 집에서 수십 블록 떨어진 곳에 사시면서 어린 시절 학교에서 돌아온 나를 돌봐주셨다. 현관 포치에 앉아 보도에서 자전거 타는 나를 지켜보시며 너무 멀리 가지 말라고 이르시던 모습이 아직도 눈에 선하다. 할머니는 키가 145센티미터도 채 안 되는 아담한 체구셨지만 강인함을 타고난 분이셨다. 매일 새빨간 립스틱을 바르시고는 "저리 가세요."라는 말이 절로 나오도록 나한테 키스를 퍼부으려 쫓아다니셨다. 아무리 잽싸게 피하려고 해도 결국 양 볼에 할머니의 립스틱 자국이 남곤 했다. 할머니는 멍청이들을 참지 않으셨다. 누가 심기를 거스를 때면 그 입에서 영락없이 "저놈의 자식이!"라는 말이 튀어나왔다. 할머니는 정규 교육을 받으신 적이 없었지만, 삶을 헤쳐나가는 지혜가 대단한 분이었다. 할머니의 과거를 생각하면 그럴 수밖에 없었겠다 싶기도 하지만 말이다.

할머니 댁에는 늘 다 먹어 치우지 못할 정도로 많은 양의 먹을거리가 있었다. 아마도 어린 시절에 어렵게 살았던 경험 때문에 손주만큼은 풍족하게 지내길 바라셨던 것이리라. 학교가 끝나고 할머니 댁의 문을 박차고 들어가면 할머니는 정성스레 만든 음식을 잔뜩 차려주시고는 더 먹으라고 계속 다그치셨다(그 시절 내가 통통하게 살쪄 있던 건 당연했다). 지금 아무리 미슐랭 별이 붙은 식당에 간대 해도 그 시절에 할머니가 해주시던 요리만큼 맛있지가 않다. 할머니가 만드신 마초볼[matzo ball](유대식 경단 요리 - 옮긴이)은 한 입 베어 물면 잘 볶아 갈색을 띤 양파에서 달콤한 풍미가 터져 나와 치킨 수프의 짭조름한 맛과 조화를 이뤘다. 파인애플이 박힌 달짝지근하고 상큼한 누들 쿠겔[noodle kugel](삶은 국수를 달걀, 설탕, 크림치즈, 파인애플 등과 섞어서 오븐에 구운 디저트 - 옮긴이)도 그 맛이 일품이었다.

할머니는 내게 또 한 명의 어머니와 같은 존재였다. 얼마나 나를 사랑하는지 매일 몸소 보여주셨다. 그렇다고 할머니께 원칙이 없었던 것은 절대 아니었다. 오히려 딱 부러지게 단호한 편이셨다. 생전에 할머니는 전쟁 이야기는 일절 하지 않으셨다. 1년에 딱 하루만 빼고. 내가 어렸을 적, 매년 화창한 가을의 어느 일요일이면 엄마는 친구들과 축구를 하던 내 손을 잡아끌고 축구화에 진흙투성이 축구복 차림 그대로 어딘가로 데려가고는 하셨다. 그 자리는 우리 할머니와 할아버지가 다른 유대인 생존자들과 함께 매년 열던 홀로코스트 추모 모임이었다.[3] 할머니가 숲속에서 지내던 때, 배를 곯고 지내던 날들, 얇은 옷과 코트 한 벌로 겨울을 버티던 시절 이야기를 바로 거기서 처음 들었다. 할머니의 어머니, 할머니, 여동생이 마을 광장 근처의 구덩이에서 몰살당한 일이며 할머니의 아버지가 은신처에서 허겁지겁 달려 나와 전한 작별 인사가 아버지와의 마지막 대화였다는 이야기를 전해들은 것도 그 자리에서였다.

나는 모임이 열린 유대교 회당에 앉아서 이 딱딱한 나무 벤치는 삶이 불편해야 한다는 유대교의 율법에 따라 만들어진 게 틀림없다고 생각하며, 내가 만약 할머니의 상황이었다면 어떤 기분이었을지 상상해 봤다. 한 치 앞도 모르는 운명에 겁이 나고, 늘 쫓겨다니느라 불안하고, 믿었던 이로부터 배신당했다는 사실에 분노가 끓어오르고, 사랑하는 이들을 잃고 이루 말할 수 없는 슬픔을 느꼈을 것 같았다. 어쨌거나 친구들과 신나게 축구나 하던 꼬마가 바랄 법한 주말의 마무리는 확실히 아니었다.

하지만 그 자리에서 정말 놀라웠던 일은 따로 있었다. 할머니의 눈물이었다. 나는 그날을 빼면 할머니가 우시거나 슬픔을 표현하시는 것을 본 적이 없었다. 하지만 매년 그날 하루만은 할머니의 마음속에서 모든 감정이 북받쳐서 쏟아져 나오는 것 같았다. 할머니와 할아버지는 이야기와 함께 눈물을 흘리셨는데 흐느끼시는 것도 모자라 통곡까지 하셨다. 평소에 흔들리지 않는 기둥처럼 보였던 분들이었기에 그렇게 날것의 감정을 고스란히 드러내는 모습이 나는 훨씬 더 거북하게 느껴졌다.

조부모님의 이야기를 듣는 동안 내 머릿속은 갖가지 물음으로 가득 찼다. 두 분은 어떻게 그런 잔혹한 일들을 견뎌내고 끝까지 살아남아 평범하고 행복한 삶을 살아오실 수 있었을까? 생존자 중에는 그렇지 못한 사람들도 수두룩한데 그 끔찍한 일들을 겪고 살아남은 트라우마를 두 분은 어떻게 극복하셨을까? 어째서 두 분은 하루 말고는 1년 내내 이 모든 감정을 속에 담아두고만 계셨을까?

내가 중학생이 됐을 무렵, 어느 날 저녁 식사 자리에서 가슴속에 담아놨던 궁금증을 불쑥 털어놨다. "부비^{Bubby}." 할머니를 부르는 이디시어 애칭으로 말문을 열었다. "할머니는 왜 전쟁 때 겪은 일은 도통 말씀을 안 하세요?"

내 질문에 할머니는 오래도록 말씀이 없으셨다. 주방에 여느 때와 다른 고요함이 무겁게 내려앉는 동안 나는 대답을 기다리며 식탁 너머로 할머니를 뚫어지게 바라봤다. 마침내 할머니가 입을 여셨다. "이-탄." 할머니는 동유럽의 강한 억양 때문에 늘 내 이름을 제대로 발음하지 못하셨다. "아가, '왜^{why}'는 묻는 게 아니란다."

내가 전쟁에 관해 물으며 할머니를 성가시게 할 때마다 나오는 소절이었다. 그러고는 "왜는 삐딱한 말이야Why is a crooked letter."라고 입버릇처럼 매번 덧붙이셨다.

할머니는 영어를 거의 안 쓰셨지만, 이 영어 관용구만큼은 외워뒀다가 특별한 주문처럼 활용하셨다. 나는 할머니의 말씀을 이렇게 이해했다. 살다 보면 답을 할 수 없을 때가 있기 마련이란다. 그럴 때 계속 답을 찾으려 들면 고통만 남지. '왜'는 괴로움만 낳을 뿐이야. 그러니 의문은 접어두고 어서 숙제를 마치고 밖에 나가서 친구들이랑 자전거를 타며 놀다 오렴. 그냥 지금 네 삶을 소중히 여기면 돼.

하지만 그럴수록 질문들은 더욱 늘어날 뿐이었다. 나이가 들면서 나는 점점 '감정 관찰자'가 돼갔다. 감정을 끌어안고 씨름하시는 조부모님만이 아니라, 나 자신을 비롯하여 평상시 눈앞에 놓인 감정적 장애물을 어쩌지 못해 고생하는 다른 이들의 문제에도 질문을 던지게 됐다.

평소 그토록 인내심과 배려심이 강한 우리 아버지는 왜 차를 몰고 뉴욕시의 도로에만 나서면 분을 못 이기는 광인으로 돌변하셨던 걸까? 그럴 때마다 뒷좌석에 탄 아들이 어리둥절한 채 잔뜩 겁에 질렸는데도 말이다. 아버지가 초월 명상에 강박적으로 몰두하신 것도 운전 중 통제 불능 상태에 빠지는 자신을 어떻게든 다잡아 보려는 시도가 아니었을까?

왜 내 친구 에이미^Amy는 1지망 대학에 붙을지 떨어질지 하는 문제를 끊임없이 떠올렸을까? 그러면 오히려 더 불안해지는데 말이다. 그리고 만나서 대화를 나눌 때마다 자신의 불안에 대해 매번 똑같은 이야기를 반복하면서 그게 왜 도움이 된다고 생각했을까?

왜 나는 고등학생 때 축구장에서 그토록 패기가 넘쳤으면서 여자애들에게 데이트 신청을 앞두고는 툭하면 배탈이 났을까? 왜 아버지와 친구들에게서 격려를 받고 심기일전을 한 뒤에야 여자애들에게 전화를 걸 수 있었을까?

고등학생 때만 해도 최고의 수재였던 카리스마 넘치는 친구들이 대학에 갓 입학해서는 가면 증후군^Imposter syndrome에 시달리는 모습을 지켜봐야 했다. 그들은 자신의 재능과 성취를 끊임없이 의심하며 술과 약물에 의존했다. 무신론자였던 친척이 아내를 잃은 뒤 자신을 짓누르는 커다란 슬픔을 이겨내려고 종교의 힘을 빌리는 걸 보기도 했다.

이런 모습들을 보고 있노라면 우리는 다들 어딘가에서 발을 헛디디면서도, 감정적인 삶을 어떻게든 감당하기 위해 우연히 발견한 해결책이나 대충 반창고 붙이기 식의 임시방편에 의존하는 듯하다. 즉석에서 급조한 방편들은 종종 도움이 될 때도 있지만, 때로는 상황을 더 악화시킨다. 이런 식의 해결책은 마구잡이인데다가 본질을 벗어나 겉돌고 비효율적이기까지 하다.

그렇다면 우리는 이런 질문들을 마주했을 때 어떻게 해야 할까? 그 옛날 우리 할머니가 내놓으신 조언은 아주 간단했다. 그 문제에서 손을 떼라. 왜냐고 묻지 말고.

그로부터 35년이 흘렀다. 지금 나는 미시간 대학교의 교수로 재직하며, 감정 및 자기 통제 연구소Emotion and Self-Control Laboratory를 세워서 이끌고 있다. 갖가지 감정을 향해 '왜'라는 질문을 던지는 것이 우리 실험실의 특기이다. 할머니가 흐뭇해하시면서도 정말 못 말리겠다는 표정으로 고개를 설레설레 저으시는 모습이 머릿속에 그려진다.

비교적 최근까지만 해도, 감정을 대하는 기존 과학계의 태도는 과거 우리 할머니의 태도와 별반 다르지 않았다.[4] 오랫동안 주류 연구자들은 느낌, 기분을 비롯한 여타 감정적 과정들이 내용물을 알 수 없는 블랙박스와 같아서 수치로 측정할 수 없다고 여겼고, 따라서 '진지한' 연구의 대상이 될 수 없다고 보는 것이 일반적이었다. 하지만 많은 사람이 감정 때문에 고생한다는 사실에 내가 처음 흥미를 느낀 뒤로 심리학 분야도 엄청난 지각변동을 겪었다. 한때는 비주류에, 연구도 미진했던 감정emotion 영역이 활발한 연구의 장으로 발전하면서, 다방면의 학자들이 몰려들어 어렸을 적 나도 모르게 감정에 대해 품었던 질문들에 답을 주고 있다. 그 결과 우리는 감정을 훨씬 더 과학적으로 이해하게 됐다. 감정이 무엇이고, 인간은 왜 감정을 가지며, (내가 보기에는 이것이 가장 중요한 부분인데) 어떻게 하면 감정을 효과적으로 관리할 수 있을지 알게 된 것이다.

이처럼 시대를 초월하여 어디에서나 광범위하게 일어나는 문제들을 다루는 것이 바로 이 책의 취지이다. 왜냐하면 인류가 발생한 이래 우리는 줄곧 감정을 붙들고 사투를 벌여왔기 때문이다. 이 사실은 인류의 초기 기록만 봐도 분명히 알 수 있다. 시리아와 이라크 지역에서 발견된 3,000년 묵은 점토판에는 불안, 우울, 실연 같은 감정적 상태와 관련된 고통이 등장한다.[5] 그런데 우리가 감정을 둘러싼 문제를 해결하기 위해 발견한 도구 중에는 시간의 검증을 제대로 통과하지 못한 것들도 많다. 그중에는 생각만 해도 오싹 소름이 끼칠 만한 것들도 있었다.

인류 역사는 감정 조절법을 찾는 여정

1860년대 중반, 한 미국인 외교관이 페루를 방문했다가 우연히 무척 신기한 유물을 접했다.[6] 에프라임 조지 스콰이어Ephraim George Squier는 외교관이자 고고학자였는데, 그가 만난 사교계 명사가 마침 고대 유물 수집가였다. 그녀는 스콰이어를 선뜻 집으로 초대하여 자신이 소장한 잉카 시대의 보물들을 살펴볼 수 있게 해줬다.

석상과 조각품을 비롯해 그동안 그녀가 모아둔 수많은 유물을 감탄하며 감상하던 끝에 아주 특이한 표본 하나가 눈에 띄었다. 잉카 시대 묘지에서 출토된 두개골 조각이었다.

고대인의 두개골은 고고학계에서 흔한 유물이었지만, 이 두개골은 전혀 평범하지 않았다. 전두골에 모서리가 반듯하게 잘린 대칭에 가까운 약 1.3센티미터의 정사각형이 파여있었다. 전두골은 두개골에서 눈 바로 위쪽 부분으로, 우리가 계획을 짜고 삶을 관리하며 논리적 추론을 가능하게 하는 뇌 영역인 전전두엽 피질이 그 아래 자리 잡고 있다. 당연히 이전에도 고대인의 두개골이 손상된 채로 발견된 적은 있었지만, 대부분 손상 형태가 불규칙했고 그 손상은 끔찍한 변을 당했거나 오랫동안 자연에 노출된 결과일 가능성이 컸다. 하지만 잉카인의 두개골에 외과 수술식으로 정교하게 남겨진 네 개의 절개 자국은 전혀 다른 사연을 담고 있는 듯 보였다.

스콰이어는 잉카인의 두개골을 대서양 건너편으로 보내, 고대인의 두개골 연구에서 세계 최고 전문가로 꼽히던 프랑스의 유명 외과의 폴 브로카Paul Broca 박사에게 조사를 의뢰했다.7 브로카 박사는 두개골을 면밀하게 관찰한 끝에, 정사각형 모양의 구멍이 16세기에 유럽인이 남아메리카 대륙을 정복하기 전부터 이미 그곳에서 외과 수술이 시행되고 있었다는 명백한 증거라고 판단했다. 그리고 두개골의 주인이 아직 살아있을 때 수술이 행해진 것이 분명

하다고 결론을 내렸다.[8]

잉카인의 두개골에 난 구멍은 인류 역사상 최초의 외과 수술법으로 꼽히는 수술로 인해 생겨난 것이었다. 이 수술법은 두개골에 구멍을 내는 방식이라서 두개천공술trepanation이라고 불린다.[9] 그렇게 먼 옛날의 조상들도 두개골에 섬세하게 구멍을 낼 줄 알았다니 참으로 놀라운 일이지만, 이보다 더 믿기 힘든 사실은 '왜' 당대 사람들이 이런 식의 외과 수술을 했는지이다. 그 이유는 바로 사람들의 감정 관리를 돕기 위해서였다.[10]

이 사실을 잠시 곱씹어 볼 필요가 있다. 의학사에서 가장 오래된 외과 수술법도 사람들의 감정 조절을 돕기 위한 것이었다니! 대체 어떤 감정 문제를 안고 있었기에 수천 년 전 머리에 구멍을 뚫는 수술을 받아야 했는지 지금으로서는 정확히 알 길이 없다.[11] 아마도 우울증이나 조증 등 감정 조절 장애 증상을 보이는 다양한 질환을 관리하는 데 이 수술법을 활용했을 가능성이 크다는 것이 역사학자들의 추론이다. 진상이 어떻든 간에 분명히 말할 수 있는 사실은 감정적 안도감을 주려고 사람 머리에 구멍을 내는 것이 그다지 좋은 생각이 아니라는 점이다. 다만 머리에 구멍을 뚫던 그 옛날부터 우리 인류가 감정을 다뤄온 역사를 들여다보면 이 싸움이 줄곧 만만찮았던 것은 확실하다. 감정을 붙들고 씨름한 세월도 오래됐지만 감정을 조절할 수단을 찾기 위해 분투한 시간도 그만큼 오래된 것이다.[12]

거머리, 퇴마술, 마녀 화형 등 지금까지 우리는 감정 조절을 명목으로 지극히 창의적인(동시에 잔혹한) 방법들을 선보여 왔다. 17세기에는 불에 달군 쇠막대를 두개골에 지지는 것을 마음의 병을 다스릴 해결책으로 권했는가 하면, 몇 세기 뒤에는 지하에서 끌어올린 미네랄워터가 스트레스 해소제라며 팔려나갔다. 지금 우리에게는 충격으로 다가오는 두개천공술도 불과 수십 년 전까지 뇌엽절제술lobotomy이라는 형태로 버젓이 시행됐다. 외과의가 환자의 눈꺼풀을 열고 송곳처럼 생긴 뾰족한 도구를 안구 속에 넣고는 전두엽 영역을 휘저어 뉴런의 핵심 연결을 끊는 수술법 말이다. 포르투갈의 신경학자 안토니우 에가스 모니스António Egas Moniz는 극단적인 감정 상태를 치료하는 이 수술법을 개발한 공로로 1949년에 노벨 의학·생리학상을 공동 수상했다.[13] 모니스의 뇌엽절제술은 DNA 구조와 인슐린의 발견, MRI 기술 개발에 버금가는 전무후무한 발명이라며 당대에 엄청난 각광을 받았다. 우리 인류는 감정을 지극히 난감하고 파괴적인 것으로 여긴 나머지, 감정에서 얼마간 헤어나려고 머리에 구멍을 내고 중금속을 삼키고 뇌 일부를 망가뜨리는 방법까지 동원했다.

외로움이 국가적 과제가 되는 시대

그런데 먼 옛날의 선조들만큼이나 우리도 감정 처리에 곤란을 겪기는 매한가지이다. 오늘날 대학 캠퍼스에는 감정을 다스리기 위해 따로 도움이 필요한 학생들이 수두룩하다. 영국과 일본에서는 외로움부 장관Minister of Lonliness(영국과 일본에서 각각 2018년과 2021년에 신설한 직책으로, 사회적 고립·외로움·고독사 등의 문제들과 관련한 정책들을 다룬다 – 옮긴이)을 따로 둘 정도이고, 미국의 공중보건국장도 사회적 고립을 국가 차원에서 대대적으로 맞서 싸워야 할 난제로 규정한 바 있다.[14] 대기업들은 번아웃 문제를 해결하기 위해 각종 프로그램에 수백만 달러를 투자하고 있다. 일명 '보스the Boss'로 통하는 미국의 전설적 가수 브루스 스프링스틴Bruce Springsteen조차 우울증으로 고생한 경험을 털어놓은 적이 있다.[15] 우리는 스마트폰에 앱을 깔고 스트레스 수치를 수시로 확인하는가 하면, 약간의 행복만이라도 보장해 주는 건강·웰빙 산업에 없는 돈을 털어 넣기도 한다. 한 연구 결과에 따르면[16] 미국의 성인 여덟 명 중 한 명은 감정 관리를 위해 매일 항우울제를 한 알씩 복용한다고 한다. 항우울제가 일시적으로 도움이 되겠지만, 그것이 만병통치약이 될 수는 없다.

거머리나 뇌엽절제술을 쓰던 시절과 비교하면, 심리학의 개입

방식이 발전한 것은 두말할 나위 없는 사실이다. 이제 우리는 전보다 훨씬 정교하고 덜 위험한 수단들을 쓰게 됐다. 상담 치료 기술은 진보했고, 정신약리학 분야는 혁신을 이뤘으며, 고대와 현대의 명상법이 하나로 융합되는 등 감정적 고통에서 헤어날 길이 더 넓어졌다. 그런데 이 모든 노력에도 불구하고, 정신건강이나 웰빙과 관련된 통계는 오히려 악화일로를 걷고 있다. 현재 전 세계에서 우울증이나 불안증으로 고통받는 사람이 5억 명을 넘으며[17] 이 병증들을 치료하는 데 드는 돈만 매년 1조 달러(1397조 원 - 옮긴이)에 달한다.[18]

이 병증들에 대한 땜질식 처방은 인터넷 밑바닥부터 도서관의 먼지 수북한 선반에 이르기까지 도처에 널려 있다. 그 결과, 어떻게 여러 전략을 잘 조화시켜야 자신에게 도움이 될지를 제대로 이해하지 못한 채, 유효한 처방과 해로운 처방이 뒤섞인 들쑥날쑥한 전략을 대충 짜깁기해서 사용하는 사람들이 상당히 많다. 감정을 다스리겠다고 여기서 잠시 명상하다가, 저기 가서 충격 요법을 써 보고, 또 얼마간은 인지 재구성cognitive restructuring을 시도하는 등 네댓 가지 방법을 마구잡이로 버무리는 식이다.

감정 관리에 능숙한 사람들은 외로움을 덜 타고, 더 만족스러운 대인관계를 유지하며, 삶에 대한 만족감도 높은 경향이 있다.[19] 이런 이들은 금전 문제를 덜 겪고, 범죄도 덜 저지르며, 학교와 직장에서 더 뛰어난 성과를 거둔다. 게다가 신체적으로 더 건강하기까지 하다. 움직임이 더 날래고, 사진 속에서도 더 젊어 보이며, 생물학적 노화도 느리게 일어나고, 수명도 더 길다. 요컨대 감정을 통제하는 일은 단순히 삶의 어두운 면을 피하는 것에 국한되지 않는다는 뜻이다. 감정을 잘 통제하면, 삶의 긍정적이고 생산적이고 보람 있는 측면을 한층 더 풍성하게 만들 수 있다.

지금 우리가 마주한 질문은 우리 조상들이 감정을 붙들고 씨름하다가 머리에 구멍까지 뚫게 만든 그 질문과 똑같을 것이다. 이 수많은 감정을 도대체 어떻게 해야 할까?

만능 해결책은 없다

나는 2021년에 첫 저서 『채터, 당신 안의 훼방꾼』을 출간했다.[20] 이 책이 던진 핵심 질문은 '우리는 부정적 감정들을 이겨내려 애쓰는데 왜 그 노력이 종종 역효과를 불러와 기분만 더 나빠질까?' '자기성찰self-reflection 능력의 활용법에 대해 과학은 우리에게 무엇을 알려줄 수 있을까?'라는 것이었다.

출간 후 나는 당초 예정보다 길게 약 2년에 걸쳐 북 투어를 돌았다. 행사가 끝나면 사람들이 나를 찾아와 이야기를 털어놓고 싶어 했다. 책을 내줘서 정말 고맙다며 자신이 이 책에서 어떤 도움을 받았는지 들려줬는데, 독자들의 그런 감상이 감개무량했다. 한편 독자들은 감정에 대해 더욱 폭넓게 알고 싶어 했고, 감정을 어떻게 관리해야 하는지도 의문을 갖고 있었다. 예를 들면 이런 식이었다.

"항상 그 순간에 머물러야 하나요?"
"당신은 정말로 감정을 통제할 수 있습니까?"
"감정이 격해지면 제가 해야 할 일들을 처리하기가 왜 그렇게 힘든 걸까요?"

마치 방금 심장병에 대해 이것저것 가르쳐 줬는데, 더군다나 그 내용도 더없이 훌륭했는데, 이제는 염증, 당뇨, 암에 대해서도 알려달라고 하는 것과 같았다. 사람들은 자신의 감정을 자기 부모나 상사가 별로 대수롭지 않게 여긴다고 토로했다. 감정이 대체 무엇인지 정의하려 애쓰면서, 왜 자신이 자라는 동안 감정 관리법을 전혀 배우지 못했는지 묻는 이도 있었다. 과장같이 들릴 수도 있지만 이런 질문들을 던지며 눈물을 글썽이는 사람들도 있었다. 더구나 그 안엔 일류 운동선수부터 기업의 CEO, 10대 청소년 자녀를 둔 부모, 특수부대 요원에 이르기까지 각계각층의 사람들이 끼어있었다.

이런 순간들을 겪으며 사람들이 자신의 감정 세계를 정말로 궁금해한다는 것, 감정 관리에 진정한 열의를 가졌다는 것을 분명하게 느낄 수 있었다. 내가 이 책을 쓰기로 한 까닭이 여기에 있다. 이 책을 통해 나는 여러분이 자신의 감정을 잘 이해할 수 있는 청사진을 제시하려고 한다. 감정은 무엇이고, 왜 중요하고, 어떻게 해야 감정을 잘 다스릴 수 있는지를 알려줄 것이다.

긍정적 감정이든 부정적 감정이든 상관없이 모든 감정은 우리가 이 세상을 헤쳐나가도록 돕는 일종의 도구 역할을 한다. 우리는 감정의 영향을 받아 누군가와 사랑에 빠지기도 하고 누군가를 미워하기도 한다. 감정의 동기 부여에 이끌려 꿈을 이루겠다며 회사에 남아 야근을 하기도 하고, 그래 봐야 별 소용이 없다며 포부를 접기도 한다. 감정은 우리 삶을 건강과 활기로 가득 채우기도 하지만, 정작 중요한 것을 놓쳤을 때는 에너지를 축내기도 한다. 또한, 사람들과 친밀한 관계를 유지하거나 갈등이 불거져 관계가 교착상태에 빠질 때도 결국은 감정이 관건일 때가 많다. 감정이 우리 삶에 이렇게나 심대한 영향을 끼치는데도, 어떻게 하면 감정의 강도를 조절할 수 있을지 혹은 어떻게 하면 한 감정 상태에서 다른 감정 상태로 우아하게 전환할 수 있을지 과학의 도움을 받아 본 사람은 거의 없다.

최근 20여 년간 우리는 감정의 역학 연구에 찾아온 르네상스 덕에 감정의 작동 원리를 설명하는 심리학적·신경학적 차원의 '너트와 볼트'를 이해하게 된 것은 물론, 이 역학을 측정하고 검증하는 새로운 방법들이 폭발적으로 증가하는 광경을 목격했다. 이제 우리는 신경과학 기술을 통해 인간이 감정을 경험하고 조절할 때 뇌의 다양한 네트워크가 어디에서 얼마나 빨리 활성화되는지를 시각적으로 확인할 수 있다. 스마트폰과 웨어러블 기기를 통해서는 사람들이 세상을 살아가며 자연스럽게 드러내는 감정 반응을 실시간으로 관찰한다. 인터넷 기술을 통해서는 전 세계 곳곳의 수많은 사람을 대상으로 실험을 진행하고 전례 없는 어마어마한 양의 자료들을 수집할 수 있다.

이러한 혁신들이 전통적인 실험 방법들과 결합해 감정에 대한 우리의 사고방식을 대거 바꾸고 있다. 예를 들면 이제 우리는 감정적 구원을 얻는 핵심 열쇠가 반드시 현재에 집중하는 데만 있지는 않다는 사실을 안다.[21] 아울러 부정적 감정들이 반드시 해롭지만은 않으며 때로는 놀라운 방식으로 우리에게 도움을 준다는 사실도 알게 됐다.[22]

아마도 이것이 가장 중요한 사실일 텐데, 우리는 이제 감정 문제를 해결해 줄, 누구에게나 잘 맞는 만능 해결책 따위는 존재하지 않는다는 사실도 안다.[23] 생각해 보라. 자동차를 정비소에 끌고 갔을 때 정비공이 도구 하나로 모든 문제를 해결해 주리라 기대하는가? 당연히 아니다! 자동차는 복잡하고 다양한 도구로 수많은 문제를 세심하게 관리해 줘야 하는 동력 장치이다. 인간도 마찬가지이다. 우리의 감정적 필요는 상황·사람·시간에 따라, 심지어 매

순간 달라진다. 이러한 필요를 충족시키려면 다양한 도구가 필요하다. 다행히 반가운 소식이 있다면 여러분에게 이미 그 도구가 있다는 것!

감정 관리의 첫걸음은 우리 모두가 내면에 갖고 있는 감정의 '전환 장치shifter'부터 이해하는 것이다. 감각만 잘 다스려도 감정은 자동으로 변화한다. 주의력을 전략적으로 잘 배치하면 그 어느 때보다 큰 두려움을 극복하거나 기쁜 경험을 마음껏 음미하기 쉬워진다. 또한, 어려운 상황에 대한 관점을 바꾸면 고통스러운 감정 상태를 관리하기가 한결 수월해진다. 이러한 감정 전환 장치들은 우리가 한 감정 상태에서 다른 감정 상태로 옮겨가도록 우리를 도와서 감정을 누그러뜨리거나 강화하는 효과를 낸다.

이러한 내부의 전환 장치들은 우리가 거주하는 공간, 교류하는 사람들, 소속된 가족·조직·문화적 제도 등 외부의 힘에 의해 활성화되기도 한다. 이 외부의 전환 장치들이 우리에게 어떤 식으로 영향을 미치는지를 이해하면 그것들과 상호작용을 하면서 현명한 선택을 할 수 있으므로 내면의 도구들이 가진 힘을 십분 활용할 수 있다.

감정 전환 장치들을 언제 어떻게 사용하면 좋을지, 어떤 작업에는 어떤 전환 장치가 적합할지 등이 바로 이 책이 여러분에게 알려주고자 하는 원리이다. 이 책을 여러분이 진작 갖고 있었지만 아직 온전히 활용해 본 적 없는 운영체제의 매뉴얼이라고 생각해

주면 좋겠다.²⁴

앞으로 이어지는 장들에서는 여러 과학자의 연구 결과를 살펴보면서 이런 통찰을 얻게 해준 발견에 대해 이야기해 보려 한다. 이와 함께 행복 전문가부터 핵무기 발사 매뉴얼을 들고 다니는 감성파 해군 특수부대 대원, 살면서 우연찮게 효과적인 (혹은 전혀 효과 없는) 해결책을 발견하는 우리같이 평범한 사람들에 이르기까지 각양각색의 사람이 감정을 어떻게 조절해 왔는지를 보여주는 놀랍고도 강력한 이야기를 만나게 될 것이다. 이 이야기들을 읽다 보면 우리가 가진 수많은 감정 전환 장치가 인류가 마주한 최대 난관이라고 할 수 있는 과제, 즉 '감정적 삶을 어떻게 관리할 것인가'라는 문제에 어떤 식으로 위력을 발휘하는지 확실히 인식하게 될 것이다.

✹ ✹

무의식은 참으로 신기한 방식으로 자신을 드러내곤 한다. 할머니에게 '왜'라는 질문을 처음 던지고 에두르면서도 따뜻한 대답을 들은 지 20여 년이 흐른 뒤 나는 학자로서 이력에 중요 이정표가 될 첫 학술 논문을 발표했다. 논문의 제목이 무엇이었을까? '왜'라고 묻는 것이 상처가 되지 않을 때 When Asking 'Why' Does Not Hurt.²⁵

자신의 감정을 들여다보는 일이 꼭 고통스럽기만 한 것은 아니며 오히려 거기서 많은 깨달음을 얻을 수도 있다. 자신의 감정적인 삶에 대한 이해를 높일 수 있을 뿐 아니라, 다른 사람들도 우리와 똑같이 해볼 수 있도록 도울 수 있다는 면에서도 그렇다. 그러면 우리는 어디서부터 시작해야 할까? 우선은 가장 기본적인 문제부터 풀어보자. 도대체 감정이란 무엇일까? 그리고 왜 감정 관리는 종종 지독히도 어려운 것일까?

part 1

감정이란 무엇인가

chapter 1

우리는 왜
그런 감정을 느낄까

미 해군 특수부대의
감정 스위치

맷 마스댐Matt Maasdam[1]은 작은 하수구 크기의 콘크리트 박스 안에서 몸을 잔뜩 웅크린 채 양반다리로 앉아있었다. 여기 처박힌 지도 이틀이 다 돼갔다.

미 해군의 SERE$^{Survival, Evasion, Resistance, and Escape}$ 훈련의 통과를 앞두고 맷과 그의 동료들에게 남은 시간은 이제 48시간. 대원들은 닷새 동안 먹거리는 입에도 못 댄 터였다. 훈련을 시작할 때만 해도 맷은 당장 입안에 욱여넣고 싶은 음식 생각을 머릿속에서 좀처럼 떨쳐낼 수가 없었다. 코로나도의 단골 가게에서 파는 카르네

아사다 부리토, 크랜베리 오렌지 머핀, 마운틴듀…. 하지만 지금은 식탐마저 완전히 사그라들어 있었다. 이제 그의 몸은 생존 모드에 돌입해 세포 자체를 분해하는 중이었다. 맷은 근육을 약 7킬로그램이나 잃은 상태에서 앞으로의 훈련을 무사히 끝낼 수 있을지 걱정이었다. 다음 주면 지독한 훈련도 다음 단계로 넘어가 알래스카의 얼음장 같은 바다를 헤엄쳐야 할 터였다. 그는 미 해군 특수부대Navy SEAL의 신출내기로서 역량을 최대치로 발휘하여 능력을 입증해야 하는 처지였다. 살이 빠져 헐렁해진 잠수복을 입은 채 눈앞에 놓인 약 3.2킬로미터의 수영 코스를 망연자실하게 바라보는 자신의 모습이 그려졌다. 원래 맷은 수영이라면 누구에게도 지지 않을 자신이 있었지만, 섭씨 1도의 바닷물에서는 단열재 노릇을 하는 근육량이 충분치 않으면 방수복을 입어도 저체온증이 빠르게 찾아올 수 있었다. 1그램의 근육도 아쉬운 상황이었다. 게다가 상어, 범고래, 소형차만 한 크기의 오징어와 함께 헤엄을 쳐야 하니 평소보다 굼떴다가는 순식간에 위험에 처할 것이 뻔했다.

자신의 독방 안에 마치 아코디언처럼 구겨져 있는 사이, 맷의 마음속에는 절망감이 점점 차오르기 시작했다. 심장이 빠르게 요동치고 이가 악다물어지는 게 느껴졌다. 이따금 그의 피부를 타고 전기가 찌르르 흐르듯 분노가 느껴지고, 지금까지 쌓아온 것이 다 날아가더라도 눈앞의 철창을 발로 차고 나가고 싶다는 충동이 몰려왔다. 교도관 역할을 맡은 이들은 죄수를 가혹하게 구타할 수는 없었으나 맨손으로 때리는 정도는 가능했다. 죄수가 소란을 일으키거나 조금이라도 주의를 끌면 감옥 밖으로 끌어내 콘크리트 바닥에 내동댕이칠 수도 있었다. 일전에 한 그룹이 감옥을 탈출해서 캠프를 점거하는 바람에 훈련을 완전히 망쳤다는 일화는 맷과 그의 동료들도 들은 적이 있었다. 그런 일은 감히 꿈도 꾸지 말라는 엄중한 경고와 함께 말이다.

    SERE 훈련은 사람을 나가떨어지게 한다. 애초에 그러려고 만든 프로그램이기 때문이다. 그래서 SERE 훈련을 통과하지 못하는 대원들이 수두룩하다. 탈락자들은 훈련에서 아예 빠질 때도 있지만 중도 포기를 선언했다가 면담 뒤에 다시 합류하기도 한다. SERE 훈련이 시작되면, 지독한 한파가 몰아치는 사막의 밤, 굶주림, 밀폐된 독방에서의 신체적 고문, 물고문, 주기적인 구타를 견뎌야 한다. 아기 울음소리, 탱크 바퀴가 굴러가는 소리, 행군하는 군홧발 소리, 러시아인의 수다 등이 스피커에서 끊임없이 나오는 상황을 버텨야 할 때도 있다.

    물론 이것은 모의 훈련이지만, 대원들을 대비시키기 위해 짜인 훈련 시나리오는 현실을 방불케 한다. 해군 특수부대는 실제 작전에 투입되면 어마어마한 위험과 불확실성에 직면한다. 그 말은 언젠가는 대원들이 훈련과 거의 똑같은 상황을 실제로 맞닥뜨릴 확률이 꽤 높다는 뜻이다. 다른 점은 딱 하나. 그때는 독방, 교도관, 신체적 폭력까지 모든 게 진짜다. SERE 훈련이 신체적·정신적 한

계까지 대원들을 계속 몰아붙이는 것도 그래서였다. 훈련에서 무너진다는 것은 대원 자격이 없다는 뜻일 수도 있었다.

보통내기는 SERE 훈련에서의 생존은 꿈도 꾸지 못한다. 하지만 맷은 훈련을 반드시 통과하겠다고 단단히 결의를 다진 참이었다. 그의 사전엔 휴식도 포기도 없었다. 솔직히 '감옥'으로 들어올 때 생각하지 않았던가. 여기서도 무언가 배울 게 있을 거라고, 특수부대 훈련을 거쳤으니 이쯤은 충분히 할 수 있다고. '감방에서 며칠 추위에 떠는 거? 그게 뭐 대수겠어. 해보자고!'

그런데 꼬박 이틀을 독방에 갇혀있으니 내면의 경험이 한층 생생하게 다가왔다. 근육이 사라지는 동안 쭈그리고 앉아 잠자코 차분히 집중하려고 안간힘을 썼다. 하지만 이따금 온갖 느낌과 생각이 예리하게 인식됐다. 문득 두려움이 고개를 들었다. '혹한 테스트 때 기절하면 어떡하지?' 때로는 절망감이 몰려들었다. '젠장, 이 숨 막히는 독방에서 제발 날 꺼내줘!' 그러나 그 와중에도 건너편 교도소의 어느 독방에 있을 누군가를 떠올리면 행복과 흥분 같은 따스한 감정이 샘솟았다. '로라^{Laura}.'

맷이 로라를 처음 알게 된 건 SERE 훈련이 시작된 첫 주였다. 베트남 전쟁 시절을 연상시키는 후줄근한 교실에서 전술용 수신호를 배울 때였다. 맷이 로라를 힐끗 보자 그녀도 맷을 쳐다봤고, 둘 사이에는 단순한 호의 이상으로 오래도록 눈길이 오갔다.

훈련의 생존 단계에 돌입하자 대원들은 분대 단위로 고지대의 사막에 내던져져 그들을 쫓는 교관들을 따돌리고 닷새간 생존하라는 지령을 받았다. 맷은 만자니타manzanita 덤불 사이를 헤치며 나아가고, 유카yucca의 줄기를 베어 수분을 보충하고, 개미들을 잡아 영양분을 섭취하는 동안에도 어느덧 눈으로 지평선을 훑으며 로라의 팀이 어디 있는지를 찾았다. 사실 맷은 그런 생각들이 못 올라오게끔 마음을 잘 단속해야 했다. 그가 여기 있는 건 로라에게 구애하기 위해서가 아니라, 교관에게 잡히지 않고 생존하기 위해서임을 자신에게 끊임없이 일깨워야 했다. 하지만 아무리 생각을 다잡으려 애써도 로라에 관한 마음이 순식간에 머릿속을 가득 채웠다. 맷은 야생화를 한 움큼 꺾어서 로라가 지나갈 법한 길목에 두곤 했다. 어느 날 밤, 늘 그랬듯 잔뜩 기대를 품고 로라를 찾아서 지평선을 훑는데 석양을 배경으로 산등성이 위에 올라선 로라의 실루엣이 보였다. 로라도 맷을 본 게 틀림없었다. 저 멀리서 맷을 향해 무릎을 굽히는 귀족식 인사로 장난스럽게 예를 차리고는 산등성이 너머로 사라졌으니까.

  맷은 독방으로 돌아와 지독한 피로가 심신을 덮치는 것을 느끼며 등을 벽에 기댄 채 시선을 돌려 로라의 방을 바라봤다. 그녀도 맷을 쳐다봐 주길 바라면서 말이다. 로라에게는 맷을 웃게 만드는 비상한 재주가 있었다. 뛰어나게 섬세하거나 시적인 언어에 기대지 않고 단순한 수신호만으로도 그게 가능했다. 감금 첫날, 로라는 자신의 콘크리트 감방을 둘러보며 수신호로 이렇게 말했다.

"이 정도면 4성급 숙소잖아?" 맷은 교도관들의 화를 돋울 걸 알면서도 웃음을 터뜨리고 말았다.

이쯤에서 맷의 상황을 한번 정리해 보자. 그는 자신의 경력을 좌우할 만한 매우 중요한 훈련을 받는 중이다. 먹을거리는 입에 대지도 못하고 당장 할 수 있는 게 없는데도 벌써 다음 훈련을 걱정하고 있다. 게다가 어떤 여자에게 푹 빠져있다. 지금 그는 집중력을 유지하면서도 감정의 균형을 잡으려 애를 쓰고 있다. 두려움과 절망에 너무 함몰되지 않으면서도, 풋사랑에 완전히 정신을 빼앗기지 않으려고 하면서 말이다. 어떻게 보면, SERE 훈련을 성공적으로 마치기 위해서는 이 감정들을 전부 무시하는 게 가장 논리적인 해결책 같다. 그의 감정에 밸브가 달려있어 그것을 단단히 조일 수만 있다면, 모든 게 훨씬 수월하지 않겠는가?

우리야 콘크리트 감방에 처박혀 극한의 생존 훈련을 통과하겠다고 사투를 벌이는 일은 없겠지만, 불쑥 몰려드는 감정들을 스위치를 누르듯 단번에 끌 수 있으면 좋겠다는 생각은 누구나 할 것이다. 인간이 감정을 갖도록 진화한 이유가 감정이 인간에게 유용하기 때문인 것만 같다. 하지만 또 다른 쪽에서는 감정이 오히려 정반대의 작용을 할 때도 많다. 우리의 건강을 해치고, 실력 발휘를 막고, 인간관계에 갖가지 문제를 일으키는 식으로 말이다.

감정에게 주도권이 넘어가면 우리 안에 꼭두각시를 조종하는 곡예사가 내 안에서 줄을 요리조리 잡아당기는 것처럼 느껴진다.[2]

행동에 나서고, 무언가를 말하고, 실력 발휘를 해야 하는데 두려움이 엄습해 몸이 굳어버리는 때도 있지 않은가. 내 안의 상심을 세상에 내보이고 싶지 않다는 마음이 간절한데도, 슬픔이 성난 파도처럼 북받쳐 올라 걷잡을 수 없이 밖으로 쏟아져나올 때도 있다. 이 순간들에는 감정이 인간에게 어떻게 도움이 된다는 건지 도무지 이해할 수가 없다. 이렇게 보면 감정의 스위치를 꺼버리고 싶은 데는 다 이유가 있다. 그런데 이 세상에 감정의 스위치를 끌 줄 아는 사람이 있다면 바로 특수부대 대원 아니겠는가?

실제로 맷 마스댐은 감정을 조절하는 능력이 탁월한 사람이다. 하지만 이게 곧 감정의 스위치를 끌 줄 안다는 뜻은 아니다. 감정 조절 능력은 맷이 받는 최고 난도의 훈련, 그의 강건한 신체, 해군 특수부대 대원이라는 직업과는 아무런 상관이 없다. 그의 비결은 오히려 다른 데 있다. 맷은 어떤 순간이든 무조건 감정의 스위치만 끈다고 능사는 아니라는 사실을 알고 있었다. 그보다는 감정에 휘둘리지 않으면서 감정을 능란하게 활용할 줄 아는 것이 중요했다. 이 통찰은 결정적인데, 인간에게 감정을 경험한다는 것은 공기로 숨을 쉬는 것이나 다름없는 일이기 때문이다. 우리 인간의 생존에 감정은 피할 수 없는 더없이 중대한 요소이다.

아름답고 혼란스러운
감정적 삶

감정은 어쩌다 간혹 하는 경험이 아니다. 우리는 거의 늘 감정을 느끼며 살고 있다. 2015년에 한 달 조금 넘는 기간 동안 1만 1,000명 이상의 사람들을 대상으로 시행된 연구를 보자. 놀랍게도, 피실험자들은 하나 이상의 감정을 경험하는 시간이 90퍼센트를 넘는다고 보고했다.[3]

가끔 우리의 감정은 너무나 미묘해서 미처 그것을 알아채지 못할 때도 있다. 이럴 때 감정은 치과 대기실에서 은은하게 흘러나오는 배경 음악처럼 느껴진다. 반면에 어떤 감정들이 매우 격렬하고 깊숙해서 절대 다른 식으로는 느끼지 못하리라는 확신이 들 때도 있다. 게다가 감정은 우리 몸 안에 가만히 머무르지 않는다. 우리가 호기심, 적의, 사랑을 한껏 표출할 때 감정들도 바깥으로 촉수를 뻗는다. 때로는 타인의 감정이 우리에게 전염되기도 한다. '감정 전염emotional contagion'이라고 하는 이 현상은 온라인과 오프라인 모두에서 일어나며, 감정이 글자 그대로 바이러스처럼 사람들 사이로 빠르게 전파된다.[4]

감정은 어떤 행동을 촉발하는 중심축이 되어 좋든 싫든 순간순간 우리의 길을 결정짓기도 한다. 매일 우리는 미미한 혹은 격렬한 감정에 기반하여 결정을 내리고, 시간이 갈수록 이러한 감정들이 우리 삶의 궤도에 영향을 미친다. 그간 인류가 이룩한 뛰어난 업적도 사랑하는 사람, 두려운 사람, 대의에 대해 품은 감정이 원동력이 된 경우가 많다. 역사 속 사례들을 보자. 1631년에 무굴 제국의 샤자한$^{Shāh\ Jahān}$이 타지마할 건설을 명한 이유는 아기를 낳다 목숨을 잃은 왕비를 향한 사랑 때문이었다. 진나라의 진시황이 만리장성을 지은 이유는 북방 유목민에 대한 두려움 때문이었다. 미국의 인권 운동가 해리엇 터브먼$^{Harriet\ Tubman}$이 노예 해방을 위한 단체인 '지하철도$^{Underground\ Railroad}$'를 세워서 위험천만한 임무들을 감행한 것은 간절히 자유를 염원하는 사람들을 안전한 곳으로 데려다주기 위해서였다. 이와 관련하여 자주 인용되는 미국의 종교 지도자 카알 W. 뷔너$^{Carl\ W.\ Buehner}$의 명언이 있다.[5] "사람들은 당신이 한 말을 잊어버릴 수도 있다. 하지만 당신이 그들에게 어떤 감정을 느끼게 했는지는 결코 잊지 못한다." 만약 당신의 장례식에서 누군가가 사랑을 담아 추도사를 바친다면, 그 순간의 감정 역시 당신의 유산으로 남을 것이다.

보통 우리는 감정을 일직선적이거나 개별적으로 경험하지 않는다.[6] 감정은 워낙 종류가 다양하고 서로 겹치며, 정신을 못 차릴 만큼 헷갈린다. 사람들의 감정적 삶을 조사한 연구에서 피실험자들은 긍정적 감정과 부정적 감정을 동시에 느끼는 시간이 평상시의 33퍼센트에 이른다고 응답했다. 사랑과 불안을 동시에 느끼는 일도 누구나 공감할 만큼 흔하다.

아울러 감정들은 뒤섞이기만 하는 게 아니라 상호작용을 한다. 슬픔은 분노를 부채질하고, 기쁨은 비통함을 한결 누그러뜨린다. 만약 당신이 장례식에 가서 웃거나 결혼식에 참석해서 울어본 경험이 있다면, 감정의 복잡함을 직접 겪어본 적이 있다는 뜻이 된다. 맷도 마찬가지였다. SERE 훈련 동안 독방에 갇혀있으면서 울화통이 터지는 동시에 한껏 들뜨기도 했고, 기쁨을 만끽하는 동시에 고통에 몸부림치기도 했다. 미래에 대해 두려워하면서도 동시에 희망을 품었다. 감방을 박차고 나오고 싶은 생각이 간절했지만, 한편으로는 멀지 않은 곳에 로라가 마주 앉아있다는 사실이 감사하기도 했다. 부아가 치밀고 스트레스를 받는 상황에서도 그는 점점 더 사랑에 빠져들고 있었다.

그러니 당신의 감정적 삶을 양팔 벌려 환영하자. 대혼란의 아름다운 난장판을!

감정이란 무엇인가

감정 관리에 관한 강의의 첫날에 내가 학생들에게 가장 먼저 던지는 질문은 바로 이것이다. "감정이란 무엇일까요?" 대개 이 질문에 당차게 손을 드는 학생은 기껏해야 대여섯뿐이다. 감정에 관해 제법 훌륭한 정의를 내놓는 학생들도 몇몇 있지만, 자신 있게 답을 내놓는 학생은 거의 없다.

이건 상당히 충격적인 일이다. 인간의 존재에 감정이 얼마나 중요한데, 감정이 무엇인지 왜 아무도 확신하지 못할까? 물론 내 강의에 들어오는 학생들만 그렇지는 않다. 인간의 삶에 감정이 그토록 지대한 영향을 미쳐왔는데도, 감정에 관해 연구한 지 그렇게나 오래됐는데도 말이다. 감정의 작동 원리를 설명하는 과학 이론은 현재 한둘이 아니다. 내가 최근에 세어본 것만 해도 예닐곱 개는 넘었다.

일부 과학자는 인간의 감정이 사랑, 분노, 혐오, 슬픔 등 6, 15, 27개의 명확한 카테고리로 나눠진다고 한다.[7] 그런가 하면 감정은 거의 무한대의 색상, 질감, 조합의 형태로 나뉜다고 주장하는 과학자들도 있다.[8] 예를 들어, 독일어 '샤덴프로이데Schadenfreude'는 남의 불행을 보고 기분이 좋아질 때의 느낌을 가리킨다.[9] 어떤 과학자들은 감정이 뇌의 생물학적 구조 속에 내장된 특별한 회로에 깊숙이 각인된 보편적 반응이라고 열변을 토하기도 한다.[10] 맥락을 더욱 중시하는 관점도 있다. 감정이란 뇌가 다양한 상황에 반응하며 나타나는 복합적인 산물이라는 것이다. 이러한 관점에 따르면, 보편적 감정회로는 존재하지 않으며 우리가 경험하는 감정은 하나하나가 고유한 속성을 갖는다.[11]

상황이 이렇다 보니, 감정에 대해서 겸손하게 잘 모르겠다고 대답하는 학생들이 오히려 더 현명해 보인다. 감정의 작동과 관련된 수많은 세부 사항은 여전히 심층 연구가 진행 중이기도 하다. 하지만 이 세상에는 모든 것을 단순 명쾌하게 설명하지는 못해도 상당한 지식을 축적해 둔 영역이 있기 마련이다. 지능, 암, 양자물리학처럼 말이다. 감정도 마찬가지이다.

그러니 대부분이 동의하는 사실에서부터 시작하도록 하자.[12] 감정은 우리가 이 세상에서 실제로 겪는 일이나 머릿속에서 상상하는 일 중 자신에게 의미 있는 경험에 대한 반응이다. 감정은 우리가 각 상황에 적절히 반응할 수 있도록 돕는 역할을 한다. 예를 들어, 평소에 아끼던 사람이 자전거를 타다 넘어지는 모습을 실제로 보거나 상상할 때 우리 안에서는 감정 반응이 일어난다. 감정은 자신에게 중요한 것들에 의해 촉발되는데, 예시에서는 사랑하는 사람의 안전이 그렇다. 바로 이것이 감정에 관한 가장 기본적인 이해이며, 우리가 살아가면서 겪는 감정 경험에 대한 상식과도 대체로 부합한다.

그러나 감정은 이보다 훨씬 복잡한 면이 있다. 사실 '감정'은 우리가 중요하다고 판단한 사건들에 대해 보이는 느슨하게 조율된 반응을 설명하는 포괄적인 용어이다. 우리에게 의미 있는 사건에 대해 우리가 몸에서 느끼고, 생각하고, 경험하는 것들 바로 그런 반응들에 포함된다. 이는 면역 반응-immune response과 비슷하다. 인간의 몸속 어떤 작용(T세포, B림프구, 항체)이 무대 뒤편에서 조용히 벌어지는 동안, 우리는 그 반응의 다른 결과(열, 오한, 땀)를 인식하곤 한다. 감정 반응에도 마찬가지로 '의식적 요소'와 '무의식적 요소'가 있으며, 감정 반응이 전개되는 방식은 다음과 같다. 만약 당신이 의미 있는 상황을 맞닥뜨리면 다음과 같은 연쇄 반응이 일어난다.

- 신경계를 비롯한 여타 신체적 과정이 관여하는 '생리적 반응'.
- 현재 일어난 일을 어떻게 이해할지 곰곰이 생각하는 '인지적 평가'.
- 표정이나 목소리 톤 등으로 자신이 현재 어떤 감정을 느끼고 있는지를 타인에게 전달하는 '외부를 향한 운동 행위'.

감정 반응은 상당히 유연하기 때문에, 셋 중 한 과정이 다른 과정보다 앞설 때도 있고 두 과정이 동시에 일어날 때도 있다. 또한 감정 반응은 '느슨한 공조'를 하도록 돼있는데, 이는 특정 기능을 수행하기 위해 감정 반응이 서로를 보완하는 경향이 있다는 뜻이다. 물론 누군가의 얼굴만 봐서는 지금 그가 어떤 감정을 느끼는지 도통 모르겠는 것처럼 감정 반응이 각자 따로 노는 경우도 있다.

실제 우리의 삶에서 감정 반응은 어떤 모습으로 나타날까?

예를 들어, 당신이 상을 받기 위해 무대의 계단을 오르다가 발을 헛디뎌 당황했다고 해보자(이것이 내 경험에서 가져온 사례인지에 대해서는 말을 아끼겠다). 여러분의 몸속에서는 아마도 곧바로, 그리고 무의식적으로 생리적 반응이 일어나며 심박수가 가파르게 상승할 것이다. 그와 동시에 인지적 평가를 통해 전에도 비슷한 일이 있었는지, 그때는 어떻게 상황을 헤쳐나갔는지를 살펴볼 것이다. 의식적 영역에서는 얼굴이 벌겋게 달아오르는 느낌이 들 수도 있고, 당신이 다시 일어나면서 찡그리는 모습을 관중이 볼 수도 있다. 이러한 반응 하나하나가 모두 당신에게 일어나는 감정 반응의 일부이다. 어떤 반응이 먼저 일어나고 어떤 반응들이 동시에 작용하는가 하는 문제는 여전히 의견이 분분한데, 수많은 이론이 저마다 다른 요소를 강조하기 때문이다. 여기서 확실한 사실은 단 하나다. 우리가 경험하는 감정들이 우리 내부에서 작동하는 여러 과정으로부터 영향을 받는 데는 어떤 목적, 즉 우리가 처한 다양한 상황을 잘 관리할 수 있도록 돕겠다는 목적이 있다는 것이다.

감정에 관해 이야기하다 보면 크게 두 가지 문제로 혼선이 빚어지곤 한다. 첫 번째, 흔히 감정을 이성적 사고와 대립하는 것으로 보는 태도 때문이다. 사실, 인지(우리가 일반적으로 사고라고 부르는 것)는 감정을 구성하는 핵심 요소이다.[13] 어떤 일이 벌어졌을 때 우리가 그 상황을 어떻게 생각하느냐에 따라 감정의 형태가 정해진다. 그러고 나서 그 감정들이 다시 우리의 사고방식에 영향을 미친다. 예를 들어, 시험장으로 들어가면서 '나는 시험에 약한데.'라는 생각을 하면 불안감이 점점 고조된다. 그러면 시험에서 실력을 발휘할 수 있으리라는 느낌이 들지 않고, 이를 근거로 자신이 시험에 약하다는 생각을 이어가게 된다. 이처럼 감정과 인지는 따로 떼어낼 수가 없다. 감정과 인지가 양방향으로 작동한다는 사실을 알고 나면, 우리도 사고방식을 바꾸어 곤혹스러운 감정들을 조절할 수도 있다. '나는 가끔 긴장하지만 그래도 시험은 잘 보는 편이야.'라거나 '지금의 떨림은 흥분과 기대감일 뿐이야. 시험을 치를 준비가 됐다는 뜻이지.'라는 식으로 생각을 달리하면 감정과 인지의 경로를 자신에게 유리한 방향으로 바꿀 수 있다.

감정에 관해 혼란을 일으키는 두 번째 요인은 느낌feeling과 감정emotion 사이의 관계이다. 생각과 감정은 끝없는 전쟁을 벌이듯 서로 대립할 때가 많지만, 사람들은 느낌과 감정을 대체로 같은 부류로 여겨 둘을 서로 잘 바꿔 쓰는 경향이 있다. 하지만 느낌은 우리가 인식하는 감정적 경험의 일부에 불과하다. 우리는 느낌을 항상 의식하지만, 감정적 경험의 다른 측면(본능적인 찡그림, 호르몬 수치의 급격한 변화 등)은 늘 의식하지는 못한다. 느낌은 감정 반응의 '열fever'과 같은 것으로, 무대 뒤에서 벌어지는 일들에 대한 의식적 차원의 표출이다.

느낌은 한 사람의 감정적 경험이 고유하게 표현된 결과물이기에 타인이 나와 똑같은 감정을 '느낄' 수는 없다. 어떤 사람에게 분노는 속이 터질 듯한 압박감처럼 느껴진다. 그러나 다른 사람에게 분노는 가슴 한가운데가 뻥 뚫린 듯한 공허감으로 느껴질 수도 있다. 감정 반응을 구성하는 다양한 요소가 우리 안에서 작동하는 방식은 무한대에 가까워 보이며, 이는 우리가 맞닥뜨리는 상황뿐만 아니라 유전자, 환경, 개인의 내력으로부터도 영향을 받는다.

아무리 감정이 고통스럽고 벅차게 느껴지더라도 이 사실만큼은 꼭 기억해야 한다. 인간이 감정을 경험하는 능력을 진화시킨 데는 다 그만한 이유가 있다는 것이다. 감정은 우리가 이 세상을 헤쳐나가도록 도와주며, 감정마다 제 역할이 있는 것도 그래서이다. 심지어 우리가 그 감정을 썩 좋아하지 않더라도 말이다.

부정적 감정의 순기능

좋은 기운vibe만 믿어. 밝은 면을 봐. 그냥 관점을 바꾸면 돼. 모든 일에는 다 이유가 있는 법이야. 그나마 이 정도라서 다행이지! 긍정적으로 생각하라고.

정신건강 문제를 과하게 교정하거나, 나쁜 느낌과 거리를 두려는 자연스러운 충동을 따라가다 보면 어김없이 만나는 것이 긍정이다. 하지만 부정적 감정이 전하는 메시지를 무시한 채 긍정만을 지나치게 추구하면 의도와는 정반대의 결과를 초래할 수도 있다. 예를 들어, 해결책 중심의 직장 문화는 직원들이 건설적인 비판을 주저하게 만든다. 나를 위로하겠다며 시험을 망친 일 따위는 다 잊고 방학을 즐겁게 보낼 생각만 하라고 위로해 주는 친구도 마찬가지이다. 오로지 긍정적 감정만 따라가는 것이 능사는 아니다. 이 대목과 일맥상통하는 내용으로, '긍정적 리프레이밍positive reframing'의 실태를 분석한 연구를 살펴보자.[14] 연구 결과에 따르면, 어떤 일의 밝은 면을 보려는 노력은 상황에 따라 해를 끼치기도 하고 도움을 주기도 했다. 다리 골절처럼 어쩔 수 없는 문제들이 나를 괴롭힐 때는 상황을 긍정적으로 바라보는 것이 도움이 된다. 하지만 애인이 계속 바람을 피운다거나 해로운 환경에서 근무하는 것처럼 내가 통제할 수 있는 문제들이라면, 상황의 밝은 면만을 보려는 노력은 해로울 뿐만 아니라 우울증만 심화시킬 수 있다. 바람피우는 애인과 헤어지거나 일을 그만둬서 잘못을 바로잡을 수 있는데도 부정적 감정을 억지로 긍정적인 감정으로 바꾸려고 하면 고통만 연장된다.

우리 대부분은 기쁨이나 흥분 같은 감정은 마음껏 즐기면서도, 두려움이나 수치심 같은 부정적 감정은 어떻게든 피하려고 한다. 이런 관점에서 보면, 악당과도 같은 부정적 감정을 되도록 멀리하는 것이 행복과 성공의 열쇠라고 믿기 쉽다. 하지만 실상은 그렇지 않다. 긍정적 감정이든 부정적 감정이든, 모든 감정은 우리 삶의 핵심적인 적응상 특징adaptive feature이기 때문이다. 한마디로 감정은 좋고 나쁨의 문제가 아니며 그저 정보일 뿐이다.

인간의 삶에는 분노, 슬픔, 죄책감, 비탄 등 갖가지 부정적 감정이 꼭 필요한 곳에 자리하고 있다. 다만 이 감정들을 적절한 비율로 경험해야 한다는 조건이 있다.[15] 최고의 인생을 살기 위해서 부정적 감정을 내면에서 싹 몰아내야 한다고 주장하는 절대론자의 믿음은 매우 위험하다. 어떤 감정은 순간적으로 매우 불쾌할 수도 있지만, 우리가 느끼는 모든 감정에는 진화와 경험을 통해 형성된 강력한 지혜가 담겨있다. 부정적 감정을 진화가 인간의 생리적 하드웨어에 설치해 놓은 놀랍도록 정교한 소프트웨어 프로그램이라고 생각할 수도 있다.

사람들이 싫어하는 나쁜 기운의 대표적 희생양 '불안'을 한번 보자. 현대 문화에서 불안은 병증pathology과 동의어가 됐다.[16] 물론 만성적 불안은 인간에게 무척 해롭지만, 불안이 없는 삶이 마냥 좋다고만은 할 수 없다. 불안이라는 우아한 해결책을 잘만 활용하면 우리에게 닥치는 무수한 난관을 헤쳐나갈 수 있기 때문이다. 조상들이 잠자리에 들려는 순간 동굴 어딘가에서 풍겨오는 곰의 냄새를 맡았던 때부터 상사에게서 해고 예고 이메일을 받는 현대에 이르기까지 인간의 삶은 온통 위협으로 가득 차있다. 불안도 다른 감정들과 마찬가지로 지나치게 오랫동안 방치하면 부적응으로 이어질 수 있다(이에 대해서는 나중에 좀 더 자세히 이야기할 예정이다). 하지만 불안은 눈앞에 위협이 있을 때 거기에 다가가거나 그것을 피하는 등 적절한 반응을 취하도록 돕는 기본적인 적응 기능adaptive function을 갖고 있다.

문화적으로 낙인이 찍혀서 사람들이 껄끄러워하는 또 다른 감정으로는 '슬픔'이 있다.[17] 슬픔은 우리가 대체할 수 없는 무언가를 잃었을 때 경험하는 감정이다. 직장에서 성공할 기회를 놓치거나, 친구와의 우정을 잃거나, 주변의 소중한 누군가와 사별해야 할 때 우리는 슬픔을 느낀다. 슬픔이 밀려들 때 친구, 가족, 동료들은 어떻게 해야 덜 슬플지 숨 가쁘게 조언을 쏟아내곤 한다. 우리가 슬픈 데는 다 그만한 이유가 있는데도 말이다. 마치 잠깐이라도 비애나 그리움을 느꼈다가는 걷잡을 수 없이 우울증에 빠져들 수 있다고 생각하는 듯하다. 하지만 슬픔을 경험하고 표현하는 것은 매우 유익한 일이다. 슬픔이 찾아오면 우리 몸은 생리학적으로 속도를 늦추고 잠시 상황을 반추할 시간을 갖게 하는데, 이를 통해 우리는 상실을 되돌아보고 아직 남은 다른 관계를 더욱 단단히 다지게 된다. 게다가 우리는 슬픔을 매개로 자신에게 도움이 필요하다는 신호를 보내기도 한다.[18] 한 연구 결과에 따르면, 슬픈 표정을 짓고 있는 사람이 분노하거나 무표정한 얼굴을 한 사람들보다 도움을 받을 가능성이 더 높다고 한다.[19]

불안과 슬픔 말고도, 의외로 밝은 면을 가진 어두운 감정이 꽤 많다.

- 질투는 원하는 것을 얻기 위해 더 열심히 노력하게 만드는 자극제가 되기도 한다.[20]

- 후회는 똑같은 실수를 반복하지 않게 해준다.[21]
- 죄책감은 자신이 끼친 피해를 깨닫고 이를 바로잡게끔 만든다.[22]
- 분노는 위협에 대응하고 불의를 바로잡게 도울 수 있다.[23]
- 두려움은 특정한 위험에 대한 반응으로, 인식을 예리하게 가다듬고 행동에 나서도록 몰아붙인다.[24]
- 성욕은 종족의 번식에 분명 도움이 되지만 그래도 너무 깊이 빠지지 않는 게 좋겠다.[25]

동료 에런 와이드먼Aaron Weidman과 함께 진행한 실험에서 우리는 피실험자들에게 일상에서 겪는 특정한 상황들에 대해 어떤 감정을 느끼면 유용할지를 생각해 보라고 했다.[26] 어떤 참가자는 친구의 생일을 깜박한 데 죄책감을 느끼면 그 실수를 바로잡으려고 노력하게 된다고 했다. 또 다른 참가자는 회사의 프레젠테이션에서 실수할까 봐 불안을 느끼면 준비에 더욱 만전을 기하게 된다고 했다. 이와 마찬가지로, 우리는 무언가 문제가 생겨서 자신을 찾아오는 이에게 연민을 느끼면 그 사람을 더욱 효과적으로 도우려고 애쓰게 된다.

긍정적 감정이든 부정적 감정이든, 자신에게 도움이 되는 감정들을 찾아낸 피실험자들에게 이제 그것들을 내면에서 활성화해 보라고 했다. 사실 이 일은 그렇게 힘든 과제는 아니었다. 누구나 살면서 불안과 신남 같은 감정을 경험해 봤을 테니 말이다. 연구팀의 요구는 그 느낌을 다시 떠올려 현재의 순간에 적용해 보라는 것뿐이었다. 실험 결과, 사람들은 이런 식으로 긍정적 감정을 다룰 때는 전혀 문제가 없었지만 의도적으로 부정적 감정을 느껴야 할 때는 심한 저항감을 보였다. 하지만 부정적 감정을 충분히 활용할 수 있는 맥락에서 느끼도록 했을 때는 결과가 눈에 띄게 나아졌다. 예를 들면, 불의를 바로잡기 위해 분노를 활용하든가, 어딘가에 도사리고 있는 위협을 헤쳐나가기 위해 불안을 활용하는 경우가 그랬다. 피실험자들도 자신들이 상황을 해결한 방식에 더 만족했다.

핵심은 감정적 삶을 건강하게 영위하는 데 좋은 기운과 나쁜 기운 모두 필요하다는 것이다. 이 사실을 이해해야 지레 겁을 먹고 나쁜 기운을 밀어내는 대신 존중하며 받아들이고 포용하는 능력을 갖출 수 있다. 그러나 다들 살면서 겪어봐서 알 듯이 감정은 좀처럼 제어하기가 힘들다.

부정적 감정은 나름대로 기능하면서 상황 적응을 돕지만, 다루기가 매우 까다롭다는 특징도 있다. 과도한 긍정 toxic positivity 으로 인한 과잉 교정 현상에 문제가 있다는 건 모두가 인정하는 사실이다. 마찬가지로, 슬픔이나 불안을 전혀 느끼지 못하면 건강한 삶을 살아가는 데 해가 된다. 부정적 감정을 너무 많이 경험하면 상당히 위험한 결과로 이어질 수도 있다. 부정적 감정에 시달리다가 우울장애나 범불안장애 같은 기분장애 mood disorder 로 발전하는 사례도 숱하다. 기분장애까지는 아니더라도 감정의 수위를 잘 조절하지 못하면 감정에 이끌려 엉뚱한 일을 벌이거나 괜스레 침울해져서 간절히 바라던 것들을 이룰 기회들을 놓칠 수도 있다. 감정 조절에 실패하는 시간이 길어질수록 그 결과는 단순히 하루를 망치는 것으로 끝나지 않게 된다.

감정적 삶은 몸 구석구석의 세포에까지 영향을 미친다.[27] 부정적 변화가 일으키는 생리적 변화를 장기간 참게 되면, 신체의 기력이 소모돼 온갖 질병의 원인이 된다. 독감이나 감기에 더 잘 걸릴 뿐만 아니라, 심혈관 질환이나 특정 종류의 암과 같은 심각한 병을 얻을 위험이 더 커진다. 그러나 감정을 제대로 관리하지 못할 때 뒤따르는 부정적 영향들은 이러한 심각한 생물학적 증상 차원을 넘어선다.

감정 조절을 못하는 아이의 50년 뒤

1972년, 뉴질랜드의 해안 도시 더니딘에서 일군의 과학자가 단기간에 끝날 것으로 예상하며 소규모 연구를 시작했다.[28] 아동의 출생 환경이 건강·발달 문제와 상관관계가 있는지 탐구하는 것이 이들의 목표였다. 이 연구가 무려 50년 넘게 이어질 대장정의 첫

발이 되리라고는 아무도 몰랐다. 하지만 종국에 이들의 연구는 방대한 데이터를 축적했고, 유아기가 거의 성장 과정 내내 영향을 미친다는 사실을 밝혀냈다. 인지 기능 저하를 판별하는 뇌 지표brain marker, 대인관계의 질, 직업적 성공 등 과학자들이 상상할 수 있는 거의 모든 성장 과정에 유아기가 영향을 미치는 것으로 나타났다. 이 연구의 범위는 실로 대단했으며 역사에 남을 만했다.

당초에 이 연구는 아동의 발달 과정을 확인하겠다는 소박한 목표에서 출발했지만, 나중에는 피실험자 1,037명의 삶을 시간을 두고 추적하는 장기 프로젝트로 발전했다. 연구팀은 몇 년에 한 번씩 피실험자들의 신체적·감정적·심리적 지표들을 광범위하고 세밀하게 평가했다. 피실험자들의 활동은 심리학 연구에서 흔히 사용되는 몇 가지 표준 설문지를 작성하는 것으로 끝나지 않았다. 피실험자들은 혈액검사를 통해 정밀한 생체 데이터를 제공했으며, 구강 구조 3D 스캔 등 다방면의 검사를 거쳐야 했다. 또한, 인지 능력 검사와 지능 평가를 받았고, 인터뷰를 통해 삶의 가장 내밀한 이야기를 꽤 세세하게 털어놓기도 했다. 이들이 받은 검사는 혹독하다는 말로는 부족했다. 세계적 명성을 자랑하는 과학 잡지 《사이언스》는 이렇게 평가했다. "연구팀이 얼마나 밀착해서 데이터를 수집했는지, 이 연구의 피실험자들은 지구상에서 가장 철저히 조사된 인구 집단이라 할 수 있을 정도이다."

연구 범위와 기간만으로도 충분히 인상적이지만, 이 연구의 독보적인 가치는 연구팀이 피실험자들의 감정 조절 능력을 아동기 내내 세심하게 측정했다는 사실에 있다. 심리학 연구 대부분은 아동의 자기 통제 능력을 측정하기 위해 단 한 번의 실험실 과제나 자기 보고식 설문조사에 의지하곤 한다. 그러나 이 연구팀은 아이들에게 여러 가지 테스트를 시행했고, 부모와 교사도 아이들을 평가하도록 했다. 이처럼 삼자 평가를 통해 다양한 지표를 측정한 결과, 연구팀은 실험에 참여한 아이들의 자기 통제 능력이 얼마나 능숙한지를 전례 없이 정확하게 들여다볼 창을 얻을 수 있었다. 연구팀은 아이들이 자라는 동안 몇 번(3·5·7·9·11세)에 걸쳐서 자기 통제 능력을 평가했고, 아이들의 성장기에 이 능력이 어떻게 변화하는지를 체계적으로 살필 수 있었다. 그러고 나서 몇 년을 묵묵히 기다리면서 아동기의 자기 통제 능력을 바탕으로 예측했던 일들이 미래에 실제로 나타나는지를 지켜봤다.

연구팀이 알아낸 사실에 따르면, 감정 조절 능력은 한 사람의 인생 전반에 걸쳐 많은 것을 예측하게 해줬다.[29] 그중에는 예상 가능한 결과도 있었는데, 아동기에 감정 조절 능력이 부족했던 아이들은 향후 약물 남용에 빠질 가능성이 높았다.[30] 하지만 이 연구로 새롭게 발견된 상관관계 대부분은 우리의 예측 범위를 훨씬 넘어섰다. 감정 조절에 유독 고생했던 아이들은 나중에 학교를 중퇴하거나 범죄를 저지를 확률이 더 높았다. 반대로 감정 조절에 능숙했던 아이들은 훗날 경력을 잘 가꾸어 나가고, 더 많이 저축하고,

은퇴에 성실하게 대비하고, 신체적으로도 더 건강했다. 심지어 뇌 영상 촬영과 생리학적 검사 결과에서는 이들의 뇌와 장기가 더 천천히 노화하는 것으로 나타났다! 아동기 초기의 감정 조절 능력은 개인의 발달에 매우 강력한 요소로 작용했으며, 앞날을 예측할 때 아이의 가족이 처한 사회경제적 환경이나 아이의 지능 수준보다 더 큰 영향을 미쳤다.

더니딘 연구팀의 성과들은 감정 조절 능력이 우리 삶의 행로에 강력한 영향을 미친다는 사실을 시사한다. 하지만 이들의 연구 데이터에는 또 다른 중요한 진실이 숨어있다. 살면서 언제부터 감정 관리 능력을 키우기 시작했든, 누구나 이 방면에서 더 나아질 가능성을 가지고 있다는 것이다. 디니딘 연구에서도 일부 아이들은 검사 시점에 따라 감정 관리 능력이 확연히 달라지는 모습을 보였다. 더 나아진 아이들도 있었지만, 평가 결과가 더 나빠진 아이들도 있었다.[31] 아울러 시간이 흐르고 아이들의 감정 조절 능력이 변화하면서 그에 따라 삶을 헤쳐나가는 능력 역시 달라졌다.

이 연구 결과는 상당히 의미심장한 사실을 강조한다. 감정을 조절하는 인간의 능력은 고정불변이 아니라 얼마든지 변할 수 있다는 것이다.[32] 사람마다 감정 조절 능력이 얼마나 뛰어난지를 알려주는 혈액검사는 따로 없지만, 무언가 잘못됐을 때 이를 알려주는 신호들은 분명히 존재한다. 예를 들면, 동료가 비꼬는 마음으로 건넨 칭찬 한마디가 몇 달 내내 마음에 걸린다거나, 배우자가 지저분한 접시들을 싱크대에 그냥 둔 것을 보고 폭발하는 경우가 그렇다. 문제는 마음의 상처나 분노 그 자체가 아니라, 그 감정들을 너무도 격렬하게 느끼고 한참 동안 거기서 헤어나오지 못하는 데 있다. 그러면 처음에 순기능을 발휘하던 감정이 순식간에 급변해 역기능을 발휘할 수도 있다. 이런 식의 감정 오작동은 생각보다 더욱 빈번하게 일어나며, 보통은 두 가지 핵심 지표를 통해 오작동을 가늠할 수 있다. 이 두 가지를 자동차 계기판에 달린 엔진 경고등으로 생각해 보도록 하자.

첫 번째 지표는 감정의 강도^{intensity}이다. 감정은 우리 몸의 반응을 유도하는 문제에 집중하게 만들어 해당 상황에 대응하게 한다. 하지만 과도한 감정 반응을 경험해 본 적이 있다면 누구나 알겠지만, 때로는 감정이 우리를 압도하여 내면의 경고 신호가 너무 크게 울리기도 한다. 유소년 축구교실에서 감독이 내 아이를 벤치에 앉혀둔 데 분노가 폭발하거나, 작년에 산 청바지가 맞지 않게 된 데 상심을 떨치지 못하는 것처럼, 우리는 정도를 넘어서는 감정을 종종 목격한다. 이런 식의 감정 폭발은 대인관계를 망가뜨리는 것은 물론이고, 평판을 해치며, 종국에는 자신의 감정에 대한 신뢰도까지 떨어뜨린다.[33] 그렇게 되면 우리는 자신의 감정을 믿지 못하거나 심지어는 두려워하게 될 수도 있다. 실제로 부정적 감정을 유발하는 일상적 경험들에 강하게 반응할수록 삶의 평온이 깨지고 향후 10년 내 정신질환이 생길 가능성이 커졌다.

두 번째 지표는 감정의 지속성^{duration}이다.[34] 때로는 부정적 감정들이 좀처럼 가라앉지 않고 우리 곁을 계속 맴돌기도 한다. 정신건강 전문가들도 정신질환을 진단할 때 해당 징후가 얼마나 오래 지속되는지를 주요하게 살피는 만큼, 감정의 지속성은 우리 모두 눈여겨봐야 할 유용한 지표이다. 다만 꽤나 난감한 부분은 감정이 마치 전등 스위치처럼 간단히 켜거나 끌 수 있는 것이 아니라는 점이다. 그래서 감정을 조절해서 단번에 집중력을 발휘해 상황을 해결하고 다음 단계로 넘어가기란 여간 어려운 일이 아니다. 실제로 감정의 지속 시간은 우리 몸속에서 화합물이 분해될 때 걸리는 시간과 비슷한데, 그 시간은 수많은 요인에 따라 사람마다 천차만별이다.

감정의 지속에 영향을 미치는 요인 중 하나는 감정 그 자체이다. 슬픔과 증오는 마음에 달라붙어 쉽게 사라지지 않지만, 수치심은 비교적 빨리 사라지는 편이다. 2015년에 발표된 한 연구 결과에 따르면, 피실험자들은 수치심을 재빨리 털어냈지만, 슬픔은 수치심보다 무려 240배나 더 오래 지속되는 것으로 밝혀졌다.[35]

어떤 경험이 의미 있을수록 그와 관련된 감정도 더 오래 지속된다. 일반적으로 슬픔은 우리의 세계관이나 정체성에 영향을 미치는 일에서 비롯하기 때문에, 보통 구체적인 사건에 의해 유발되는 감정인 분노보다 슬픔이 더 오래간다. 가령 고속도로를 달리던 중 갑자기 다른 차가 끼어들어 화가 치민 기억은 쉽게 잊을 수 있다. 그 감정은 내게 별로 의미가 없는 일시적이고 사소한 사건에서 비롯했기 때문이다. 어쩌다 일어난 일일 뿐이다. 반면, 반려동물을 떠나보냈을 때의 슬픔은 좀처럼 사라지지 않는다. 반려동물을 잃는 순간 세계관이 흔들리기 때문이다. 사랑하는 반려동물과 함께했던 삶은 이제 불가능하다. 마찬가지로, 분노 역시도 그 감정이 무척 깊고 강렬할 때(가령 누군가에게 배신을 당했을 때)는 우리의 세계관을 바꿀 수 있다. 이런 종류의 분노는 경미한 규칙 위반에 대한 분노보다 훨씬 오래 지속된다.

감정이 요구하는 집중력의 정도도 감정의 지속에 영향을 미친다. 감정 반응을 불러일으키는 존재가 곁에 있으면 감정이 더 오래 지속될 가능성이 커진다. 우리가 그 존재에게 계속 집중하고 있기 때문이다. 연애 감정이 남아있는 상대와 친구로 지내려고 애써본 적이 있는 사람이라면 누구나 잘 아는 사실이다!

얼마나 오래 감정이 지속되는지는 해당 경험을 어떻게 생각하느냐에도 영향을 받는다. 멀리 갈 것도 없이 감정과 관련한 우리의 신체 반응을 생각해 보자. 어떤 감정을 경험하면 우리 몸은 갖가지 방식으로 요동치는데, 이러한 신체적 신호들을 어떻게 해석하느냐에 따라 감정 경험도 달라진다. 한 연구에서는 사람들이 스트레스를 받았을 때 나타나는 생리적 반응을 어떻게 해석하느냐가 그들의 불안감에 어떤 영향을 미치는지를 조사했다. 피실험자들에게 땀이 흥건한 손바닥이나 분주하게 뛰는 심장박동을 몸이 상황에 잘 대처하고 있다는 신호로 해석하도록 안내하자, 스트레스가 큰 발표 후 어떠한 지침도 받지 못한 사람들에 비해 훨씬 빨리 회복했다.[36]

인간의 감정은 삶의 다양한 국면에 반응하여 다채로운 형태로 나타난다. 급작스레 활활 타오르다가 순식간에 흩어지는 감정이 있는가 하면, 머릿속에 맴도는 유행가 후렴구처럼 몇 년씩 곁을 떠나지 않는 감정도 있다. 감정이 얼마나 오래 지속되고, 또 얼마나 강렬할지는 단 한 가지 요인으로 결정되지 않는다. 하지만 여기 아주 반가운 소식이 있다! 감정의 강도와 지속성을 완전히 통제할 수는 없지만, 우리 나름대로 조절할 수 있는 부분도 꽤 많다.

감정이라는 악기를
제대로 연주하려면

이쯤 해서 맷 마스댐의 이야기로 돌아가자. 좁다란 독방에 웅크리고 앉아 그를 무너뜨리기 위해 설계된 인내심 테스트를 치르던 그 사내에게로.

결국 맷은 무너지지 않았다. SERE 훈련을 무사히 통과한 것은 물론이고, 독방에서 걱정하던 알래스카의 찬 바다에서 진행된 훈련도 보란 듯 해치웠다. 그 후 상어 떼가 우글거리는 바다 한가운

데로 낙하산을 타고 뛰어드는 등 수많은 임무에 참여하면서 해군 특수부대 대원으로서 뛰어난 기량을 발휘했다. 여기에 다 밝히기는 힘들지만 뉴스나 영화에 나올 법한 일들도 숱하게 겪었다. 맷은 하버드 대학교에 입학해 리더십 관련 학위를 따기도 했다. 곧 그는 미국 대통령을 수행하는 군사 보좌관으로 발탁됐고, 버락 오바마 대통령의 곁에서 핵무기 발사 매뉴얼이 든 서류 가방인 '뉴클리어 풋볼nuclear football'을 들고 다니기도 했다.

흔히 세상 사람들은 맷 같은 이를 이렇게 생각한다. 가혹한 SERE 훈련을 이겨내고 세계 평화를 좌지우지한다는 중압감을 견뎌낼 정도가 되려면 〈스타트렉Star Trek〉에 나오는 스팍Spock처럼 두려움, 열망, 분노 따위를 억눌러야 할 거라고 말이다. 하지만 막상 맷의 이야기를 들여다보면 정반대의 사실을 발견하게 된다. 맷이 뛰어난 기량을 발휘할 수 있었던 이유는 자신의 감정을 억누르는 데 능숙해서가 아니라, 그것을 소음이 아닌 신호로 이해했기 때문이었다.

감정 반응의 속도를 앞당기거나 늦추는 것, 또는 그 강도를 달리하는 것을 '감정 조절emotion regulation'이라고 한다. 맷과 같은 사람들은 바로 이 능력이 탁월하다. 이들이 감정을 잘 조절하는 건 우리보다 감정을 덜 느끼거나 부정적 감정을 억누르는 데 더 능숙해서가 아니다. 오히려 맷은 감정을 내면의 길잡이로 삼아서 세상을 헤쳐나가려 애쓴다.

맷에게 두려움은 하나의 신호이다. 두려움은 맷이 어디에 집중해야 할지를 알려준다. 분노는 그에게 바로잡아야 할 문제가 있다는 사실을 일러준다. 기쁨이나 호기심이 스치듯 찾아올 때는 중력에 이끌리듯 그쪽으로 가까이 다가가는데, 그렇게 하면 그것들에 의지해서 나쁜 상황을 견디기가 한층 수월해진다는 사실을 그는 잘 알고 있었다.

SERE 훈련의 종료를 앞두고 드디어 감방에서 풀려난 훈련생들은 건물 바닥에 떨어진 돌멩이들을 맨손으로 주워서 정리하라는 지시를 받았다. 햄스트링이 타는 듯 욱신거렸지만, 마침내 자유로워진 맷은 몸을 틀어 성큼성큼 로라를 향해 다가갔다. 그녀의 머리카락에서 풍기는 냄새를 느낄 수 있을 만큼 두 사람의 사이가 가까워졌다. 서로 샤워도 제대로 못 한 상황이었지만 맷은 그 냄새가 향기롭게 느껴졌다. 잠시 뒤 국기 게양대 위로 성조기가 올라가면 스피커를 통해 미국 국가가 요란하게 울려 퍼지며 훈련 종료를 알릴 터였다.

"저기요." 말을 붙일 수 있을 만큼 둘의 사이가 가까워졌을 때 맷이 나직이 속삭였다. "훈련 끝나고 뭐 좀 먹으러 갈래요?"

미래의 아내가 답했다. "좋아요!"

애초에 SERE 훈련을 시작할 때부터 맷에게는 한 가지 분명한 강점이 있었다. 그는 감정을 잘 활용하기만 하면 인생의 중요 고비에서 훌륭한 결정을 내릴 수 있게 도와주는 길잡이가 되리라는 사실을 알고 있었다. 설령 지극히 버겁게 느껴지는 감정들도 맷은 밀어내지 않았다. 그렇다고 해서 감정들이 걷잡을 수 없이 쏟아져 나오도록 내버려 두지도 않았다. 맷은 상충하는 복잡한 감정들에 사로잡혀 그것들을 반복해서 곱씹지 않았다. 일주일 넘게 화장실에서 휴지도 못 쓰는 상황에 여자의 관심을 끌려고 하는 게 얼마나 어리석은지 알면서도 이를 곱씹어 생각하지 않은 것이다.

맷은 부정적 감정들을 느끼는 와중에도 로라와의 만남에서 생겨나는 긍정적 감정 사이를 오가며 재빨리 감정을 전환할 수 있었다. 물론 맷은 이런 능력이 없었더라도 충분히 SERE 훈련을 통과했을지 모르지만, 아마도 일생의 사랑과 함께 그 경험을 빠져 나오지는 못했을 것이다. 그랬더라면 나도 초등학교의 학부모 대기 구역에 로라와 나란히 서서, 수업을 마치고 나오는 아들을 와락 껴안아 주는 맷을 바라보는 즐거움은 누리지 못했을 테다.

조절할 줄 모르면 지배당한다

감정은 삶을 헤쳐나가도록 인도하는 길잡이이다. 우리가 이 세상에서 보낸 시간을 담은 지워지지 않는 흔적이며, 음악이자 마법이기도 하다. 그러므로 부정적 감정에서 도망쳐 기분 좋은 감정만

뒤쫓는 것을 목표로 삼아서는 안 된다. 그 대신 다양한 감정을 경험하고 거기서 배우되, 필요할 때는 한 감정 상태에서 다른 감정 상태로 자연스럽게 옮겨 가는 감정 전환 능력을 길러야 한다. 그리고 가치 있는 기술들이 다 그렇듯, 감정 전환 능력을 갖추려면 어느 정도 연습이 필요하다.

나는 인간의 감정 세계는 값을 매길 수 없을 만큼 진귀한 악기와 같다고 생각한다. 어떨 때는 신성한 무언가를 표현하는 예술 작품처럼 느껴지기도 한다. 세계 최고의 바이올린인 스트라디바리우스 같다고나 할까.

우리는 모두 감정이라는 정교한 악기를 갖고 태어난다. 하지만 이 악기를 능숙하게 연주하는 방법은 배우지 못했다. 그래서 활을 어떻게 잡아야 하는지, 장음은 어떻게 끊어야 하는지, 실수했을 때 어떻게 만회할지 알지 못한다. 물론 어떤 악기든 서툴게 연주하면 요란한 소음 때문에 주변 사람들이 죄다 귀를 틀어막을지도 모른다. 악기의 소리를 어떻게 해석하고 조절할지 기본기를 익히지 못하면, 우리의 연주는 그저 소음으로만 들릴 뿐이다.

맷 마스댐은 감정이라는 이름의 스트라디바리우스를 어떻게 연주할지 아는 사람이었다. 그는 자신의 감정을 소음이 아닌 정보로 여길 줄 알았고, 그것을 관리할 도구들도 익혀나갔다(그중 몇 가지는 이 책의 후반부에서 소개할 예정이다). 맷이 특출난 사람이긴 하지만 그도 처음부터 감정을 능숙하게 관리했던 것은 아니다. 훈련과 자기 탐색, 유전적 기질이 잘 조합된 결과, 맷은 모두가 가지고 있지만 제대로 활용하지 못하는 도구들을 효과적으로 사용할 방법을 찾아냈을 뿐이다. 사람들 대부분은 감정을 조절하기 위해 직관, 문화적 조건, 운에 의존하고는 한다. 하지만 그렇게 해서는 곤란할 때가 많은데, 자신의 감정이라는 스트라디바리우스를 연주할 줄 모르는 상태에서는 역으로 그것에 휘둘릴 위험에 처할 수 있기 때문이다. 바로 이 지점에서 우리가 무언가 해볼 선택의 여지가 주어진다.

우리에게도 맷처럼 감정이라는 악기를 멋들어지게 연주할 능력이 있다. 이 능력을 제대로 발휘하고 싶다면 먼저 우리에게 이런 능력이 있다는 사실부터 깨달아야 한다. 하지만 2장에서 곧 보겠지만, 안타깝게도 삶은 마치 '너는 그럴 수 없어.'라고 외치는 듯한 경험을 끊임없이 안겨준다.

chapter 2

감정은
조절할 수 있다

불안한 생각을
멈출 수 없을 때

처음에 루이사^{Luisa}는 3만 5,000피트 상공의 비행기 옆좌석에서 딸의 기침 소리를 들었을 때만 해도 대수롭게 여기지 않았었다.¹ 하지만 기침 소리가 두어 번 이어지자 정신이 퍼뜩 들었다. 가방 속으로 손을 넣었더니 딸 엘라^{Ella}가 방금 한 입 베어 문 그래놀라바가 나왔다. 아니나 다를까, 포장지의 접합면 아래에 있던 성분 정보에 그 말이 꼭꼭 숨어있었다. '땅콩.'

'아니야, 아니야, 아니야, 이건 현실이 아니야.'

태블릿으로 애니메이션 〈다니엘 타이거$^{Daniel\ Tiger}$〉를 보던 엘라의 상태를 살피며 루이사는 지금껏 한 번도 느껴본 적 없는 공포가 차오르는 것을 느꼈다. 하지만 두려움이나 자책에 빠져있을 시간은 없었다. 지금 당장 움직여야 했다. 루이사는 딸의 알레르기를 알고 난 뒤 머릿속으로 몇천 번은 연습했던 대로 행동하기 시작했다. 먼저 알레르기 약인 베나드릴Benadryl을 먹이고 다른 증상들이 나타나는지 지켜보면서 제발 이게 끝이기를 바랐다. 하지만 그런 행운은 없었다. 약을 먹고 몇 분도 채 지나지 않아 엘라는 괴로움에 몸부림치며 배를 움켜잡았다. 그러고는 토하기 시작했다.

이제 루이사는 다음 조처를 해야 했다. 아드레날린이 전신을 휩쓸고 양손은 덜덜 떨리고 있었지만, 루이사는 주사기 형태의 약물인 에피펜EpiPen의 뚜껑을 딴 뒤 엘라의 잠옷을 걷어 내렸다. 사랑스러운 딸의 작고 통통한 허벅지에 주저 없이 에피펜을 찔러 넣은 채 엘라의 눈이 고통과 충격으로 가득 차는 모습을 무력하게 지켜봤다.

이때쯤 승무원 한 명이 소동을 눈치챘다. 루이사는 승무원에게 도착 게이트에 구급차를 준비시켜 달라고 조용히 부탁했다. 비행 경로를 안내하는 화면에 '20분 후 착륙'이라는 메시지가 떠있었다. 대부분 이 정도면 안심이라고 생각하겠지만, 루이사는 아나필락시스Anaphylaxis(심각하고 급격한 알레르기 반응으로, 호흡 곤란·혈압 저하·발진 등의 증상을 동반한다-옮긴이)가 20분 만에도 생명에 치명적 위협이 될 수 있다는 정보를 읽었던 기억이 났다. 심장이 요동치기 시작하자, 에피펜이 듣지 않더라도 곧 착륙하면 의료진의 도움을 받을 수 있으리라고 생각하며 평정을 되찾으려 애썼다.

천만다행으로 에피펜에 든 에피네프렌epinephrine이 금방 효과를 발휘했다. 비행기가 활주로에 내려앉을 무렵에는 알레르기 증상이 싹 사라져 엘라가 조용히 책을 읽고 있을 정도였다. 엘라는 조금 전에 자신의 목숨이 왔다 갔다 하는 위중한 상황을 겪었다는 사실을 몰랐고, 루이사는 그게 오히려 감사할 뿐이었다. 하지만 이날 루이사는 부모로서 최악의 악몽이 현실이 되는 순간을 두 눈으로 똑똑히 목격한 셈이었다. 비행기에서 내리자 세상이 핑 도는 듯했다. 게이트에서 기다리던 응급구조대는 이제 괜찮다는 진단을 내렸고 엘라는 무사히 집에 돌아갈 수 있었다.

비행기 안에서 겪은 일은 루이사의 인생에서 가장 끔찍한 사건이었지만, 진짜 문제는 그 후에 찾아왔다. 딸에게 알레르기 반응이 나타난 순간 루이사는 엘라의 증세를 호전시키기 바빠 두려움은 뒷전이었다. 오직 엘라를 살리겠다는 목표 외에는 아무것도 안중에 없었다. 하지만 모든 상황이 종결되니 뒤늦게 두려움이 한꺼번에 몰려들었다. 머릿속에서 혹시나 하는 상황이 꼬리에 꼬리를 물고 이어져 그녀를 자꾸 심란하게 했다. 혹시 에피펜을 안 챙겼더라면? 혹시 에피펜이 듣지 않았더라면? 혹시 엘라가 그래놀라바를 전부 다 먹었더라면?

그 후 몇 주간 루이사는 엘라가 죽는 환영에 시달렸다. 설거지하는 동안, 도서관에 가려고 집을 나서는 순간 등 시시때때로 엘라가 죽는 모습이 떠올랐다. 도시락을 싸거나, 마트에서 신상품 시리얼을 사거나, 생일 파티 초대장을 받는 등 지극히 사소한 일들이 그녀를 공포의 현장으로 다시 끌고 갔다. 처음에는 대부분 아나필락시스에 관한 생각이었다. 유치원에서 선생님이 한눈판 사이에 엘라가 옆자리 친구의 땅콩버터 크래커를 한 입 베어 무는 광경이 머릿속에 떠오르는 식이었다. 친구의 생일 파티에 참석한 엘라가 복통을 일으켰는데, 친구의 엄마가 그것이 알레르기 반응인 줄 모르고 과식 때문이라고 오해하는 광경을 상상하기도 했다.

딸의 죽음에 대한 망상은 땅콩 알레르기를 넘어서 다른 데까지 걷잡을 수 없이 퍼져 나갔다. 비행기 사건으로 느낀 두려움이 그녀를 자극해서 아이를 잃을 가능성이 있는 모든 시나리오를 떠올리게 만드는 듯했다. 음주 운전자, 스마트폰을 조작하면서 운전하는 10대, 안전시설이 미비한 수영장, 맹견, 외상에 의한 뇌 손상 등 끔찍한 생각들이 공포 영화처럼 그녀의 머릿속에 끊임없이 재생됐다. 루이사는 이런 상상들을 몰아내려 하지 않고 머릿속에서 날뛰게 내버려 뒀다. 마치 잠재적 재난들을 머릿속에서 연습해 두면 그 일들이 일어나는 것을 막을 수 있기라도 한 듯이 말이다. 알레르기를 완전히 치료할 수 없다는 사실을 잘 알면서도, 어떻게든 더 잘 관리할 방법이 있지 않을까 강박적으로 정보를 검색하기도 했다. 정보를 찾는 동안에는 유용한 일을 실제로 하고 있다는 생각에 순간적으로 기분이 한결 나아졌다. 하지만 이 안도감은 오래 가지 못했다. 불안, 죄책감, 무력감이 파도처럼 그녀를 다시 덮쳤다. 루이사는 자신의 두려움을 통제할 엄두가 나지 않았다. 그녀가 홀로 감당하기에는 너무 어마어마한 감정이었다.

사람마다 고통을 불러오는 생각들은 천차만별이지만, 이런 무력감을 느끼는 것이 비단 루이사만의 일은 아니다. 어떤 감정들은 우리가 겪는 일에 대한 합리적 반응에 기반한다. 하지만 정신 나간 택배기사가 쌩 지나가며 자동차 창문으로 물건을 던지듯 마음이 우리에게 감정을 냅다 집어 던지는 때도 있다.

격렬한 감정을 품고 있다는 사실 자체를 어쩔 수는 없겠지만, 강력한 신경 시스템을 잘만 활용하면 감정에 대한 반응만큼은 충분히 바꿀 수 있다. 이러한 신경 시스템에 접근할 수 있을 때, 우리는 감정의 경로(감정을 얼마나 오래, 어느 정도로 강하게 경험할지)를 조절하는 능력을 손에 넣게 된다. 이는 다음과 같은 기본적 사실을 이해하고 십분 활용하는 데서 시작된다. 이 세상에는 내가 통제할 수 있는 것과 통제할 수 없는 것이 있다는 사실 말이다. 감정은 두 경우 모두에 해당한다.

우리가
통제할 수 없는 것

2000년 가을, 한 연구팀이 고등학교를 졸업하고 곧 대학교에 입학 예정인 학생 437명에게 다음과 같은 간단한 문항들을 보여주면서 그에 관한 생각을 평가하는 설문지를 작성해 달라고 요청했다.[2]

- 누구나 자신의 감정을 통제하는 법을 배울 수 있다.
- 사람들은 자신이 원하면 스스로 감정을 변화시킬 수 있다.
- 아무리 노력해도 자신의 감정을 변화시키기는 사실상 불가능하다.
- 사람들이 자신의 감정에 거의 아무런 통제력도 갖지 못하는 건 사실이다.

이 설문에서 자신의 감정을 통제할 수 없다고 답한 학생들이 전체 응답자의 40퍼센트에 달했다. '감정 및 자기 통제 연구소' 소장으로서 나는 처음에 이 연구 결과를 보고 적잖이 낙담했다. 루이사나 이 연구에 참여한 학생들이 감정이 자신의 삶을 주도한다고 생각할 만한 이유가 있다는 건 나도 인정한다. 어쨌거나 인간의 내면은 스스로 통제하거나 심지어 인식하기조차 어려우니까 말이다. 인간에게는 생존을 위한 반사 반응 체계가 선천적으로 내장돼 있어서 큰소리를 들으면 깜짝 놀라거나 독성이 심한 냄새를 맡으면 구역질을 한다. 시간이 지나면서 후천적 학습 반응이 내면에 깊이 각인되기도 하는데, 내게는 아이들이 집을 나설 때 어떤 상황에서든 "사랑해, 잘 다녀와."라고 반복하는 인사가 그렇다. 이런 자동성은 인간의 많은 생리 작용에도 똑같이 적용된다. 나는 지난 수년간 프레젠테이션을 수없이 성공시켰지만, 지금도 막상 무대에 오르면 속이 울렁거리곤 한다.

인간의 감정도 이런 자동적 특성을 갖고 있다. 예를 들어, 당신이 제일 좋아하는 삼촌이 추수감사절 저녁 식사 자리에서 칠면조를 보고 유쾌한 농담을 툭 던졌다고 하자. 자연스럽게 당신은 웃음을 터뜨리면서 입안에 있던 으깬 감자를 뿜어댈 것이다. 박장대소는 정말 재밌는 이야기를 들었을 때 자동으로 나타나는 감정 반응의 표현이다. 농담으로 시작해 웃음으로 끝나기까지, 내면에서 일어난 연쇄 과정은 우리 눈에 보이지 않는다. 다시 말해, 삼촌의 농담을 듣고서 '아, 정말 웃기다! 나는 지금 즐거움을 느끼고 있어. 내 안면 근육들이 수축해서 미소를 짓네? 이제 즐거움을 표현하면서 웃어야겠다.'라고 생각하지 않았다는 이야기이다. 당신은 그저 미소를 짓고 웃음을 터뜨렸을 뿐이다. 전체적인 감정 경험은 순식간에 일어났고, 당신은 그 과정을 의식적으로 통제하지 않았다. 이는 테이블 너머로 손을 뻗어서 아이의 얼굴 위로 흘러내린 머리카락들을 부드럽게 쓸어 올릴 때도 마찬가지이다. 또는 한밤중에 주차장을 걷는데 뒤편에서 누군가의 발소리가 들리면 걸음이 빨라지는 행동도 같은 맥락이다. 재밌는 농담을 들으면 즐거움을 느끼고, 아이들을 보면 애틋한 마음이 들며, 위험한 분위기에서 자신을 향해 저벅저벅 걸어오는 소리에는 두려움을 느끼게 마련이다. 이러한 감정 경험은 저절로 일어나는 일처럼 느껴지는데, 실제로 그것이 자동적으로 일어나기 때문이다.³

가끔 우리는 자신의 통제 밖에서 자동으로 떠오르는 생각에 휘둘린다. 난데없이 튀어나오는 어둡거나 이상한 생각들에 괴로워 본 적이 있다면, 이 현상이 그리 낯설지는 않을 것이다. 다시 말해 매우 흔한 현상이라는 뜻이다. 2014년에 특별한 심리적 장애가 없는 전 세계 여섯 대륙 출신의 800여 명을 대상으로 한 실험이 있었다.⁴ 실험 결과, 당시 최근 3개월 이내에 원하지 않는 생각을 최소 1회 이상 경험한 사람이 전체의 94퍼센트에 달하는 것으로 나타났다. 게다가 이 결과는 피실험자들이 스스로 기억해서 보고한 자료에 근거한 만큼, 실제로는 원치 않는 생각의 빈도가 더 잦았을 가능성이 크다. 과학자들은 이러한 생각을 침입자와 비슷하다고 보는데, 머릿속에서 저절로 떠올라서 사람들을 불쾌하게 만들 때가 많기 때문이다. 그렇다면 어떤 생각들이 침입자 부류에 해당할까?⁵ 연구 결과에 따르면, 자동차를 도로 밖으로 몰고 가는 생각, 공공장소에서 성관계를 맺는 생각, 모르는 사람에게 욕을 하는 생각, 낯선 사람이 집을 침입하는 생각을 주기적으로 경험한다고 답한 피실험자들이 남녀를 불문하고 상당히 많았다.

바로 며칠 전에 나도 헬스장에 갔다가 이상한 생각을 한 적이 있었다. 덤벨을 다른 쪽으로 옮기던 중 구석에서 요가 매트를 깔고 누워 있던 중년 여성의 얼굴 위로 덤벨을 떨어뜨리는 상상을 불현듯 떠올렸다. 나는 이 여성을 해치고 싶었던 걸까? 당연히 아니었다. 그건 그저 내가 떠올렸던 생각의 일부일 뿐이었고, 잘못해서 덤벨을 떨어뜨릴지도 모른다는 거의 일어나지 않을 일에 대한 두려움에서 비롯된 생각일 가능성이 높다.

자식을 무척 사랑하는 부모 중에도 아기를 떨어뜨리는 상상을 하는 이들이 많다. 혹은 막 걸음마를 뗀 아기가 차량으로 돌진하는 모습을 무력하게 지켜보는 상상을 하기도 한다. 루이사가 딸에 대해 품었던 생각들도 마찬가지였다. 루이사의 생각들은 비행기에서의 섬뜩한 경험에서 시작됐겠지만, 실제 사건을 훨씬 넘는 범위까지 확대됐다. 왜 이런 생각들이 갑자기 의식 세계에 떠오르는 걸까? 그 답으로 우리 뇌가 최악의 시나리오를 떠올리도록 자극해서 그 상황들에 대비시킨다는 가설을 생각해 볼 수 있다.[6]

불쑥 튀어나오는 부정적 생각들이 반드시 골칫거리인 것만은 아니다. 가끔 도움이 될 때도 있다. 진짜 문제는 부정적 생각들이 떠오른 다음에 벌어지는 일이다. 이런 생각들이 불러일으키는 공포, 두려움, 불안, 수치심 같은 감정들이 되먹임 고리를 만들어 더 많은 침입성 사고를 일으키면 시간이 지나면서 장애가 발생할 수 있기 때문이다. 바로 이것이 루이사에게 일어난 일이었다. 딸의 안전과 관련된 침입성 이미지와 생각들이 휩쓸고 지나가게 두자 한층 더 강렬해졌다. 시간이 흐르면서 이 생각들은 더욱 잦아지고 더 고통스러워졌으며 결국 루이사의 수면, 기분, 가정의 화목에까지 영향을 미쳤다.

침입성 생각과 느낌이 얼마나 비일비재한지를 고려하면서, 여기에 우리가 겪는 다양하고 자동적인 감정 경험들까지 더해보자. 아까 본 실험에서 왜 청소년의 40퍼센트가 감정을 조절할 수 없다고 답했는지 이유를 알 것 같지 않은가? 그들이 옳다. 우리는 감정을 통제할 수 없다. 하지만! 그들의 주장은 감정 처리 과정의 첫 번째 단계인 트리거trigger에 한해서만 옳다.

심리학에서 트리거는 감정 반응을 촉발하는 사건을 가리킨다. 위험에 빠진 아이를 보면 공포를 느끼고, 교통체증을 겪으면 분노를 느끼고, 오래전 떠나보낸 누군가를 상기시키는 향수 냄새를 맡으면 슬픔을 느끼는 식으로 말이다. 트리거는 사람마다 천차만별이고 지극히 개인적이므로, 내 감정 버튼과 당신의 감정 버튼은 완전히 다를 수 있다. 우리가 주변 세계의 다른 요소들을 통제할 수 없는 것과 마찬가지로, 트리거 역시 따로 통제할 방법이 없다. 어떻게든 트리거는 당겨지게 마련이고, 그 즉시 우리의 자동적인 감정 반응이 뒤따른다.

우리는 주변 세계를 통제하지 못한다. 그리고 감정이 생겨나는 것 자체도 통제할 수 없다. 하지만 이는 감정 방정식의 절반일 뿐이다. 불꽃이 저 혼자 타오를 수는 있지만, 일단 불이 붙으면 그 불을 끌지 더 부채질할지는 우리가 선택할 수 있다. 다시 말해, 감정의 경로를 우리가 통제할 수 있다는 뜻이다.

감정은 순간 번쩍하고 나타났다가 사라지는 것이 아니라 저마다 고유한 수명을 갖고 있다. 계산대의 무례한 점원 때문에 타오른 분노의 불씨는 순식간에 사그라질 수 있지만, 배우자의 불륜으로 인한 분노는 몇 년이 가도록 사라지지 않을 수 있다. 최근에 세상을 떠나신 부모님을 생각할 때 떠오르는 슬픔은 어느 날에는 마음의 가장자리를 살살 갉아먹다가도, 다음 날에는 그 무게로 우리를 완전히 짓누르기도 한다.

감정은 특정한 조건이 갖춰졌을 때 폭발하듯이 분출되는데, 그 느낌들이 우리의 인식 속에 완전히 나타나고 나면 이제는 우리가 감정을 분출시킨 그 조건들에 하나둘 변화를 가하기 시작한다. 예를 들어 직장에서 저지른 실수를 계속 곱씹는다고 가정해 보자. 이때 불안감을 전이시키는 것은 (애초의 실수 자체가 아니라) 그 일을 계속 곱씹는 행위다. 감정이 겉으로 드러나는 것은 시작일 뿐이다. 그 후로는 우리가 무엇을 행하고 생각하느냐가 감정 반응의 성격과 추이에 영향을 미친다.

감정 조절의 독특한 메커니즘이 어떻게 작동하는지를 이해하기 위해서 지금부터는 '가려움'에 관한 이야기를 해보겠다.

우리가 통제할 수 있는 것

예전에 나는 뉴욕의 고급 호텔에서 발뒤꿈치를 빈대들에게 물어뜯기는 맹공을 당한 뒤 집에 돌아와서 정원 손질에 매달리는 어리석은 실수를 한 적이 있다. 당시 나는 집을 구매한 지 얼마 안 된 상태였고 그때까지 잡초 한 번을 뽑아본 적이 없었지만 신경을 다른 데로 돌릴 만한 일이 간절했다. 빈대를 달고 와서 가족들에게 옮기지는 않을까 하는 걱정에 스트레스가 이만저만이 아니었던 데다가, 밤에는 벌레들이 내 몸을 기어다니며 피를 잔뜩 빨아먹고 몸이 빵빵하게 부푸는 꿈까지 꿨기 때문이다. 나는 장갑도 끼지 않은 채 이름 모를 풀들 사이로 뛰어들어서 침입자처럼 보이는 잡초들을 뽑기 시작했다. 마음을 갉아먹던 불안에 이만큼 건전하고 효과적인 치료법은 또 없을 것 같았다. '잘했어, 이선!' 마음이 후련해졌다. 다음 날이 밝아오기 전까지는 말이다.

아침에 일어나 보니 손이며 생식기에 두드러기처럼 보이는 것들이 올라와 있었다. 망할 빈대들! 하지만 피부과를 찾아갔더니 진짜 이유는 따로 있었다. 미친 듯이 잡초를 뽑았던 게 화근이었다. 아무래도 잡초 중에 덩굴옻나무^{poison ivy}가 섞여있던 모양이었다. 덕분에 나는 뒤뜰에 들어가기 전보다 훨씬 더 가련한 처지가 됐다. 몸이 미치도록 가려웠다.

덩굴옻나무의 기름은 피부를 타고 쉽게 번지기 때문에 기름이 온몸을 뒤덮어도 잘 모를 수 있다고 한다. 나도 마찬가지였다. 원래는 기름이 피부에 닿으면 증상을 완화하기 위해 수시로 씻어야 했지만 나는 정원 손질을 마치고 욕실을 한 차례 찾았을 뿐이었고 그래서 더 곤혹스러웠다. 그래도 가려운 부위를 긁는 게 좋은 생각이 아니라는 정도는 알고 있었다. 그랬다가는 딱지가 앉고, 흉터가 생기고, 감염까지 일어날 가능성이 있었다. 여기에 자랑스럽게 말하는데, 나는 상당히 괴로웠지만 꾹 참고 몸을 긁지 않았다. 그게 뭐 그리 대단한 일이냐고 무시하는 사람도 있겠지만, 이건 감탄하고 칭송해야 마땅한 일이다. 물론 내가 가진 불굴의 의지를 칭찬해 달라는 소리는 아니다. 이 사실이 시사하는 더욱 원대한 의미, 즉 감정을 통제하는 진화의 축복에 주목하길 바란다.

설명을 좀 덧붙이자면, 일전에 프린스턴 대학교의 신경과학자 조너선 코언Jonathan Cohen이 몸을 긁는 동물은 수없이 많다고 이야기하는 것을 들은 적이 있었다.[7] 몸을 긁는 행위는 대부분의 동물이 태어날 때부터 갖고 있는 감각 반응이다. 하지만 가려움을 느끼는 모든 동물이 장기 목표를 떠올리면서 당장 몸을 긁고 싶은 욕구를 억누를 수 있는 것은 아니다. 인지적 통제cognitive control라고 불리는 이 능력 덕분에 인간은 자동적으로 튀어나오는 반사 반응을 조절하고, 추상적으로 사고하며, 주의를 다른 데로 돌리고, 우선순위를 따지며 생각을 조율할 수 있다.[8]

우리는 인지적 통제 덕분에 타깃 광고가 아무리 눈앞에서 어른거리며 구매욕을 자극해도 당장 저축을 다 써버리는 대신 미래를 위해 대비할 수 있다. 두 가지 아이디어를 나란히 놓고 장단점을 저울질할 수 있는 것도 인지적 통제 덕분이다. 인지적 통제는 내 머릿속을 비집고 들어오지 않기를 바라는 생각과 느낌을 사전에 차단하기도 한다. 이를테면 친구들과 메시지를 주고받고 싶지만 눈앞의 업무 이메일에 집중해야 할 때가 그렇다. 인지적 통제는 유인원 친척들 대신 우리 인류가 피라미드를 상상하고 건설할 수 있었던 근본적 이유이다.

인지적 통제를 담당하는 신경 경로는 주로 전두엽에 자리하는데, 이마 바로 뒤쪽에 자리 잡은 전두엽이 복잡한 사고를 관장하는 본부 역할을 한다. 지구상 모든 동물 중 전두엽이 가장 발달한 동물도 바로 인간이다.[9] 비인류 영장류 중에도 기본적으로 인지적 통제력을 갖춘 동물들이 있지만, 인류만큼 이 능력을 광범위하게 활용하는 종은 찾아볼 수 없다.[10] 인류는 그저 반응만 하는 데 그치지 않는다. 즉 인간은 내재된 신경 체계를 통해 자신이 경험하는 생각과 느낌과 그로 인한 감정에 어떻게 맞부딪칠지 스스로 통제할 수 있는데, 이런 능력은 인류에게 주어진 가장 위대한 선물 중 하나이다.

인류는 왜 이처럼 기막힌 자기 조절 능력을 발달시켰을까?[11] 이에 대해 널리 받아들여지는 두 가지 가설이 있는데, 이 둘이 서로 모순되는 내용은 아니다. 첫 번째 가설은 사회지능social intelligence이다. 이 가설에 따르면, 인간은 사회생활을 하면서 부딪히는 갖가지 도전을 더 잘 헤쳐나가기 위해 크고 인지적으로 복잡한 뇌를 발전시켜 자기 조절 능력을 갖췄다. 먼 옛날 동굴에 살던 선조 중에는 무리에서 위세를 자랑하는 누군가에게 화를 내고픈 사람도 있었을 테다. 그러나 결국 살아남은 사람들은 자신의 감정을 관리하고 앞일을 잘 생각해서 무리에서 쫓겨나지 않은 이들이었다. 여러분도 회식이나 결혼식을 준비해 봤다면 이 사실을 잘 알 것이다. 사람들 사이의 알력 다툼, 돈 문제, 계획에는 없던 예상치 못한 변수들 사이에서 터져 나오는 (나와 다른 이들의) 감정을 일일이 챙겨야 하지 않던가!

두 번째 가설은 음식과 관련이 있다. 원시시대 조상들에게는 식량의 안정적 공급이 늘 문제였다. 환경은 계속 변화하고, 매번 똑같은 장소에서 필요한 영양분을 구할 수 있는 것도 아니었기에, 살아남으려면 그 안에서 계속 유연하게 적응해야 했다. 그러므로 음식이 어디에 얼마만큼 있는지 파악해 두는 일은 얼핏 하찮아 보여도, 그때나 지금이나 생존에 아주 중대한 문제이다. 동굴에서 살던 시절의 식량난이 그저 옛날이야기로 느껴질 수도 있지만, 적어도 우리 가족의 경우에는 각자 바쁜 일정에 치여서 지내다가 저녁 메뉴를 정해서 마트에 들르고 테이블에 음식을 차려내는 일이 무엇보다 버겁게 느껴진다. 바로 이와 관련된 가설이 생태지능ecological intelligence이다. 생태지능 가설은 음식과 관련된 불확실성을 관리할 필요가 있었기 때문에 인간이 인지적 통제를 발달시켰다고 본다.[12] 예를 들어, 1년 중 특정 시기에 음식이 부족하리라는 사실을 안다면 수중의 먹거리를 한꺼번에 먹어 치우고 싶다는 욕구를 억제할 필요가 있다. 한발 물러나 차분히 계획을 짜면서 저장고에 보관해 둔 식량을 다 먹고 싶은 열망을 가라앉히도록 전략적 결정을 내려야 한다.

인지적 통제는 우리가 감정을 관리하고, 문제들을 해결하고, 안전을 지키고, 다른 이들과 돈독한 관계를 맺을 수 있도록 돕는다. 인간이 어떻게 이 능력을 진화시켰나를 들여다보면 중요한 사실이 하나 드러난다. 감정을 조절하는 능력은 특별한 소수만이 운 좋게 타고난 희귀한 기술이 아니라는 것이다. 모든 인간이 이 능력을 공유하고 있다. 루이사가 자신을 옭아매던 감정의 덫에서 마침내 빠져나온 것도 이 능력 덕분이었다.

침입성 걱정과 불안에 한참을 시달리던 루이사는 어느 날 우연히 의미 있는 작은 성공을 거두었다. 엘라가 자전거를 타다가 차에 치이는 섬뜩한 광경이 떠올랐을 때, 머릿속에서 평소처럼 공포 영화가 재생되도록 내버려두는 대신 그 영상을 멈출 수 있었다. 아니, 정확히 말하면 엘라가 무릎을 다쳤다고 서럽게 울면서 방으로 들어오는 바람에 영상이 멈춰졌다. 루이사는 딸을 돌보는 데 정신이 팔린 나머지, 한 시간이 지나서야 비로소 머릿속이 조용하다는 사실을 깨달았다. 머릿속에서 불길한 상상을 거듭 재생하지 않았고, 인터넷을 검색하지도 않았으며, 불안하지도 않았다. 그날은 엘라를 보살피느라 괴로운 이미지들이 끼어들 틈이 없었다. 불안의 사이클이 끊어진 것이다.

처음으로 루이사는 지금까지의 패턴을 바꿀 수 있겠다는 생각이 들었다. 그래서 다음번에 고통스러운 생각이 자동적으로 떠올랐을 때 다시 한번 그것을 멈춰봤다. 이번에는 의도적으로 자신의 주의를 다른 데로 돌리는 방법을 썼다. 그리 대단한 노력이 필요한 일은 아니었다. 책이나 잡지를 집어 드는 사소한 행동만으로도 충분했다. 덧붙여서, 침입성 생각이 문득 떠오르면 그것을 재빨리 긍정적으로 다시 상상하는 기술도 개발했다. 예를 들어, 엘라가 파티에서 땅콩을 먹고 아나필락시스를 일으키는 장면이 머릿속에 퍼뜩 떠올랐다고 하자. 그럼 루이사는 그 장면을 바꿔서 엘라가 같은 파티에서 땅콩 대신 핫도그를 먹고는 신나게 수영장으로 뛰어드는 모습을 떠올렸다. 그러자 놀랍게도 다시 영상이 멈췄다.

다른 데로 주의를 돌려서 부정적 감정의 연쇄 반응을 끊는 것은 인지적 통제 시스템을 활용하는 한 가지 방법이다. 인지적 통제 시스템이 감정을 억제하기만 하는 것은 아니며, 반대로 감정을 증폭하는 일도 가능하다. 2004년에 시행된 한 연구에서는 피실험자들을 기능적 자기공명영상fMRI 장치에 눕히고 끔찍한 사진들을 보여줬다. 그러고는 실험 중 기분을 좋아지게 하거나(사진 속 상황이 나아지는 모습을 상상), 나빠지게 해보라고(사진 속 상황이 악화하는 모습을 상상) 요청했다.[13] 피실험자들은 이 과제를 어렵지 않게 해냈다. 어떤 기분을 상상하든, 뇌 스캔에서는 피실험자들의 인지적 통제 시스템이 활성화하는 것으로 나타났다. 이 결과는 우리가 인지적 통제 시스템을 활용하여 감정을 약화시킬 뿐 아니라 증폭할 수 있다는 사실을 분명히 보여준다. 중요한 발표를 앞둔 상황을 상상해 보자. 이때 거울 앞에 서서 조용히 자신을 격려하면 자신감을 한층 끌어올릴 수 있는데, 이것이 바로 인지적 통제 시스템이 가장 훌륭하게 작동하는 사례이다.

부정적 생각이나 불쾌한 신체 감각이 우리의 인식 안으로 들어오는 순간, 우리 앞에는 선택의 기회가 연달아 찾아오기 시작한다. 이것이 바로 최초의 트리거 뒤에 나타나는 감정의 '경로^{trajectory}'이다. 그 감정을 더 파고들지, 마음속에서 분리할지, 더 키울지 선택할 기회가 눈앞에 쌓여간다. 우리가 선택하거나 선택하지 않은 결과는 감정을 고조시키거나 가라앉히고, 그 결과가 다시 감정에 작용하며 영향을 미친다.

감정을 통제하는 능력이 우리의 웰빙, 건강, 행복에 미치는 파급 효과는 어마어마하다. 앞선 연구에서 자신의 감정을 조절할 수 없다고 생각하는 청소년이 실험군의 40퍼센트에 이른다는 결과를 보고 적잖이 심란했던 것도 바로 이 사실 때문이었다. 그들이 자신의 감정을 조절하지 못한다고 믿는다면, 애초에 감정을 관리하려는 시도조차 하지 않을 테니 말이다.

자기효능감의
강력한 힘

1960년대 말, 한 실험실로 지질학자, 전화 수리공, 평화봉사단원, 골프선수가 찾아왔다. 과연 이들의 공통점은 무엇일까?

'뱀'이었다. 네 사람은 뱀을 보면 일상생활이 불가능할 정도로 심각한 두려움을 느끼는 뱀 공포증 ophidiophobia을 갖고 있었다.

아직 인터넷이 없던 시절, 저명한 심리학자 앨버트 밴듀라 Albert Bandura는 신문 광고를 통해 연구에 참여할 지원자들을 모집했다.[14] 모집에 응한 인원수는 적었지만, 뱀 공포증 때문에 삶이 어떻게 망가졌는지에 관해서는 놀라울 만큼 하나같이 비슷한 사연을 안고 있었다. 이들은 하이킹이나 캠핑 같은 야외 활동을 포기해야 했고, 정원 가꾸기라는 취미는 꿈도 꿀 수 없었다. 뱀을 죽이려다 실수로 자신을 쏜 사람도 있었고, 수십 년간 뱀이 나오는 악몽에 시달리는 경우도 있었다. 이들의 삶은 공포에 완전히 포위된 상태였다.

이들이 밴듀라의 광고에 응한 이유는 혹시라도 뱀 공포증을 치유할 수 있을까 하는 희망 때문이었다. 하지만 이들은 실험실에 도착해서 밴듀라를 만나자마자 곧 뱀 우리가 있는 방에 들어갈 거란 이야기를 들어야 했다. 얼마나 괴로웠을까! 몇 년 뒤, 밴듀라는 당시 일화 하나를 떠올리며 이렇게 설명했다.

> 피실험자 중 한 명이 이렇게 말했어요. "이 사람은 제정신이 아니에요. 난 저 방 근처에도 가지 않을 거예요." 그래서 제가 설명했죠. "물론입니다. 저기 갈 수 있었다면 애초에 여기 오지 않았겠죠. 저는 당신이 조금만 노력하면 해낼 수 있는 일만 요청할 겁니다."

네 사람이 처음에 품었던 공포심이 수그러들자, 연구팀은 여러 과제를 주면서 피실험자들이 가장 두려워하는 생물에게 한 발씩 다가가게 했다. 실험 내내 연구팀은 먼저 본보기를 보이며 행동했고, 피실험자들에게 공감과 지지를 보내며 그들이 너무 빨리 뱀에게 다가가도록 몰아붙이지 않았다. 처음에는 단방향 거울one-way mirror을 통해서 피실험자들이 그저 뱀을 바라보게만 했다. 그러고 나서 연구팀은 네 사람에게 뱀이 있는 방의 문 쪽으로 8센티미터 정도를, 다음에는 15센티미터를 더 다가갈 수 있는지 물었다. 연구팀은 피실험자들에게 계속해서 두려움에 관해 물었다. "머릿속에 떠올린 그 일이 곧 닥칠 것 같나요?" 피실험자 중에 뱀이 자기 목을 휘감을 것 같다며 공포에 떨던 사람이 있었다. 그래서 한 연구원이 나서서 직접 목에 뱀을 두르고는 아무런 해도 없다는 사실을 확인시켜 줬다.

일련의 과정을 거쳐 마침내 네 사람은 뱀이 있는 방에 들어갈 수 있었다. 그리고 네 시간의 실험이 끝나갈 무렵, 이들은 뱀을 손에 든 채 아름답다며 경탄하기도 했다. 그토록 오랫동안 옥죄온 공포가 몇 시간 만에 온데간데없이 사라진 것이다. 밴듀라는 이렇게 회상했다. "그 치료는 단지 공포 반응을 영구적으로 근절하는 데서 끝나지 않았습니다. 불안 활성화, 생화학적 스트레스 반응, 회피성 반추 사고, 되풀이되는 악몽까지 모두 사라지게 했습니다." 한 여성 참가자는 수십 년간 뱀 때문에 끔찍한 악몽에 시달렸지만, 치료 후 보아뱀이 꿈에 나와 설거지를 도와줬다는 이야기를 밴듀라에게 전하기도 했다. 이 얼마나 사려 깊은 뱀인가! 나도 이런 뱀 한 마리가 있으면 좋겠다.

그러나 밴듀라의 연구에서 정말로 놀라웠던 사실은 따로 있다. 네 사람이 새롭게 얻은 자신감이 삶의 다른 영역에도 영향을 미쳤다는 점이다. 뱀 공포증을 치료한 뒤, 이들은 어려운 상황을 맞닥뜨렸을 때 충분히 해결할 수 있다는 자신감을 갖고 문제에 접근하게 됐다고 보고했다.

바로 이 순간, 밴듀라에게 번뜩 아이디어가 떠올랐다. 뱀 공포증에 대한 개입식 치료가 삶의 다른 난관에도 잘 맞서도록 영향을 미친 것은 어떤 원리에서였을까? 밴듀라가 뱀 공포증 치료에 성공한 것은 피실험자들이 뱀에 대해 품었던 잘못된 믿음을 바로잡

앴기 때문만은 아니었다. 밴듀라는 이 실험으로 피실험자들에게 스스로 감정을 통제하는 능력이 있다는 사실을 깨닫게 해줬다. 그들이 오랫동안 까맣게 잊고 있었거나 그때까지 있는 줄도 몰랐던 능력을 말이다.

밴듀라의 이 기념비적 연구를 통해 '자기효능감self-efficacy'이 발견됐다. 자기효능감은 어떤 목표를 이룰 수 있다고 믿는 마음이 정말로 목표를 실현하는 데 도움이 된다는 개념이다. 물론 자기효능감이 만병통치약처럼 모든 것을 해결해 주지는 않는다. 그보다는 이런 믿음이 있으면 목표를 이루는 데 더 유리한 고지에 설 수 있다고 이해하는 편이 좋다. 자기효능감이 낮은 사람은 삶의 특정 영역에서 변화를 이루어 낼 수 있다는 자신감이 부족하다. 처음부터 자신이 할 수 없는 일이라고 믿기 때문에 무언가 도움이 될 만한 일을 시도조차 할 수 없다. 뱀 공포증 환자들의 경우도 마찬가지였다. 그들이 오랫동안 두려움과 하나가 된 채 살아온 것은 그 두려움이 너무 강력해서 자신들의 힘으로는 어쩔 수 없다고 믿었기 때문이다. 그 결과, 그들은 누군가의 도움 없이는 변화를 꾀하지 못했다.

루이사의 사례를 보자. 처음에 그녀는 땅콩과 관련된 상상들이 불쑥 떠오를 때마다 자신이 감정을 통제할 수 없다고 생각했다. 그래서 트리거가 작동하면 머릿속에서 영상들이 재생되게끔 그냥 뒀고, 그녀의 부정적 생각과 느낌은 더욱 악화하기만 했다. 트리거가 감정 반응 경로를 바로 결정해 버렸기에, 루이사는 자신에게 감정을 통제할 힘이 있으리라고 전혀 생각하지 못했다.

수십 년에 걸친 연구 결과, 자기효능감이라는 힘이 우리를 돕거나 방해할 수 있다는 사실이 밝혀졌다.[15] 자기효능감에 대한 인식은 '중심 신념master belief'으로 자리하면서 감정 조절과 같은 삶의 핵심 영역을 다루는 능력에 영향을 미친다. 그런데 이 영향은 감정을 넘어 훨씬 광범위한 영역에까지 힘을 발휘한다. 밴듀라의 발견 이후 20여 년이 지난 뒤, 한 연구팀이 114건 이상의 자기효능감 연구를 분석했다. 그 안에 포함된 피실험자만 2만 2,000명에 달했는데, 모두 자기효능감이 성과에 미치는 전반적 영향을 평가하는 연구였다. 분석 결과, 자기효능감이 성과를 28퍼센트나 향상시키는 것으로 나타났다. 피드백이나 행동 교정 등 심리학에서 흔히 사용하는 개입법보다 훨씬 효과적이었다. 자기효능감의 효과는 여기서 끝나지 않는다. 자신의 능력에 대한 믿음은 알코올 섭취량 조절, 인간관계에서 발생한 갈등 해결, 질병과 부상에서의 회복 속도 등 모든 것에 강력한 영향을 미친다.[16]

이러한 중심 신념이 우리 삶의 토대를 이루는 만큼 자기효능감을 바로잡는 일이 얼마나 중요한지는 두말할 나위도 없다. 그런데 타임머신에 올라 1960년대로 돌아가 밴듀라의 연구에 참여할 수도 없고 이를 어쩌면 좋을까? 우수한 실력을 자랑하는 코치를 고용할 형편도 안 되는 마당에 도대체 어떻게 해야 자기효능감을 키울 수 있을까? 어떻게 해야 자신의 감정을 조절할 수 있다고 진심으로 믿게 될까?

✹ ✹

자기효능감을 키우겠다고 꼭 뱀과 친해질 필요는 없다. 물론 누군가에게는 그 기술이 필요할 수도 있겠지만 말이다. 자신에 대한 믿음, 그리고 자신의 감정 통제력에 대한 믿음이 당장은 아무리 확고하게 느껴지더라도 얼마든지 변할 수 있다. '통제할 수 없는 것(자동으로 유발되는 감정)'과 '통제할 수 있는 것(감정이 나타난 뒤 흘러가는 경로)'만 알아도 자기효능감을 키우는 데 큰 도움이 된다.

누구나 감정을 관리하는 능력을 갖고 태어나지만, 자신의 감정 반응 경로에 개입해서 그 흐름을 변화시키는 구체적인 전략을 익힌 사람은 무척 드물다. 그래서 지금부터는 이 작업을 돕는 도구들을 소개하려고 한다. 이 도구들을 어디서 찾아낼 수 있고, 어떻게 작동시킬 수 있는지, 그리고 어떻게 해야 일상에서 활용할 수 있는지를 설명하겠다. 곧 여러분은 자신뿐 아니라 주변 사람들까지 이 도구들을 능수능란하게 활용하도록 만들 것이다.

먼저, 우리가 갖고 있는 가장 원초적이며 자연스러운 감정 조절 도구에 관해 이야기해 보려고 한다. 우리는 이 도구를 매일 무의식적으로 사용하면서 화를 가라앉히거나 기쁨을 북돋고 있다.

어딘가에서 풍겨오는 쿠키 굽는 냄새를 맡고 할머니 댁 부엌의 온기를 떠올린 적이 있다면, 혹은 어떤 노래를 듣고 가슴속이 아련해지며 옛사랑을 떠올려 본 적이 있다면 다음에 이어질 내용을 충분히 짐작할 수 있을 것이다.

바로 감각이다.

part 2

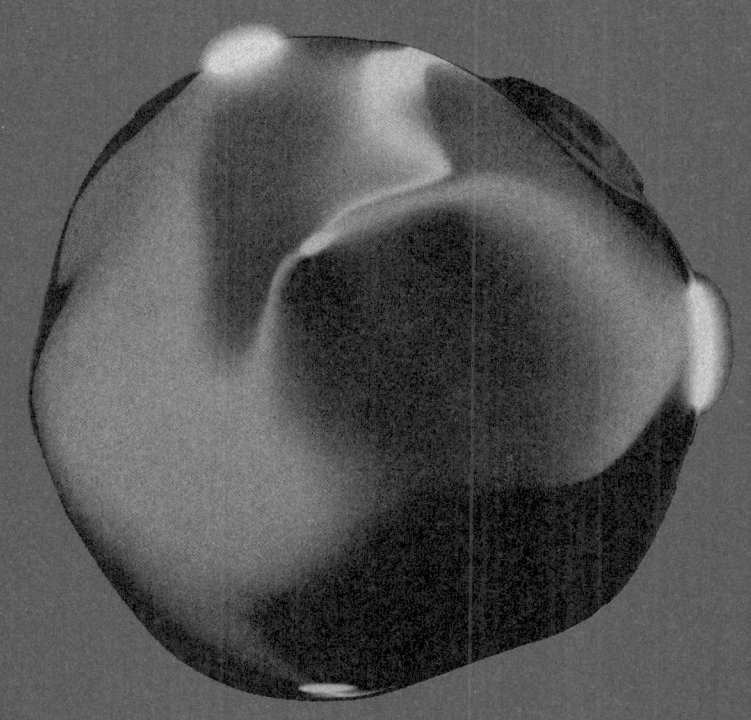

안에서 밖으로의 전환

chapter 3

나만의 프루스트 효과 만들기
도구 ① 감각 전환

1980년대 파워 발라드가
가르쳐 준 것

무척 평범한 가을날 아침이었다. 둘째 딸 대니^{Dani}가 잔뜩 골이 난 사실만 빼면 말이다. 우리 가족은 주중 하이라이트 행사인 대니의 축구 시합을 보러 가기 위해 다 같이 차를 타려던 참이었는데 대니의 기분이 영 언짢아 보였다. 아침 내내 나는 대니가 무엇 때문에 뚱해있는지를 알아내려고 애면글면했다. 물론 아빠로서 돕고 싶은 마음도 있었지만, 솔직히 말해 나까지 축 처지는 느낌이 들었기 때문이다. 감정의 전염성이란 원체 강하지 않던가(이에 관해서는 뒤에서 더 자세히 이야기하겠다). 대니의 머릿속을 잽싸게 다른 모드로 전환하기 위해 내가 평소에 사용하던 갖가지 꾀를 써봤지만 전부 실패로 돌아갔다. 원래 대니는 축구장에 못 가서 안달인 아이였다. 하지만 가족 모두가 차에 탔을 때 백미러로 대니를 힐끔 쳐다보니 앞 좌석의 머리 받침대에 고개를 푹 떨군 채 완전히 풀이 죽어있었다.

때마침 하늘이 도왔는지, 내가 좋아하는 밴드 저니Journey의 노래가 라디오에서 흘러나오기 시작했다. 어느새 나는 운전대를 두드리며 목청 높여 후렴구를 따라 부르고 있었다. 스스로 생각해도 과하다 싶을 만큼 흥에 취해서 말이다. "돈 스탑 빌리이이이빙 홀드 온 투 댓 피이이이이이이일링!Don't stop belieeeevin' hold on to that feeeeeeling!" 뒷좌석에 앉은 딸아이의 꿍한 기분을 털어내고 싶기도 했지만, 그 노래가 그냥 너무 좋기도 했다. 그렇게 1분쯤 지났을까. 뒷좌석을 보니 대니가 고개를 까딱거리며 노래를 따라 부르면서 웃고 있는 게 아닌가. 축구장에 도착해 주차할 무렵에는 대니도 완전히 의욕을 되찾은 상태였다. 차 문이 열리기가 무섭게 박차고 나가서 하마터면 축구화 밑창을 깜빡할 뻔했다. 1980년대의 구닥다리 파워 발라드 한 곡이 내가 온갖 격려의 말로도 바꾸지 못했던 딸아이의 감정 모드를 단번에 전환했다.

그라운드 쪽으로 접이식 의자를 펼쳐놓고 아내와 나란히 앉아서는 대니가 팀원들을 향해 신나게 뛰어가는 모습을 지켜봤다. 시합 전에 원진을 짜서 팀원들과 어깨동무를 하고 파이팅을 외치는 대니를 보고 있자니 4분 17초짜리 노래 한 곡이 딸아이의 하루를 얼마나 크게 바꿔놓은 걸까 하는 생각이 들었다. 그건 정말 사소한 일이었다. 자동차 라디오에서 노래 한 곡이 흘러나왔을 뿐이었으니까. 하지만 그 노래가 대니의 감정 상태를 180도 바꿔놓았다. 어쩌면 대니가 곧 뛰게 될 시합의 분위기, 미래에 대니가 이날을 어떻게 기억할지까지 뒤바꿔 놓았을지도 몰랐다.

그 순간 문득 어떤 기억이 수면 위로 떠올랐다. 펜실베이니아대학교에 갓 입학했을 무렵, 상류층 티가 물씬 나는 라크로스 선수들과 BMW를 몰고 다니는 유학생들의 틈에 낀 나는 자괴감에 시달리고 있었다. 브루클린의 중산층 유대계 가정 출신이었던 나는 로버트 드니로 같은 말투에 민소매 티셔츠를 제일 좋아하는 평범한 학생이었다. 게다가 캠퍼스 외곽으로 기숙사를 배정받는 바람에 내 사회생활은 더 험난해졌다. 첫 학기의 몇 주 동안은 캠퍼스를 가로질러 기숙사로 향하는 길에 외로움과 공허함이 밀려들었다. 이 학교에 온 게 실수는 아니었는지, 이곳에 정말 마음을 붙일 수 있을지 의구심이 들었다.

그러던 어느 날, 가까스로 사귄 친구 아닐Anil과 캠퍼스를 어슬렁거리던 중이었다. 나처럼 학교 적응에 어려움을 겪던 아닐은 테네시 출신의 1세대 인도계 미국인이었는데, 남부 억양이 그렇게 강한 사람은 처음이었다. 우리는 교내에서 아카펠라 공연이 열린다는 전단을 받았다. "아카펠라라고?" 브루클린 출신의 열일곱 살

학생에게 아카펠라는 금시초문이었다. 그래도 우리는 안내 표시를 따라 가서 고딕양식 성 같은 건물에 도착했다. 건물 휴게실에 간이 무대를 세운 공연장이 마련되어 있었고, 주위를 서성대던 학생들이 하나둘 자리를 잡기 시작했다. 음악 공연이라기보다는 기숙사 모임 같은 분위기였다. 하지만 공연이 시작되자 태어나서 한 번도 들어보지 못했던 소리가 울려 퍼졌다.

사람들의 목소리가 커다란 방 안에 가득 찼다. 보조 가창자들은 오로지 성대와 손가락 튕김, 박수만으로 악기 소리를 대신했다. 공연이 중반에 다다랐을 즈음, 그때까지 눈에 띄지 않던 어린 학생이 무대 중앙으로 나와서 조안 오스본Joan Osborne의 〈원 오브 어스One of Us〉를 부르기 시작했다. 그 순간 공연장 안의 분위기가 돌변했다. 그의 목소리에서 발산되는 풍부한 감성은 따스한 감동과 짜릿한 전율을 선사했고, 그 자리에 있던 모두가 유대감을 느끼며 하나로 연결되는 듯했다.

우리 둘은 그 자리에 얼어붙었다. 그의 노래를 듣고 있으니 더는 길을 잃었다거나 집이 그립다는 생각이 나지 않았다. 두렵거나 의심스러운 마음도 전혀 들지 않았다. 나는 내가 있어야 할 자리에 있었고, 내가 가야만 할 길을 가고 있었다. 아닐과 나는 서로를 마주 봤다. '대체 이 녀석은 정체가 뭐지?'

그날 밤 이후, 우리 둘은 기회가 있을 때마다 그들의 공연을 보러 갔다. 그러고는 매번 존 스티븐스John Stephens라는 이름의 그 가

수가 무대 앞으로 나와 우리를 다른 세계로 이끌어 주기만을 기다렸다. 대학 졸업 후, 존이 보스턴컨설팅그룹에서 일한다는 소식을 들었다.[1] 그때 나는 하늘이 내린 목소리를 가진 또 한 명의 수재가 결국 대기업으로 자기 삶의 행로를 정했다고 생각했다. 그랬으니 2년 뒤 텔레비전에서 그토록 감동적이었던 목소리가 흘러나오는 걸 듣고 내가 얼마나 놀랐겠는가. 관객 앞에서 라이브 무대를 펼치는 존 스티븐스가 거기에 있었다. 하지만 그는 다시 태어나 있었다. 존 레전드John Legend라는 새로운 이름으로.

그게 벌써 25년 전의 일이다. 하지만 아직도 종종 그날 밤의 일을 떠올리는 건, 찰나에 불과했던 감각적 경험이 내 감정 경로를 완전히 다른 방향으로 재설정했기 때문이다. 나중에 대니도 나이가 들어서 자식이 생겼을 때 차에서 저니 노래를 들었던 기억을 떠올릴지도 모른다. 차창으로 햇살이 쏟아지고 바람에 머리카락이 마구 휘날리는 가운데, 아빠와 함께 흥에 취해서 목청껏 노래를 부르던 즐거웠던 순간을 말이다. 이것은 아마도 대니의 인생에서 매우 사소한 사건일 테다. 하지만 이런 사소한 순간이 쌓여서 인생이 되는 게 아니던가.

내가 대학에서 감정에 관해 가르치기 시작한 지 벌써 20년이 넘었다. 잔잔한 소리가 일시적으로 혈압을 낮추는 효과가 있고[2] 새들이 지저귀는 소리는 불안이나 편집증을 완화하며[3] 외과 수술로 후각을 제거한 쥐는 전형적인 우울증 증세를 보인다는 사실을 이제 나는 누구보다 잘 안다.[4] 그간 나는 사람들이 느끼는 방식에 변화를 주기 위해 감각 경험을 적극적으로 활용하려 했다. 감정을 관리하는 법을 익히려면, 먼저 느끼는 방식을 달리할 필요가 있었기 때문이다. 하지만 이만큼의 지식과 경험이 있다고 해도, 슬럼프에 빠졌을 때 의도적으로 감각을 활성화해서 감정을 관리한 적이 있느냐고 묻는다면 불과 몇 년 전까지 내 대답은 '아니오.'였다.

대니의 시합이 끝난 뒤, 나는 몇몇 동료에게 전화를 걸어서 음악을 매개로 기분을 전환한 적이 있는지를 물었다.[5] 분야를 막론하고 돌아온 대답은 모두 "그렇다."였다. 나는 이어서 임상 치료 말고 선구적인 감정 조절 체계 중 감각을 감정 조절 도구로 사용하는 예를 하나라도 아는지 동료들에게 물었다. 여기서 감정 조절 체계란 우리가 설계하고 검증한 주류 과학 속의 감정 조절 모델을 가리킨다. 뒤에서도 다루겠지만 상황 변화 situation change·주의력 배치 attention deployment·인지 전환 cognitive shift·억제 suppression 같은 수많은 도구들이 여기 포함된다. 내 질문에 대한 동료들의 답은 분명하게 "아니오."였다. 감각을 포함하고 있는 도구는 하나도 없었다. 그렇다면 이런 모순을 마주했을 때 연구자가 해야 할 일은 무엇일까?

당연히, 파고들기 시작하는 것이다.

감각 경험의
놀라운 효과

인간은 수천 년 전부터 음악 같은 감각 경험을 활용해 감정에 영향을 미쳐왔다. 일부 진화신경과학자는 인간이 지금과 같은 형태의 언어 능력을 갖추기 전부터 혼자서 노래를 흥얼거리거나 서로 노래를 불러줬다고 주장한다.[6] 노래가 감정을 건드리는 가장 빠른 방법이기 때문이다. 노래를 불러서 아기를 달래고, 자동차 라디오 볼륨을 키워서 흥을 돋우고, 장례식에서 음악으로 애도를 표하는 사례만 봐도 잘 알 수 있다.[7] 음악이 인간의 감정에 미치는 효과는 마치 마법 같다. 제때 흘러나오는 노래 한 곡은 꽃봉오리를 활짝 틔우는 햇빛처럼 마음을 밝혀준다. 어딘가 숨어있던 느낌들, 이제 표면으로 떠오를 필요가 있는 느낌들, 미처 표현할 수 없었던 느낌들이 주르륵 펼쳐진다.

　보고, 맛보고, 만지고, 듣고, 냄새 맡는 능력은 감정의 레버 역할을 한다. 인류는 수천 년간 노래를 부르는 것 말고도 다른 감각들을 적극 활용하며 감정을 관리해 왔다. 예를 들어 에센셜 오일이나 아로마 요법을 살펴보자. 이것들이 최근 유행을 탄 것으로 보일 수도 있지만, 고대 이집트인들은 우리보다 훨씬 앞서서 기원전 4500년경부터 이미 향을 활용할 줄 알았다.[8] 당시에 인기가 많았던 키피kyphi라는 향은 식물 수지와 건포도 등 열 가지 이상의 재료를 배합해서 만들었는데, 불안으로 잠 못 드는 사람들을 돕는 효과가 있었다고 한다.[9] 이제 촉각으로 화제로 돌려보자. 고대 이집트의 치료사들은 치료 행위의 일환으로 사람들의 손과 발을 지압하는 방법을 사용했다.[10] 또한, 고대 인도의 전승 의학인 아유르베다Ayurveda 치료사들은 단맛, 짠맛, 신맛 같은 다양한 맛의 균형을 맞추면 내면이 조화를 이룬다고 믿으며 여섯 가지 맛을 체계적으로 정리했다.[11] 시각을 통해서 감정을 자극할 수도 있다. 4만 5,000년 전 인도네시아 지역에 살던 선사시대 선조들이 동굴 벽에 돼지 떼를 그리기 시작한 이래로 인류는 예술 작품을 창작하며 느낌을 표현해 왔다.[12]

감각을 통해 내면 상태를 변화시키는 법을 향한 관심은 피라미드를 세우던 시절부터 한 번도 시들해진 적이 없으며, 최근 들어서는 더 상업적으로 변했다. 우리가 미처 의식하지 못할 때도 많지만, 기업들도 감각과 감정 사이의 연관성을 활용하려고 전력을 다하는 중이다. 우리 애들이 아직 꼬맹이였을 때 호텔 로비에 들어서서 늘 이렇게 묻곤 했다. "왜 여기서는 이렇게 좋은 냄새가 나요?" 호텔에서 조향사를 고용해 맞춤형 향기를 만들고, 환기 장치를 통해 이를 구석구석 퍼뜨려서 무의식중에 고객들에게서 브랜드 충성도를 끌어낸다는 사실을 아이들이 콕 집어낸 셈이었다.[13] 카페와 레스토랑은 고객에게 따뜻한 분위기와 매력적인 경험을 선사하기 위해 벽화를 의뢰하거나 지역 예술품을 전시한다. 그런가 하면, 한스 짐머Hans Zimmer 같은 전설적 작곡가들은 대형 스크린 위에서 관객의 심금을 울리니, 이러한 음악은 서사를 훨씬 극적으로 만들며 그 안에 미묘한 감정적 뉘앙스까지 불어넣는다. 둥둥둥 북이 울리는 소리는 조만간 손에 땀을 쥐는 전투 장면이 시작된다는 신호이다. 끼익하는 신시사이저 소리와 기괴한 기타 소리는 집 안까지 들어온 도끼 살인마의 존재를 알아차리는 순간의 공포감을 한껏 증폭시킨다.

이렇듯 감각 경험이 오랫동안 일상 속에 자리해 왔기 때문인지 우리는 감각의 막강한 영향력을 쉽게 잊어버리곤 한다. 물론 나 역시도 예외는 아니다. 늘 감각이 전혀 생각지도 못한 순간에 무작위로 감정에 영향을 미치는 것만은 아니다. 의도적으로 감각을 활용해서 감정 지형을 바꾸는 일도 얼마든지 가능하다. 나만 해도 그날 라디오에서 저니의 노래가 나올 때까지 무턱대고 기다릴 게 아니었다. 딸아이의 기분이 곤두박질치고 있다는 사실을 눈치챘으니 내 손으로 음악을 선곡했으면 될 일이었다. 아이러니하게도, 나는 감각이 감정을 전환하는 데 얼마나 막강한 힘을 발휘하는지 잘 알면서도 막상 내 문제가 되자 그 정보를 제대로 활용하지 못했다. 이것은 딸아이와의 일뿐만 아니라, 그전에 감정 조절이 필요했던 무수한 순간에도 마찬가지였다.

동료들과 함께 관련 연구를 이 잡듯 뒤지기 시작하고 얼마 지나지 않아 「왜 우리는 음악을 듣는가?Why Do We Listen to Music?」라는 제목의 연구를 발견했다. 2011년에 수행된 이 연구에 따르면, 피실험자 189명 가운데 96퍼센트가 음악을 듣는 주된 이유로 감정 표현과 기분 조절을 위해서라고 답했다.¹⁴ 피실험자들 역시도 감정과 음악 사이의 연관성을 확실히 인식하고 있던 게 분명하다. 하지만 사람들에게 음악을 의도적인 감정 조절 도구로 활용하는지를 물으면 사뭇 다른 결과가 나온다.

미시간 대학교의 내 연구실에서 동료 미카엘라 로드리게스Micaela Rodriguez와 함께 관련 연구를 진행하면서 2,000명 이상의 피실험자를 모집하여 그들의 감정 조절 전략을 분석하는 작업에 돌입했다.¹⁵ 먼저 우리는 피실험자들에게 최근에 분노, 불안, 슬픔을 느꼈던 경험을 돌이켜 보라고 했다. 그다음에는 자신의 느낌을 관리하기 위해 어떤 전략들을 사용했는지 설명해 달라고 했다. 이 연구를 통해 우리가 알고자 했던 사실은 한 가지였다. '사람들은 부정적 감정을 누그러뜨리기 위해 어떤 방법을 사용할까?' 다양한 연구에서 수많은 전략이 언급됐지만, 그중에서 음악을 듣는다고 대답한 사람은 전체의 10~30퍼센트에 불과했다. 펜실베이니아 대학교의 앤절라 더크워스Angela Duckworth가 동료들과 함께 진행한 연구에서는 훨씬 냉혹한 결과가 나왔다. 고등학생 577명 중 자기 통제가 필요한 상황에 음악을 활용한다고 답한 학생은 열 명에 불과했다.¹⁶ 이들이 가장 많이 활용한다고 답한 전략은 인지 재구성이었는데, 이에 대해서는 뒤에서 따로 살펴볼 것이다.

관련 연구를 뒤적여 본 결과, 감각이 감정에 어떤 식으로 영향을 미치는지를 다룬 연구는 꽤 많았지만 감정을 조절하기 위해 감각을 전략적으로 어떻게 활용할지를 다룬 연구는 거의 찾아볼 수 없었다. 감각과 감정을 자세히 들여다볼수록, 직관적으로 아는 것과 실제 행동 사이에 괴리가 크다는 사실이 드러난다. 그리고 바로 이 지점에 기회가 자리한다.

마들렌 한 조각이 소환한 기억들

크루즈 선박의 외부에 달린 위성 안테나처럼, 인간의 감각도 세상으로부터 핵심 정보를 골라서 전해준다. 이 정보들을 잘 분석해서 활용하면 인생의 항로를 찾아내고, 갖가지 장애물을 요리조리 피하며, 중대한 결정을 내리는 데 도움을 받을 수 있다. 감각 정보들은 감정을 움직이는 강력한 원동력이기도 하다. 예를 들어, 사랑하는 사람이 입은 티셔츠에서 풍기는 체취를 맡으면 코르티솔 수치가 낮아져 스트레스가 줄어든다.[17] 강아지를 쓰다듬거나[18] 곰 인형을 껴안을 때도[19] 비슷한 효과가 일어난다. 당糖이 뇌의 도파민 경로를 활성화하고[20] 초콜릿이 쾌감을 유발한다는 것은 이미 잘 알려진 사실이다.[21] 수술 후 환자들에게 자연경관을 보여주자 회복 속도가 빨라졌다는 기념비적 연구 결과도 있다.[22] 이렇게 사소한 행위들이 큰 노력 없이도 인간의 감정을 움직인다.

그 작동 원리를 보면 이렇다. 감각 피질sensory cortex은 인간의 뇌에서 가장 초반에 발달한 부위 중 하나이다.[23] 정수리 뒤쪽의 두정엽parietal lobe에 주로 자리하는 감각 피질은 인간의 오감을 통해 들어오는 정보를 하나로 통합한다. 감각 피질은 굉장히 예민해서 인체에 무해한 블루베리와 독성을 지닌 포크위드pokeweed 열매를 구분하거나, 기쁨의 탄성과 공포의 비명이 어떻게 다른지 판별하는 데 큰 역할을 한다.

세상에 존재하는 무언가가 우리의 눈, 귀, 피부, 혀, 코를 자극하면 그 정보가 전기 자극electrical impulse으로 변환되어 뇌까지 전달된다. 이 전기 자극이 감각 피질을 건드리면, 뇌는 자신이 받은 정보를 바탕으로 의미를 생성한다. 대체로 이런 식의 감각 경험은 우리 안에 저장되었다가 금세 사라지곤 한다. 머리 위로 드리운 나뭇가지를 통과하는 바람 소리, 거리를 걸어가는 집배원의 모습, 자동차 안의 방향제 향기가 그렇다. 하지만 때로는 충분히 주의를 기울여야 할 만큼 제법 중요한 감각 정보도 있다. 머리 위에 위태롭게 매달린 마른 나뭇가지를 피해야 할지, 불만에 가득 찬 집배원에게 가까이 다가갈지를 판단해야 하는 상황이 그렇다. 바로 이 순간 우리에게 감정이 찾아온다.

우리가 경험하는 무수한 감각이 늘 강렬한 감정적 반응을 일으키는 건 아니지만, 강한 감정적 반응을 일으키는 것들도 많다. 여기에는 진화상의 이유가 있는데, 감정이 우리가 인식하는 특정 감각에 의미를 과도하게 불어넣어 우리가 행동을 하도록 몰아가기 때문이다.[24] 즉 어떤 감각이 감정 반응을 활성화하면(머리 위의 나뭇가지에 대한 두려움), 그 감각 경험(바람에 나뭇가지가 흔들리는 것)은 훨씬 큰 의미를 갖게 된다. 만약 이때 두렵다는 느낌이 들지 않는다면, 위태롭게 매달린 나뭇가지 아래를 그대로 걸어갈 확률이 높아진다.

바람이 부는 소리가 들린 뒤 곧바로 나뭇가지가 우지끈 부러지는 소리가 들렸다고 해보자. 이 신호들이 감각 피질로 전달되면, 감각 피질이 감정 반응을 담당하는 뇌 영역들의 네트워크로 또 다른 신경 신호들을 보낸다. 그러면 우리는 당장 그 자리를 떠날지, 아니면 무슨 일인가 하고 위를 올려다볼지 판단할 수 있게 된다. 이러한 뇌의 감각-감정 경로sensory-emotion pathway는 수천 년간 인류의 생존에 지대한 공헌을 해왔다. 어떻게 해야 사자를 잽싸게 피할 수 있을지, 이 열매를 먹어도 될지 등의 문제를 해결하기 위해서 감각과 감정의 공조가 필요했다.

또한, 인류는 감각-감정 경로 덕분에 사자의 동굴이 어딨는지, 어떤 나무의 열매가 독이 없는지도 기억할 수 있었다. 감각을 통해 얻은 정보로부터 무언가를 배우기 위해서는 일단 그 정보를 기억해야 하니 말이다. 이것이 바로 적응의 놀라운 점이다. 인간의 감각과 감정은 단 한 번의 생존을 위해 공조하는 데 그치지 않았다. 인류는 감각과 감정을 기억과 연결시키는 능력을 계발했고, 이는 훗날 비슷한 상황이 발생했을 때 생존 확률을 높여줬다. 감정이 감각 정보와 거기서 얻은 교훈을 접착제처럼 하나로 붙여주기 때문에, 다음번에 유사한 감각이 흘러 들어오면 우리는 뭘 해야 할지를 안다. 그래서 감정의 색채가 더해지면 머릿속 기억이 평소보다 더 강력해지고 의식에도 더 오래 남는데, 주로 감각 경험에 의해 이런 일이 일어난다.[25] 예를 들면, 내게 말보로 담배 냄새는 아버지의 차를 타고 다니던 시절을 떠올리게 하고, 감자 팬케이크 냄새는 할머니 댁에서 보냈던 연휴를 떠올리게 한다.

마르셀 프루스트Marcel Proust의 명작 『잃어버린 시간을 찾아서』는 감각과 감정적 기억이 상호작용을 하는 방식을 잘 보여준다.[26] 소설의 서두에서 화자는 마들렌을 한 입 베어 물고 차를 한 모금 마시는 순간 의도치 않게 어떤 기억에 완전히 휩싸인다. '프루스트 효과Proust effect'라고도 불리는 이 현상은 감각을 통해 활성화된 감정적 기억이 뇌에 얼마나 깊이 각인되는지를 여실히 보여준다. 소설의 화자는 레오니 고모와 함께했던 아침을 몇 년간 한 번도 떠올리지 못하다가, 버터 향이 가득한 마들렌을 베어 문 순간 지난날의 벅찬 즐거움이 밀려오는 경험을 한다. 어린 시절에 느낀 사랑과 경이로움, 온몸으로 느낀 기쁨, 형용할 수 없는 순수함 등 지난날의 긍정적 감정이 마들렌의 맛과 향에 완전히 융합되어 그 감각 경험이 되살아나는 것만으로도 단번에 그 감정들을 떠올릴 수 있었다.

이 소설에서 프루스트는 종종 긍정적 감정의 원천이 되는 '감각의 자전적 기억 경로sensory autobiographical memory pathway'를 활용했다. 나만 해도 옛 사진을 보거나, 건즈앤로지스Guns N' Roses의 음악을 듣거나, 할머니의 수프를 먹으면 향수의 소용돌이로 곧장 빨려 들어간다. 실제로 프루스트적 행복의 순간이 스트레스와 관련된 생리적 지표는 개선하고 긍정적 감정은 강화한다고 밝혀졌는데, 이는 어찌 보면 당연한 일이다.[27]

정반대의 상황도 있다. 불쾌한 기억 역시 감각과 연관됐으며, 순식간에 우리를 고통스러운 경험 속으로 다시 몰아넣는다. 예를 들어, 자동차 사고를 겪은 사람들은 기름 냄새나 플라스틱이 타는 냄새만 맡아도 공포와 스트레스를 느낄 수 있다.[28] 냄새나 맛이 부정적 반응을 유발하는 현상을 '가르시아 효과Garcia effect'라고 하는데, 과학자 존 가르시아John Garcia가 쥐들에게 먹이를 주면서 구토를 유발하는 방사선에 노출시키자 쥐들이 그 음식을 피하게 됐다는 실험 결과에서 비롯한 개념이다.[29] 여기서 주목할 부분은, 감각을 통해 학습된 회피는 단 한 번의 경험으로도 형성될 수 있다는 사실이다. 위험을 알리는 신호는 상당히 중요하기 때문에 단 한 번의 아찔한 경험도 즉시 기억되고 미래에 일어날 비슷한 일에 대비할 수 있도록 한다. 여러분도 노래 가사를 외우기 위해 한 곡을 수없이 반복해서 들었던 경험이 있지 않은가? 좋아하는 스포츠 동작에 익숙해지려고 오랜 시간을 들여본 적은? 이처럼 대부분의 학습에는 수많은 경험이 필요하게 마련이지만, 회피는 단 한 번의 경험으로 학습된다는 점에서 상당히 대비된다.

시각도 우리를 순식간에 과거로 보내는 힘이 있다. 심리학자로서 막 경력을 시작했을 무렵에 사회적 고통 social pain 을 느끼는 사람들의 기저에서 작동하는 신경 회로를 연구한 적이 있었는데, 이때 실험을 설계하면서 새삼 시각의 힘을 깨달았다. 당시 우리 연구팀은 차갑고 어두캄캄한 MRI 스캐너 안에 사람들을 눕혀놓은 상태에서 그들에게 강렬한 사회적 고통을 줄 방법을 찾고 있었다. 이런저런 궁리 끝에 우리가 찾아낸 해법은 최근에 피실험자들을 차버린 사람의 사진을 보여주고 이별 당시의 느낌을 떠올리게 하는 것이었다.[30] 거절을 당해본 사람이라면 누구나 알겠지만, 이런 경우 옛 사진만 봐도 갑자기 고통이 몰려오곤 한다. 결국 이 연구 전략은 제법 효과적인 것으로 판명됐는데, 피실험자들의 뇌에서 사회적 고통 회로가 활성화되는 모습을 관찰할 수 있었기 때문이다. 더욱 흥미로운 사실이 있다. 신체적 고통을 처리하는 뇌 영역들이 사회적 거절의 기억에 의해서 활성화된 것이다. 즉 옛 연인의 사진을 보면 감정적으로 괴로운 경험만 떠오르는 게 아니라, 신경학적으로 신체적 고통과 연관된 반응까지 함께 나타났다. 그래서 결론은? 거절을 당한 사람들이 "상처를 입었다."라고 할 때, 그 말은 글자 그대로 신체적 고통을 느꼈다는 의미일 수도 있다. 감각 경로의 힘은 이만큼이나 강력하다.

감정과 감각 사이의 관계가 얼마나 원초적이고 근본적인지를 이해하면, 평소에 우리가 왜 이 둘의 관계를 당연시하는지 금방 납득이 간다. 이것은 우리 안에 본능처럼 깊이 새겨져 있다. 다리를 들어 올리며 달리거나, 얼굴에 와닿는 한 줄기 바람을 느끼거나, 4월에 접어들어 다시 돌아온 새들의 지저귐을 듣거나, 무더운 여름날 밀크셰이크를 한 모금 들이켜고 미소를 지을 때 의식적으로 생각하고 행동하지 않듯이 말이다. 우리는 만지고, 맛보고, 냄새 맡고, 보고, 듣는다. 그러고 나서 두려움, 흥분, 기쁨, 향수를 느낀다. 감각과 감정이 짝을 지어 다니는 일은 우리에게 너무 자연스러우며, 이것이 바로 둘의 조합이 그토록 막강한 힘을 발휘하는 이유 중 하나이다. 그렇다면 또 다른 이유는 뭘까?

우리가 게을러서다.

최소 노동의 법칙

심리학, 행동경제학, 신경과학 분야를 두루 아우르는 유명한 현상 중 하나로 '최소 노동의 법칙the law of least work'이 있다. 최소 노동의 법칙은 모든 조건이 동등할 때 인간을 포함한 대부분의 생명체는 물리적·정신적으로 최소한의 노력이 들어가는 길을 택하는 경향이 있다는 주장이다.[31] 예를 들어, 스트레스 해소에 노래를 듣는 방법과 한 시간 동안 일기를 쓰는 방법 모두 효과가 있다는 사실을 알았다고 하자. 여러분이라면 어느 쪽을 택하겠는가? 아무래도 노래를 듣는 쪽으로 선택이 몰릴 텐데, 그 방법이 물리적으로 노력이 덜 들어갈 뿐 아니라 딱히 집중할 필요도 없기 때문이다.

정신적 노력의 측면에서도 최소 노동의 법칙은 작동한다. 이는 인간이 '인지적 구두쇠cognitive miser', 즉 정신적 자원을 아끼는 행위를 선호하는 존재이기 때문이다. 그 결과, 우리는 새로운 것을 찾아 나서기 위해 두뇌를 쓰는 대신 무의식적으로 가장 편한 길을 선택할 때가 많다. 우리는 매 순간 엄청난 양의 정보를 받아들이는데, 한 번에 집중할 수 있는 자원은 한계가 있으므로 지름길이 많을수록 좋을 수밖에 없다. 예를 하나 들어보겠다. 나는 식료품을 사러 마트에 갈 때 매번 별생각 없이 같은 길을 택한다. 찾아보면 마트까지 가는 다양한 경로가 있겠지만, 차를 몰고 집에서 나설 때 나는 그 사실을 생각조차 하지 않는다. 이건 의식적으로 이뤄지는 선택이 아니다. 내가 자동 설정된 경로를 편향적으로 택하는 건, 그러면 운전할 때 따로 집중할 필요가 없기 때문이다. 그 경로는 편하게 쓱 지나다닐 수 있는 길로 이미 내 두뇌 속에 박혀버렸다. 이제 다른 길을 택하면 정신적 마찰이 추가로 일어날 것이다. 노력은 물리적 차원에서든 인지적 차원에서든, 우리의 자원을 고갈시키게 되어있다. 그러므로 우리의 뇌는 기회만 생기면 소파에 앉아서 초콜릿을 입에 넣고 드라마를 몰아 보면서 "세상 참 편해졌네." 하는 쪽을 택할 것이다.

최소 노동의 법칙은 자원을 아끼도록 돕지만, 감정 관리 측면에서는 걸림돌이 되기도 한다. 반응을 억누르거나, 괴로운 상황을 재구성하거나, 주의를 다른 데로 돌릴 때 사용할 수 있는 전략들은 대부분 효과는 크지만 노력이 많이 들어가기 때문이다. 이 전략들을 제대로 실행하려면 시간과 에너지가 필요하다. 사람들이 자기 통제를 그토록 어려워하는 이유 중 하나가 여기에 있다. 감정을 관리하는 일은 종종 어렵다. 하지만 감각이라는 원초적인 경로를 잘만 활용하면, 비교적 수월하게 감정을 전환할 수 있다.

마이클 펠프스Michael Phelps와 같은 프로 수영선수들은 신체적·정신적 에너지를 아끼는 데 능숙한 달인들이다. 이들의 세계에서는 1밀리초라도 더 빨리 헤엄치겠다고 몸의 털을 한 올도 남김없이 죄다 밀어버린다. 참고로 1밀리초는 1,000분의 1초이다. 마이클 펠프스는 시합 전에 감각 경험을 활용해 정신력을 다지면서 인지적 에너지를 아낀다. 2016년 리우데자네이루 올림픽에서는 펠프스가 힙합 아티스트 퓨처Future의 〈스틱 토크Stick Talk〉를 들으며 비장한 표정을 짓는 영상이 인터넷을 타고 순식간에 전 세계로 퍼지기도 했다.[32] 평소에도 펠프스는 시합 전에 음악을 들으면 동기 부여

효과가 있다는 이야기를 자주 하는 편이다. 음악을 들으면 진정이 되고 몰입 상태에 빠져들어서 한층 높은 수준의 경기력을 발휘할 수 있다고 말이다.

감각을 활용하여 감정 전환을 꾀하는 방법은 아득한 옛날에 만들어진 신경 경로에 편승하는 일이기도 하다. 이렇게 하면 감정 전환이 상당히 쉬워져 무의식적으로도 가능해진다. 감각은 인지적 통제 시스템이 작동하기도 전에 감정을 움직이게 만든다. 사람과 사람 간의 접촉은 밀리초 단위의 순간에도 감정적 영향을 미치며, 턱이나 관자놀이를 문지르는 등 자신의 몸을 쓰다듬을 때도 이는 마찬가지이다.[33] 촉각을 느끼면 신경이 거의 즉각적으로 반응해서 옥시토신이나 도파민처럼 기분을 좋게 만드는 화학물질이 뇌를 가득 채운다.[34] 미각은 처리까지 약 200밀리초가 걸린다. 반면에 공포와 연관된 트리거는 뇌 네트워크에 워낙 순식간에 접속하므로 그 감각을 인식조차 못 할 때도 많다.[35] 한밤중에 헤드라이트를 켜고 운전하는데 난데없이 사슴이 도로에 뛰어들었다고 해보자. 당신은 아마 '사슴'이라는 말이 머릿속에 채 떠오르기도 전에 운전대를 확 꺾을 것이다. 용케 충돌을 피할지, 도로를 이탈하게 될지는 운에 달렸겠지만 말이다. 뇌영상을 분석한 몇몇 연구에서는 피실험자들이 무서운 이미지를 보고 있다는 사실을 인식하기도 전에 이미 감정 네트워크가 활성화되는 현상을 발견했다.[36]

감각-감정 경로의 속도는 중요하다. 감각 도구는 여타 감정 조절 도구와 달리, 우리가 제대로 집중하지 못하거나 스트레스에 시달리는 상황에서도 감정을 변화시킬 수 있기 때문이다. 이런 순간일수록 감정 관리가 더 절실할 테고 말이다. 당연한 말이지만, 감정 조절 도구가 효과를 발휘하려면 실제로 그것을 사용해야 한다. 감정을 통제하려는 숱한 시도가 모두 실패로 돌아가는 이유가 여기에 있다. 특히 극단적으로 부정적 감정에 휩싸였을 때는 그 자체만으로도 에너지가 고갈되어 노력을 들여 도구를 사용할 여력이 없어진다. 믿을 수 있는 친구와 매일 이야기를 나누거나, 일기 쓰기는 감정을 전환하는 아주 멋진 전략이며, 실제로 많은 사람이 그렇게 하고 있다. 하지만 이를 시도조차 못하는 사람들도 많다. 이 전략들을 활용하려면 현실적으로 감당할 수 있다고 느끼는 것보다 더 많은 노력과 시간이 들기 때문이다. 2020년에 내가 속한 연구팀에서 코로나19 팬데믹 시기의 불안 관리법을 주제로 대규모 연구를 진행한 적이 있다.[37] 우리는 피실험자들에게 불안 관리를 위해 매일 어떤 방법을 사용했는지 알려달라고 요청했다. 조사 결과, 일기 쓰기가 가장 효과적인 전략이라는 사실이 밝혀졌지만 이는 사람들이 제일 드물게 활용한 방법이기도 했다.

  따로 노력이 필요한 감정 조절 도구는 대체로 효과적이지만[38] 그만큼 시간과 집중력을 요구한다. 반면, 감각을 활용하면 신경계의 초고속 열차에 올라타는 것과 비슷하다. 그간 수많은 연구가 달콤한 음료를 마시면 아무리 산만한 상태에서도 몸이 그 감정적 효과를 느낀다는 사실을 입증했다.[39] 모양을 떠올려야 하는 기억 과제를 수행하는 동안에는 얼굴을 만지는 행위가 마음을 진정시키는 효과를 내기도 한다.[40] 첫 데이트에 가는 길에 속이 울렁댈 정도로 긴장한 상황이라고 하자. 이때 내가 얼마나 부끄러운지에 대해 멈춰서서 일기를 쓸 시간도 없거니와 그럴 마음도 들지 않을 것이다. 하지만 스마트폰에서 아기 판다들의 사진을 몇 장 스크롤 하는 것만으로 불안이 줄어든다면 어떨까? 단연코 이 경쟁의 승자는 판다일 것이다.

감각 경험을 바탕으로 감정을 전환하는 방법은 이 책에서 소개하는 감정 조절 전략 중 가장 쉬운 편이다. 그리고 감정 전환에 있어서는 가장 쉬운 방법이 가장 강력하다. 하지만 삶의 좋은 것들이 대부분 그렇듯, 감각 체계를 활용하면 감정을 쉽게 조절할 수 있지만 거기에는 어두운 그림자도 있다.

살다 보면 의식하지 못하는 사이에 감각들에 휘둘려 갈피를 못 잡을 때가 있다. 예를 들면, 사람들은 기분이 안 좋을 때 부정적 감정을 지속시키는 감각 경험에 의지하는 경향이 있는데, 이를 '감정 일치 효과emotional congruency effect'라고 한다.[41] 실연을 당해서 마음이 아플 때 리조Lizzo의 〈굿 애즈 헬Good as Hell〉같이 신나는 노래를 무의식적으로 선곡하던가? 그보다는 서글픔이 짙게 밴 아델Adele의 사랑 노래를 들으며 그 속으로 빠져들려고 할 것이다. 이것이 꼭 나쁜 일만은 아니다. 앞에서도 이야기했지만, 부정적 감정도

적절한 비율로만 경험하면 나름대로 얻을 게 있기 때문이다. 하지만 정말로 기분이 나아지기를 원한다면, 감정 일치 효과에 수동적으로 끌려다니는 일은 피하는 편이 좋다.

감각 경험을 제어하지 못하면 또 다른 곤란에 빠질 수도 있다. 초콜릿 케이크를 한 입 가득 베어 물었을 때 기분이 좋지 않을 사람이 어디 있을까? 음식과 섹스는 인생에 큰 즐거움을 선사한다. 이런 감각 경험은 삶을 더욱 긍정적 감정들로 채워주지만 남용하면 잠깐의 활력을 위해 장기간 대가를 치러야 하는 감정적 도피처에 빠질 수도 있다. 만성적인 스트레스성 폭식이나 위험한 성적 행동에 빠지는 경우가 그렇다.[42] 힘든 순간에 작은 즐거움이라도 얻고자 시작한 일이 순식간에 감정적 혹은 신체적 문제로 번질 수 있다. 이는 감정을 고양하거나 진정시키겠다는 목표를 갖고 의도적으로 감각을 활용할 필요가 있다는 사실을 다시 한번 강조한다.

나만의 감각 처방전

베이킹은 체이스 볼드윈Chayce Baldwin이 굳이 시간을 내서 할 만한 일은 아닌 듯하다. 현재 그는 내 연구실에서 고된 박사 과정을 밟고 있고 젖먹이 둘을 둔 아버지이기 때문이다. (체이스의 아기들은 정말 사랑스럽겠지만, 우리 아이들은 이제 다 커서 혼자 잘 수 있어서 얼마나 다행인지 모른다.) 아직 체이스는 쪽잠과 시간 부족에 시달리며 바쁘게 지낼 때가 많다. 하지만 체이스에게 스트레스를 받을 때 자신만의 돌파 전략이 있는지 물었을 때 그는 망설임 없이 이렇게 답했다. "빵이요."

베이킹은 속도전이 아니다. 체이스도 빵을 굽는 동안 시간이 얼마나 더디게 흐르는지 마치 명상을 하는 것 같다고 했다. 그러면서도 베이킹이 선사하는 감각적 효과는 즉각적으로 나타난다고 말했다. 커피를 마실 때면 카페인이 내 혈관 속으로 들어오기 전부터 이미 그 향에 눈이 번쩍 뜨이듯이 말이다. 반죽 안에 양손을 폭 집어넣는 순간, 체이스의 내면에서 소용돌이치던 생각과 감정이 하나둘 가라앉기 시작한다.

"사워도우를 만들 때는 천연 발효종을 쓰기 때문에 날마다 상태가 달라요. 그래서 주방에 들어서는 순간부터 손으로 반죽을 치대면서 느끼는 것들에 세심한 주의를 기울여야 하죠. 반죽이 늘어나는 정도, 질감, 밀도 같은 요소들이 그날 제가 어떻게 하느냐에 따라 달라집니다. 매번 레시피가 변하기 때문에 베이킹을 하면서는 반드시 냄새를 맡고, 느끼고, 맛봐야 해요. 감각이 엄청난 비중을 차지합니다."

체이스는 일종의 감각 묶음, 즉 복수의 감각 채널이 동시에 작동하는 몰입형 경험에 관해 설명했다. 새로운 반죽을 만들기 시작한 지 몇 초 만에 체이스는 기분이 더 나아지고, 더 안정되고, 더 차분해지고, 더 명철해지는 것을 느낀다. 결국 그가 자꾸 부엌을 찾게 만드는 원동력은 바로 이런 경험이다. 따뜻하고 시큼한 빵 맛은 덤일 뿐.

하지만 체이스의 답에서 가장 인상적이었던 부분은 그가 감각의 힘을 잘 알고 지극히 의도적으로 사용했다는 사실이었다. 그는 베이킹이 감정 관리에 도움이 된다는 점은 물론이고, 그것이 어째서 효과가 있는지까지 이해하고 있었다. 따라서 아무리 바쁜 날이라도 만사를 제치고 어떻게든 짬을 내서 베이킹을 하곤 했다. 체이스의 인스타그램 피드가 바삭하게 구워진 멋진 빵 사진들로 하나씩 채워지는 모습을 보면서 이게 바로 '감정 전환 일기'가 아닌가 하는 생각이 들었다. 포스팅 하나하나마다 체이스가 적극적으로 자신의 감정을 가꾼 순간들이 담겨있었다.

내가 신입생 시절에 봤던 아카펠라 공연은 '멋진 경험'인 동시에 '잃어버린 기회'였다. 그때 나는 공연장을 떠나면서 감정이 확실히 달라졌다고 느꼈지만 당시에 발견했던 감정 전환 도구를 계속 간직하지는 못했다. 내내 감정 때문에 갈팡질팡하면서 이따금 감각의 힘을 빌려 기분을 전환할 뿐이었다. 그러다가 20년이 지난 뒤에야 비로소 그 도구들을 적극적으로 활용할 수 있게 됐다. 요즘 나는 자동차 라디오를 감정 조절 장치로 쓰고 있다. 이 장치 속에는 내 기분을 시시각각 바꿔줄 무한대의 옵션이 들어있으니 말이다. 정처 없이 헤매던 신입생 시절의 나처럼 그런 일을 우연으로 치부하지 않는다면, 감각을 얼마든지 전략적으로 능수능란하게 활용하면서 감정을 바꿀 수 있을 것이다.

감각을 활용해 감정적 삶을 관리하는 능력은 우리가 태어날 때부터 갖고 있던 것이다(그중에서도 촉각은 가장 먼저 발달하는 감각이다).[43] 누구나 태어날 때부터 감각이라는 쪽문이란 걸 갖고 있어서, 이걸 잘 열면 한 감정 상태를 다음 감정 상태로 수월하게 변환할 수 있다. 하지만 사람마다 효과적인 방법은 천차만별이다. 누군가에게는 근방의 식물원이 마음을 다잡는 곳일 수 있지만, 다른 누군가에게는 대형 트럭 레이스와 거기서 나오는 소음이 우울함을 털고 쾌활해지는 자극제일 수 있다.

모든 감정은 우리에게 무언가를 알려주고 삶을 헤쳐나가는 길잡이가 돼준다. 심지어 괴로운 감정도 말이다. 하지만 감정이 너무 오래 남아있으면 쓸모를 잃을 수도 있다. 현재 미국 사회에 만연한 외로움이 그렇다. 오죽하면 미국 공중보건국장을 역임한 비벡 머시Vivek Murthy가 "외로움 전염병loneliness epidemic"이라고까지 했을까.[44] 외로움은 다른 이들과 관계를 맺도록 부추기는 원동력도 되지만, 그러다 지쳐버리거나 자기 힘으로 어쩔 수 없는 이유로 사람들과 단절되면 그 아픔과 갈증은 어디에도 의지할 수 없는 신체적 고통으로 변모할 수 있다. 우리가 진행한 예비 연구[45]에서 사람들에게 외로움 때문에 고통스러울 때 어떻게 대처하는지 물었는데, 그 결과에서 두 가지 사실이 눈에 띄었다. 첫 번째는 사람마다 답이 너무 달랐다는 점, 두 번째는 곧바로 감각에 의지하는 사람이 꽤 있었다는 점이다. 그들이 설명한 외로움 대처법 몇 가지를 여기에 소개한다.

- 아이스크림 가게에 가서 와플콘이 구워지는 정겨운 냄새를 맡으면서, 친구들과 함께한 여름날의 기억을 떠올린다. → **후각**
- 집 근처 해변에 발을 담근 채 거친 모래알과 밀려오는 파도에 오롯이 집중하면서, 자신의 문제가 거대한 바다에 비하면 얼마나 사소한지 느낀다. → **촉각**
- 부모님 한 분이 돌아가신 뒤, 하늘을 가득 채운 새 떼의 비행을 한참 쳐다본 적이 있다. 그 광경을 보면서 나도 외로움을 비롯해 온갖 감정을 느끼는 그저 한 명의 인간이라는 사실을 불현듯 깨달았고, 그 순간 가슴을 후벼파던 외로움이 다소 누그러졌다. → **시각**

한 동료는 깊은 외로움에 잠겨서 도무지 기분이 나아지지 않았던 때 서프보드를 차에 싣고 무작정 근처 해변으로 향했다고 했다. "차를 타고 달리다가 가파른 내리막길이 나왔는데 눈앞에 갑자기 태양이 수면 위로 지는 광경이 펼쳐지는 거예요. 제가 가장 좋아하는 밴드 썸벅Sumbuck의 노래들을 재생목록에 추가했죠. 해변에 도착했더니 마침 딱 좋은 시간대였어요. 서프보드에 올라가 몇 번 파도를 탔죠. 해변에는 아무도 없었어요. 완전히 저 혼자였죠. 그런데도 순간 내가 세상과 연결돼 있다는 느낌이 드는 겁니다. 전혀 외롭지 않았어요." 그는 자신도 모르게 오감을 자극하는 경험 속으로 온전히 들어간 셈이었다. 아름다운 노을을 바라보고, 바닷물의 소금기 짠 냄새를 맡고 맛을 보았으며, 보드를 타고 물 위를 가르며 갖은 촉감을 느끼고, 파도의 소리까지 들었으니까. 이렇게 많은 감각 채널이 한꺼번에 열리면 제아무리 크고 깊고 날선 감정도 씻은 듯 사라질 수밖에 없다.

이 방법은 기분 좋은 감정을 단번에 불러일으키는 데 활용할 수 있지만, 자진해서 난해한 감정을 체험해 보고 싶을 때도 유용하다. 혼자서 슬픈 노래를 틀어놓고 따라 부르면서 눈물을 흘려본 적이 있다면, 혹은 공포 영화를 보면서 실제로 전혀 위험하지 않은 상황에서 두려움을 느끼며 재밌어한 적이 있다면 내가 지금 무슨 이야기를 하고 있는지 쉽게 이해할 것이다. 이 주제에 대해서는 아직도 연구가 더 많이 필요하지만, 안전한 공간에서 만반의 준비를 하고, 열린 마음을 갖춘 상태로 곤란하거나 복잡한 감정에 일부러 다가가는 일은 상실과 변화를 극복해 나갈 때 도움이 된다. 그리고 나중에 그런 감정들이 난데없이 들이닥쳤을 때 타격을 덜 입게 된다.

이를 위해서는 어떤 감각과 트리거가 자신에게 유효한지를 파악하는 게 우선이다. 다섯 가지 감각 채널을 실험해 보면서, 큰 비용을 들이지 않아도 가장 크고 즉각적인 효과가 있는 감각을 알아내는 일은 그리 어렵지 않다. 그러므로 논의를 더 진전시키기 전에 다음 질문들에 답해보자.

1. 당신의 오감 중 가장 강력한 두 가지 감각은 무엇인가?
2. 당신의 오감 중 가장 적은 노력이 필요한 감각은 무엇인가?

나는 1번 질문에 미각과 청각이라고 답했다. 내게는 음식과 음악이 가장 강력한 감정 전환 도구이기 때문이다. 2번 질문은 내가 애용하는 감정 전환 도구를 재정비하게끔 만든다. 미각에 지나치게 의존하면 그만큼 대가를 치러야 하기 때문이다. 디저트가 선사하는 감각적 즐거움이 내 감정 상태에 큰 영향을 미치고 있다는 사실을 부인하지는 못하겠다. 초콜릿피넛버터컵이 입에 닿는 순간 온갖 근심 걱정이 눈 녹듯 사라지니 말이다. 하지만 내가 스트레스를 받을 때마다 매번 디저트에만 의존한다면 건강을 해쳐서 결국 본래의 목적이 훼손되고 말 것이다. 미각(그리고 초콜릿피넛버터컵)은 인생의 가장 큰 즐거움 중 하나이므로 그것을 완전히 빼놓을 수는 없겠지만, 현재 내가 가장 애용하는 감각 전환 도구는 음악이다. 음악은 즉각적이고, 효과적이며, 비용도 안 든다. 평소에 나는 휴대폰에 기분별 재생목록을 저장해 놓고 활용한다. 여기서 핵심은 휴대폰에 이미 설정되어 있기 때문에 버튼 하나만 누르면 끝이라는 점이다.

한창 격렬한 감정에 휩싸여 있을 때는 도대체 어디에 탈출구가 있는지, 아니 탈출구가 있기는 한지 막막하게 마련이다. 그러므로 지금 당장, 의도적으로 써볼 만한 감각이라는 전환 도구를 찾아내서 직접 실험해 보기를 여러분에게 권한다. 강아지를 쓰다듬거나, 사랑하는 사람을 끌어안거나(물론 상대방도 동의한다는 전제하에!), 삼나무 가지를 손으로 쓸어서 향이 나게 할 수도 있다. 이 행동들은 여러분의 신경계에 고유하고 개별적인 영향을 미칠 것이다. 그러니 지금부터 실험에 나서서 자신만의 감각 처방전에 들어갈 만한 재료들을 모으기 시작하라.

여기서 진정한 도구는 이런 기회들을 그냥 흘려보내지 않고 알아차려서 그 순간의 감각 경험 자체에 집중하는 것이다. 그리고 요리나 자연과 하나되는 행위처럼 '감각 묶음'을 경험할 수 있는 일도 찾아보자. 둘 이상의 감각 채널을 엮어 뇌 안의 다양한 감각 경로를 활성화하면서 다면적 체험을 할 수 있는 일을 찾아보는 것이다. 이러한 노력을 통해 우리는 감정 조절을 위한 새로운 전환 도구를 하나 더 만나게 된다. 바로 '주의력^{attention}'이다.

감각 경험을 활용하면 스트레스, 슬픔, 걱정 같은 감정에서 우리의 주의를 돌릴 수 있다. 하지만 주의를 돌리기 위해 반드시 외부 감각에 의존할 필요는 없다. 인간은 세상의 다양한 측면이나 자신의 감정을 향해 주의를 돌릴 수 있게(혹은 거기서 멀어지게) 뇌

시스템을 발달시켜 왔다. 그러면 감정 조절에서는 우리가 무엇에 주의를 기울이느냐가 관건임을 설명하기에 앞서, 어릴 적부터 나를 당혹스럽게 했던 수수께끼에 관해 먼저 이야기해 보겠다.

chapter 4

스포트라이트, 돌리거나 비추거나

도구 ② 주의력 전환

회피할 것인가
직면할 것인가

1990년대 중반에 촬영된 영상에서 한 노부인의 얼굴이 화면을 가득 채우고 있다.[1] 당시는 아직 고화질 텔레비전이 나오기 전이라 현대인의 눈에는 해상도가 좀 떨어져 보인다. 여성의 오른편 어깨 위로 보이는 가구는 식별이 어렵다. 장식용 선반 같기도 하고, 전등일지도 모르겠다. 이 여성은 적갈색 단발머리에, 따스한 갈색 눈동자를 갖고 있다. 그녀의 귀에 걸린 흰색 장식이 달린 금색 링 귀걸이는 목걸이, 그리고 우아한 빨간색 정장 재킷과 잘 어울린다. 55년 전에 아버지를 마지막으로 본 순간을 회상하는 동안 주름이 깊게 팬 그녀의 얼굴에 감정이 가득 차오른다.

공들여 그린 눈썹이 찌푸려진다. 그러고는 몸을 숙이면서 당시에 아버지가 했던 말을 강한 억양으로 반복한다. "딸아, 애야, 어서 옷을 입으렴. 저들이 벌써 거리에서 죽이고 있어. 전처럼 잡아가는 수준이 아니야. 알겠니? 거리에서 죽이고 있다고. 어서 옷을 입으렴."

"이후 두 번 다시 아버지를 보지 못했어요." 그녀는 인터뷰어에게 이렇게 말하면서 화면을 똑바로 응시하지만 이내 감정이 북받친다. 고개를 바닥으로 떨구고, 손으로 코를 닦는다. 너덜너덜해진 휴지로 두 눈을 훔치고 심호흡을 한 차례 한 뒤에야 비로소 자신은 어떻게 아버지의 운명을 피할 수 있었는지 이야기를 이어간다.

그녀는 여전히 슬픔에 목이 멘 채 다음 이야기를 풀어놓는다. 거리에서 들리던 비명, 어디로 도망칠지 모르던 혼란, 결국 어느 집의 커다란 상자 안에 종일 숨어있기로 한 결정까지 이야기가 계속된다. 그 결정 덕에 그녀는 목숨을 건질 수 있었고, 그때부터 수없이 많은 결정이 이어졌다. 55년 뒤, 자기 같은 사람들의 기억이 역사 속으로 사라지지 않도록 낯선 이에게 자신의 이야기를 털어놓겠다는 결정도 그중 하나였다.

1993년, 워싱턴 D.C.에 있는 미국 홀로코스트 기념관에 '얼굴들의 탑Tower of Faces'이라는 전시물이 설치됐다. 나도 이 전시물을 보러 가족들과 함께 기념관을 찾아갔었다. 우리 조부모님이 사셨던 작은 마을 이야기가 영상에서 흘러나오고 있었다. 할머니와 할아버지, 그 마을에 살던 다른 젊은이들(대부분 살아남지 못했다)의 사진을 물끄러미 바라봤던 기억이 아직도 선하다. 전쟁으로 삶을 송두리째 뒤바꾼 트라우마를 경험하기 전에 여느 젊은이와 전혀 다르지 않은 모습이었던 그들이 세피아 톤의 흑백사진 안에서 이쪽을 바라보고 있었다. 그때 나는 고작 열세 살이었지만, 그 모든 게 얼마나 힘든 일이었을지 알 것 같았다. 사진 속 사람들은 나보다 겨우 몇 살 많을 뿐이었다.

이 책을 집필하기 위해 자료들을 조사하던 중 할머니의 인터뷰 영상 전체본을 꺼내 들었을 때 할머니의 감정이 북받치는 대목을 자꾸만 반복하게 됐다. 영상 속에서 할머니가 이야기를 풀어놓으며 보이신 깊은 슬픔은 내가 자라는 동안 좀처럼 볼 수 없던 모습이었다(어쨌거나 할머니께 '왜'는 삐딱한 말이었으니). 할머니의 이야기를 알아가면서, 나는 할머니가 어떻게 그같은 고통을 꾹 참을 수 있었는지 도무지 이해되지 않았다. 내가 아는 우리 할머니는 미국의 전형적인 2차 세계대전 세대, 즉 '위대한 세대^{Greatest Generation}'였다. 사랑이 넘치고, 심지가 강하며, 밥해 먹고 가족을 뒷바라지하는 일에 누구보다 열심이셨다. 홀로코스트 당시의 감정들은 다 어디로 갔던 걸까? 할머니는 어떻게 그 감정들을 마음속 깊이 묻어둘 수 있으셨을까? 그래서 고통스럽진 않으셨을까?

치료사 커뮤니티, 소셜 미디어의 건강 인플루언서들, 감정 조절에 관한 주류 연구 등 세간에서는 부정적 감정을 극복하려면 그 감정을 마주해야 한다고 주장한다. 그 감정을 어떻게든 다뤄주지 않으면 계속 우리 안에 머물면서 시간이 갈수록 더욱 막강한 위력을 발휘한다는 것이다. 그리고 회피는 바람직하지 않다고 여겨진다. 자신의 감정에서 눈을 돌리는 일은 장기적으로 해를 끼칠 뿐이라고 말이다. 이 주장들은 결국 이런 질문으로 귀결된다. 고통스러운 감정들이 떠오를 때 우리는 '주의^{attention}'를 어디로 향해야 할까?

주의는 의식 속으로 어떤 정보를 들여보낼지를 결정하는 '정신적 스포트라이트'이다. 대체로 이 스포트라이트는 자동조종 모드로 운영된다. 주변에서 시끄러운 소리가 들리거나 침입성 생각이 불쑥 고개를 들면 스포트라이트가 그쪽으로 방향을 튼다. 하지만 인간이 다른 종들과 구별되는 중요한 특징은 자신이 선택한 곳을 향해 의식적으로 주의를 돌릴 수 있다는 점이다. 우리는 원하는 때 특정한 생각, 느낌, 사물에 장시간 집중할 수 있다. 심지어 그러기가 어려운 상황에서도 집중이 가능하다. 이와 마찬가지로, 불쾌한 일이 주의를 끄는 상황에서는 스포트라이트를 다른 데로 돌리고 원하지 않으면 그것을 보지 않을 수도 있다. 한마디로 스포트라이트를 활용해 어떤 대상에 더 다가가거나, 반대로 그 대상을 피할 수도 있다. 우리는 이런 식으로 주의의 양극단을 끊임없이 왔다 갔다 하지만, 대부분 이 과정이 자동으로 이뤄지기 때문

에 그 중요성을 잊곤 한다.[2]

물론 원하는 곳에 주의를 집중하고 흔들림 없이 유지하거나, 유독 끌리는 대상에서 주의를 거두는 일이 늘 쉽지만은 않다. 하지만 우리에게는 상황에 따라 주의력의 강도를 정하고 조절할 능력이 있으며, 우리가 어디에 집중하느냐에 따라 감정 경험이 크게 달라진다. 우리는 이 사실을 비록 자각하지는 못하더라도 직관적으로 안다. 예를 들어, 탑승 예정인 비행기가 악천후로 운행이 취소돼 휴가가 완전히 틀어지면 어쩌나 하는 침입성 걱정이 머릿속에 떠올랐다고 해보자. 그 걱정에 집중하느냐(5분마다 기상정보를 새로고침), 그러지 않느냐(미뤄둔 업무 메모 작성)에 따라 전혀 다른 감정적 여파가 따라온다. 우리는 걱정을 곱씹으며 거기에 더 깊이 빠질 수도 있고, 침입성 생각을 털어내고 걱정에서 고개를 돌려 생산적인 다른 일을 할 수도 있다.

하지만 어떨 때는 골치 아픈 대상으로부터 곧바로 주의를 돌리지 못할 수도 있다. 방금 자동차 사고를 당했다거나, 친구와 다퉜다거나, 의사로부터 충격적인 검사 결과를 들었을 때처럼 눈앞에 닥친 일부터 당장 처리해야 하는 경우도 있다. 이런 사안들은 즉각적 관심을 요구하기 때문에 바로 눈을 돌릴 수 없다.

하지만 주의를 다른 데로 돌릴 수 있는 상황이라면 어떨까? 우리의 감정 세계의 상당 부분은 현재 마주하고 있는 일들과는 별 상관이 없다. 그보다는 어떤 사건이 일어난 이후, 앞으로 예상되는 미래와 관련될 때가 더 많다. 극적인 인생 사건, 어제의 어설픈 실수들, 내일 당할지도 모르는 거절 같은 경험들이 우리의 마음과 정신을 빈번하게 뒤흔든다. 어젯밤 상사 앞에서 무심코 부적절한 농담을 했다는 생각이 머릿속을 떠나지 않는다면 어떻게 할까? 냉장고 앞에 서있다가 갑자기 가족 누군가의 죽음에 대한 슬픔이 물밀듯 밀려와서 그냥 주저앉아 버리고 싶을 때는? 감정 괴물이 머릿속을 갈가리 찢는 듯한 상황에서 어떻게 하면 일과를 무사히 끝낼 수 있을까? 나중에 다시 절망감에 휩싸이는 일이 있더라도, 당장은 끝난 관계를 슬퍼하기보다 그를 외면하고 기분이 나아지는 선택을 하겠는가?

우리 할머니와 달리, 꽤 많은 사람이 이 질문들에 대한 답은 오직 '감정과 정면으로 마주하라.' 하나뿐이라고 믿는다. 하지만 과학과 일상의 경험이 가르쳐 주는 바에 따르면, 그 답은 생각보다 훨씬 복잡하다.

불구덩이 속으로
걸어 들어가기

내가 대학원에 진학한 이유 중 하나는, 우리 삶을 다양한 방식으로 정의하는 감정의 힘을 좀 더 분명하게 알고 싶어서였다. 그랬으니 「두려움의 감정 처리Emotional Processing of Fear」라는 논문[3]을 발견했을 때 내가 얼마나 흥분했겠는가. 이 논문은 내가 알고자 했던 내용을 담고 있었다. 부정적 경험에 반복적으로 시달릴 때 우리 마음속에서 어떤 일이 일어나는지, 나아가 어떻게 하면 그 부정적 경험을 떨칠 수 있는지를 명쾌하고도 간명한 틀로 설명하고 있었다.

에드나 포아Edna Foa와 마이클 코잭Michael Kozak은 해당 논문에서 두려움에 초점을 맞췄지만, 이들의 아이디어는 의식 세계에서 파문을 일으키는 다른 부정적 감정들에도 적용할 수 있다. 거미를 봤을 때 덮쳐오는 두려움부터 연애 실패를 두고두고 곱씹는 일에 이르기까지 반복되는 부정적 경험의 범주는 다양하다. 포아와 코잭이 이 경험을 설명하는 틀은 아주 단순하다. 둘의 주장에 따르면, 두려움은 우리가 전에 위협이라고 해석한 적이 있는 무언가의 "정신적 표상mental representation"이 우리 안에서 활성화될 때 일어난다. 간단히 말해, 우리 두뇌는 무언가가 무섭다고 인식하면 그것을 마음속 어떤 이미지나 기억, 혹은 생각과 결부시킨다. 이제 이 위협과 관련된 이미지, 기억, 생각이 불쑥 떠오르면, 그 순간 두려움도 함께 느껴진다. 가령 여러분이 교통사고를 당한 적이 있고 그 일을 기억한다면, 악몽이나 침입성 생각, 냄새 등에 의해 그 기억이 활성화될 때마다 여러분은 고통을 느끼게 된다.

이러한 정신적 표상을 과거 일어난 일, 현재 진행 중인 일 혹은 앞으로 벌어질 일을 담은 차마 보기 힘든 영상으로 생각해도 좋다. 살다가 꽤나 강력한 부정적 경험을 체험하고 나면, 그에 관한 생각을 멈출 수 없다고 느껴질 때가 많다. 그 이유는 뇌가 그 경험을 이해하고 의미를 찾으려다가 뜻밖에 만난 장애물을 치우려고 애를 쓰기 때문이다.[4] 예를 들어 우리는 평소 자신이 생각하던 모습과 어긋나는 일을 할 수 있다('내가 좋은 사람이라면, 어떻게 내 친구에게 그런 상처를 줄 수 있었을까?'). 아니면 최근에 강도 사건을 겪고 우리 집이 안전하다는 인식이 흔들리게 됐을 수도 있다('전에는 그렇지 않았는데 여기가 위험하다고 느껴져'). 자신을 좋아한다고 생각했던 사람들로부터 거부당했다고 느낄 수도 있다('내가 어떻기에 이 사람은 관계를 끊고 싶어 할까?'). 우리 마음에는 이런 식의 의미 생성 오류가 감지되면 당장 기어를 올리고 상황을 감시하며 문제 해결에 집중하게 만드는 시스템이 자리 잡고 있다. 마치 우리 마음이 얼른 수수께끼를 풀고 그 영상을 삭제하라며, 재차 멈춤 버튼을 누르면서 문제시되는 부분을 끊임없이 반복 재생이라도 하는 듯하다.

  포아와 코잭의 모델을 보고 내가 탄복한 부분은, 우리가 반복되는 부정적 경험을 붙들고 씨름할 때 주의가 어떤 식으로 갈림길에 서는지를 매우 명쾌하고 간명하게 보여준다는 점이었다. 우리 뇌는 잠시 멈춰서 이 문제부터 해결하라고, 그전까지는 쉬게 두지 않겠다고 신호를 보내고 있는 것이다. 그러므로 우리는 갈림길에서 선택해야 한다. 머릿속에 잔소리처럼 계속 들러붙는 이 느낌에 주의를 집중할 것인가? 마음속 스포트라이트를 다른 데로 돌리고 그 느낌이 사라지기를 바랄 것인가? 다시 말해, 문제에 접근할 것인가(영상을 시청하고 편집할 것인가), 아니면 회피할 것인가(고개를 돌리고 신경을 끌 것인가)?

   이에 관한 포아와 코잭의 입장은 좀처럼 떨치기 힘든 부정적 경험에는 마주하는 편이 좋다는 것이다. 그러면서 이러한 정신적 표상은 우리가 나서서 재구성하지 않으면 계속 머릿속에 달라붙어 있을 거라고 지적한다. 이들 이론에 따르면, 문제를 만성적으로 회피하면 사라지지 않고 있다가 다른 데로 전이된다. 그러므로 포아와 코잭은 그 반대로 나아가야 한다고 말한다. 우리가 두려워하는 대상에 맞서야 한다고, 막상 그러고 나면 그것이 생각만큼 끔찍하지 않다는 사실을 깨닫게 될 것이라고 말이다. 두려운 대상이나 경험에 반복적으로 접근하면 그에 대한 정신적 표상이 업데이트되고 감정 경험이 달라지면서, 머릿속에서 반복 재생되던 영상도 마침내 멈출 것이다. 결국, 내가 두려워하는 것(거미)을 자주 접할수록 내가 두려워하는 결과(거미에 물려 병원에 실려 가는 일)가 일어나지 않음을 알게 될 테고, 시간이 갈수록 두려워할 게 아무것도 없음을 깨달을 확률이 높아진다. 아울러 2장에서 소개한 밴듀라의 뱀 실험에서 봤듯이, 자기효능감도 높아져서 문제 발생 시 두려움에서 비롯된 힘든 감정들을 잘 다루도록 방법을 터득하게 된다.

이런 점들을 고려하면, 어째서 내가 할머니를 그토록 걱정했는지 쉽게 이해가 간다. 할머니가 과거에 겪으신 참혹한 일이 트라우마로 남았다는 사실을 나는 알고 있었다. 게다가 할머니는 평소에 그 문제를 별달리 마주하지도 않으셨다. 포아와 코잭의 연구 결과에 따르면, 부정적 경험은 회피하기보다 거기 다가가는 것이 평생 트라우마로 남은 큰 사건에서 살아남은 할머니께 더 도움이 될 터였다. 그렇다면 애초에 왜 인간은 회피 능력을 진화시켰을까? 회피가 그렇게 나쁘다면, 왜 우리 할머니는 평소에 그렇게 잘 지내실 수 있었을까? 회피도 때로는 꽤 도움이 되는 건 아닐까?

농구계 악동의
회피 전략

1998년 6월, NBA 결승전에서 시카고 불스는 유타 재즈를 2승 1패로 앞서고 있었다. 이번에 우승하면 챔피언십 3연패를 두 번이나 달성하면서 미국 농구사를 새로 쓰게 될 터였다. 마이클 조던Michael Jordan과 스코티 피펜Scottie Pippen이 이끌던 불스는 4차전을 앞두고 이틀간 훈련 및 언론 행사를 계획하고 있었다. 불스는 자신감에 차있었으나 문제가 하나 있었다. 데니스 로드먼Dennis Rodman이 사라진 것이다.

NBA 최고의 리바운더이자 악동으로 악명이 자자했던 로드먼은 평상시에도 팀 연습은 물론, 선수 의무로 규정된 기자회견에도 걸핏하면 나타나지 않았었다. 대체 뭘 하고 있었는지 알아보면 부상을 치료하거나 가족과 시간을 보냈던 게 아니라, 디트로이트의 레슬링 경기장에 가서 헐크 호건Hulk Hogan 옆에 앉아서는 시가를 태우며 상대편에 입에 담지 못할 욕설을 퍼붓고 있었다.

로드먼의 기행에 온 세상이 경악했지만, 당시 시카고 불스의 감독이었던 필 잭슨Phil Jackson은 그러려니 했다. 잭슨도 로드먼이 코트 밖에서 얼마나 자유분방하게 사는지 전부 알고 있었다. 로드먼은 마돈나 카르멘 일렉트라 같은 유명인들과 데이트하고, 광란의 파티를 열고, 웨딩드레스를 차려입고 나타나서는 자기 자신과 결혼하겠다고 선언하는 사람이었다. 그는 그해 초에도 언론의 집중포화를 받았었다. 시즌 도중 48시간짜리 라스베이거스 '휴가'를 떠나겠다고 팀을 이탈했다가 나흘간 행방불명이 됐던 것이다. 하지만 로드먼과 함께 두 시즌이나 챔피언십 우승을 거머쥔 잭슨은 로드먼이 농구 코트에서 보여주는 초인적인 패기와 집념이 때로 모든 것에 거리를 둘 줄 아는 능력에서 비롯한다는 사실을 잘 알았다. 불스에서 함께 뛰었던 스티브 커Steve Kerr는 로드먼에 대해 이렇게 말했다. "데니스는 괴짜였어요. 하지만 저는 필과 마이클이 그런 면모를 잘 이해했다고 생각해요. 코트 위에서 데니스의 능력을 최대한 활용하려면 평소에 그를 좀 풀어줘야 한다는 사실

을 둘은 알았습니다. 실제로도 많이 풀어줬고요."⁵

나 역시도 기행을 일삼은 로드먼이 단순히 책임을 피하려는 한량으로 보이지는 않았다. 나는 그에게서 자신의 감정을 조절하기 위해 주의 분산^{distraction}과 회피를 전략적으로 구사하는 사람의 모습을 본다. 극도의 압박감이 주는 스트레스와 불안으로부터 거리를 두겠다는 그의 결정은 경기 당일 집중력과 투지를 다지는 데 효과적인 균형추 역할을 했다. 훌륭한 감독인 잭슨도 이를 잘 이해하고 있었다. 당시를 돌아보면서 로드먼은 이렇게 말했다. "필은 제가 항상 하고 싶은 대로 해야 하는 놈이라는 걸, 제가 하는 대로 그냥 내버려 둬야 한다는 걸 알았던 듯해요. 그래야 제가 코트에 섰을 때 100퍼센트 돌려준다는 사실까지도요."⁶

NBA의 스타 선수에게 부과되는 과중한 압박감을 견뎌내기 위해 로드먼이 쓴 유별난 방법은 제대로 적중했다. 그는 라스베이거스에서의 음주 파티 뒤에도 계속해서 뛰어난 실력을 발휘했을 뿐만 아니라, 챔피언십 4차전에서 29분 동안 무려 14개의 리바운드를 잡아냈다(참고로 로드먼은 정규 시즌 동안 경기당 평균 15개의 리바운드를 기록하면서 리그 최고의 리바운더 자리에 올랐다). 결국 불스는 4차전에서 승리하면서 8년 동안 무려 여섯 번이나 챔피언쉽 우승을 거머쥐는 쾌거를 이루었다.⁷ 로드먼은 명예의 전당에 이름을 올릴 정도로 입지를 탄탄하게 다졌고, 지금도 역사상 가장 유명한 수비수 중 한 명으로 남아있다. 로드먼은 세간에서 말하는 효과적인 감정 조절 방법과는 정반대의 방법으로 이 모든 일을 해냈다. 대중의 관심이 쏠린 극도의 스트레스 상황에서 적절히 회피를 활용하는 방법으로 말이다.

나는 예전에 할머니께서 문제를 회피하시는 이유를 도무지 이해할 수 없었다. 트라우마로 남은 과거에 대한 감정을 건강하지 못한 방식으로 틀어막고 계실까봐 걱정이 되다가도, 혹시 할머니는 심리적 초능력을 가진 분이라 괜찮으신 걸까 하는 생각도 들었다. 하지만 내가 본 인터뷰 영상에서 아버지의 마지막 말을 되뇌던 70대의 할머니는 감정을 억누르려고만 하는 모습이 아니었다. 감정으로 충만한 상태였고, 마치 과거로 돌아간 듯 트라우마의 여파를 생생히 느끼고 계셨다. 물론 할머니가 평소에 감정을 억눌렀다는 내 생각도 틀리진 않았다. 그건 분명한 사실이었다. 다만 어린 시절에 내가 미처 몰랐던 사실이 있는데, 할머니의 진정한 초능력은 부정denial이 아니라 자신이 견뎠던 고통에 관한 관심을 유연하게 조절하는 힘이었다.

홀로코스트 기념관에 다녀와서 어머니와 이야기를 나누던 중 어린 시절에 내가 본 것은 할머니의 감정 세계 중 극히 일부였다는 사실을 깨달았다. 어머니의 이야기를 듣다 보니, 할머니께는 내가 인식하지 못했던 다양한 면이 많았다. 어린 시절에 내가 주로 목격한 모습은 할머니의 회피적인 면모였다. 하지만 어머니의 말에 따르면, 다른 사람들에게는 전쟁 때의 일을 곧잘 털어놓으셨다고 한다. 예전에 어머니와 할머니가 함께 식료품점에 들렀다가 우연히 할머니의 옛 친구를 만난 일도 이야기해 주셨다. 알고 보니 그분은 폴란드의 숲속에서 함께 숨어 지내던 사람이었다. 그날 차를 타고 집으로 돌아오는 길에 할머니는 그 친구와 함께 전쟁 시절에 겪었던 일들을 어머니에게 구구절절 들려주셨다고 한다. 이렇듯 할머니도 감정을 완전히 묻어둔 채 사신 것만은 아니었다. 전쟁 시절의 기억과 감정에 빠지는 순간을 그저 스스로 선택했을 뿐이었다.

할머니를 더욱 깊이 이해하게 되자, 어린 시절에 할머니가 해주신 음식들을 먹으면서 나도 모르게 품어왔던 미스터리가 비로소 풀렸다. 할머니는 상상조차 힘든 트라우마를 안고 계셨지만 정식 치료를 받으신 적은 없었다. 할머니가 성장했던 전후 시대는 정신과 치료를 받는 사람이 정신적으로 심각한 문제가 있다고 여겨졌던 영향도 있었을 테다. 할머니께서는 상당히 참혹한 일을 겪으셨고 그 시련을 밖에다 충분히 이야기하지는 못하셨어도, 그것이 할머니의 삶에 그리 나쁜 영향을 끼치지는 않았던 것 같다. 인종 학살에서 도망치고, 노숙 생활을 하고, 강제 이민을 당하고, 가난에 쪼들려 사는 등 20~30대를 그토록 파란만장하게 보냈는데도, 할머니의 인생 구석구석에는 행복과 보람이 가득했다. 할머니는 미국으로 이민을 가서 가족을 돌보며 살아가셨고, 아주 힘겨운 과거를 겪었지만 만족스러운 삶을 사셨다.

우리 할머니는 현대 사회가 건강하다고 여기는 방식으로 자신의 트라우마를 마주하지 않으셨다. 심리 치료를 받지 않으셨고, '슬픔의 단계stages of grieving'를 밟지도 않으셨다. 자신의 감정을 밖으로 드러내는 일도 좀처럼 하지 않으셨다. 평소에 슬픔을 묻어놓고 지내시다가 가끔 한 번씩 마주하실 뿐이었다. 하지만 언뜻 감정을 억누르는 듯 보이는 회피형 접근법이 할머니께는 잘 맞았다.

감정의 세계에는 회피가 항상 해롭다는 오해가 널리 퍼져있다.[8] 나는 이런 편견을 '일반적 접근론의 신화myth of universal approach'라고 부른다. 괴로운 감정을 회피하면 번민이 길어지고 고통이 영구히 자리 잡는다는 믿음 같은 것들 말이다.[9] 이 생각은 처음에 아리스토텔레스Aristotle가 제시했고, 몇 세기 뒤 지크문트 프로이트Sigmund Freud가 대중화했다. 현대로 넘어와서는 소셜 미디어상에서 '구분하다compartmentalize', '억제하다suppress', '부정denial' 같은 말들이 부정적 논조로 쓰이는 경우가 많다.

일반적 접근론의 신화가 여전히 위력을 떨치는 데는 그럴 만한 이유가 있다. 포아와 코잭의 연구 결과, 회피는 장기적으로 해로운 방법일 수 있었다(이 사실은 수십 년간 이뤄진 다른 연구들에서도 마찬가지였다). 스트레스 상황에 만성적 회피, 부정, 무시로 대처하면 외려 문제가 더 악화될 수 있으며, 불안 및 우울증으로 이어질 수도 있다고 여러 연구가 말한다. 이 같은 결과는 대학생부터 심장병 환자에 이르기까지 다양한 인구군 사이에서 일관되게 목격된다. 10년간 성인 피실험자들을 추적한 어느 연구에서는 '회피적 해결avoidance coping'이 향후 우울증 발병 확률을 높일 뿐만 아니라, 시간이 지날수록 더 많은 문제를 발생시키는 것으로 나타났다.[10]

만성적 회피가 해롭다는 점은 의심의 여지가 없다. 만성적 회피는 다양한 감정 문제를 해결하겠다고 하면서 꺼내 드는 조잡한 도구와 같다. 마치 망치 하나만 들고 집 전체를 뜯어고치겠다고 하는 격이다. 하지만 우리가 자꾸 잊어버리는 사실이 있다. 어떤 작업에는 망치가 아주 제격이라는 것이다. 물론 이는 모든 작업에 해당하는 이야기는 아니며, 오히려 대부분의 경우 그렇지 않을 가능성이 더 크지만, 망치가 유용한 작업도 분명히 있는데, 바로 여기가 심리학 분야가 편향에 빠져서 만사를 좋은 것 대 나쁜 것 두 가지로만 분류하는 과잉 단순화의 우를 범하는 지점이다. 감정을 마주하는 방식의 감정 조절 방법들은 대개 긍정적인 것으로 여겨지는 반면, 감정을 회피하는 대처 메커니즘은 부정적으로 여겨진다. 하지만 최근의 연구들을 통해 감정 조절을 돕는 몸과 두뇌의 공조에 관해 많은 것이 알려진바, 괴로운 상황에서 눈을 돌리는 행위는 인간에게 주어진 진화상 재능이다. 그 놀라운 재능은 바로 '심리적 면역 시스템'이다.

상처에는 시간이 약이다

주의를 분산시킬 때 주로 이용하는 것이 우리 안에 내장된 감정 조절 장치, 바로 심리적 면역 시스템psychological immune system이다.[11] 일반적인 면역 시스템이 신체가 받는 물리적 위협에 대응한다면, 심리적 면역 시스템은 심리적 위협에 대응한다. 심리적 면역 시스템을 이루는 다양한 구성 요소 중 가장 중요한 것은 '시간'이다. 인간의 감정은 자연스러운 시간의 흐름을 따라 흘러간다. 고통을 유발하는 심란한 사건으로부터 점점 멀어질수록 날카롭던 감정의 날도 차츰 무뎌진다. 물론 깊은 트라우마를 남긴 경험들은 우리를 좀처럼 떠나지 않지만, 대부분의 경험은 시간이 지나면서 감정이 절정에서 결정이 점점 가라앉아 우리가 그 경험과 거리를 둘 수 있게 해준다.

여기서 핵심은 충분히 오랫동안 자신의 주의를 분산시켜서 시간이 제 역할을 하도록 만들어야 한다는 것이다. 이를테면, 업무 메일을 주고받다가 어떻게 이럴 수 있느냐며 화내며 달려들기보다는 일단 노트북을 닫아버리는 방법이 있다. 그리고 나서 다음 날 아침에 업무로 복귀하면 전날보다 화가 훨씬 누그러져 있다는 사실을 깨달을 수 있을 것이다. 가족과의 말싸움이 너무 격해진다 싶을 때는 일단 서로 말을 멈추고 자리를 떠나도록 하자. 그러고서 얼마 뒤에 다시 이야기를 나누면 어느 정도 화가 사그라든 사실을 깨달을 수 있을 것이다. 연인과 가슴 아픈 이별을 한 뒤에는 아무 일도 손에 잡히지 않고 집에서 신세만 한탄하게 마련이다. 하지만 그러다가도 친구들 손에 끌려서 억지로 밖에 나가서는 나름대로 신나게 노는 자신을 보고 깜짝 놀랄 수도 있다. "모든 상처에는 시간이 약이다."라는 옛말[12]은 힘겨운 감정들을 붙들고 씨름하는 와중에는 매정하게 느껴질 수도 있지만, 그 속에 담긴 심오한 진실은 엄밀한 과학적 연구를 통해 입증됐다(물론 '모든'이라는 말은 빼놓고 말이다. 학문적으로 더 엄밀히 표현하면 '대부분'이라고 해야 옳다).

심리적 면역 시스템은 개인차가 있으며, 다양한 상황에서 복잡한 방식으로 작동한다. 감정 경험 또한 매우 개인적 특성을 갖는다. 어떤 감정 조절 도구를 통째로 부정할 때 문제가 생기는 것이 바로 이런 이유 때문이다. 만성적 회피는 분명 해롭지만, 늘 직시만 하는 행위도 문제를 일으킬 수 있다.[13] 내 경험을 누군가에게 털어놓고, 다른 사람들과 함께 감정을 살펴보고, 전문가의 도움을 받는 일은 건강한 상황 대처법의 표준으로 통한다. 이는 대부분의 경우 정말로 필요한 일이지만 항상 그런 것은 아니다.

수많은 연구에서 회피 성향을 보이는 사람들이 스트레스나 트라우마가 심한 사건을 겪은 뒤 상황을 악화일로로 몰고 가는 경향이 있다고 밝힌다.[14] 하지만 이 연구들은 우리 할머니나 데니스 로드먼처럼 회피를 유연하게 활용하는 사람들, 즉 전략적으로 유용하게 회피를 사용하다가 필요할 때는 감정을 표현하는 쪽으로 돌아설 줄 아는 사람들에게는 관심을 두지 않았다. 이들은 연장통에 망치와 스크루드라이버를 모두 갖춘 사람들이다. 이들은 맥락에 따라, 즉 자신이 얻을 이익에 비추어 보고 감정을 회피하거나 표현할지를 직관적으로 전환할 줄 안다.

최근의 연구에서도 밝혀졌지만, 광범위한 사람들의 회복탄력성을 두루 연구하면 이른바 '건강한' 문제 해결 도구들이 우리가 믿는 신화보다 훨씬 다양하다는 사실을 알게 된다.

감정에도
유연성이 필요하다

2001년 9월 11일, 세계무역센터가 무너졌을 때, 회복탄력성 분야의 최고 전문가 조지 버나노$^{George\ Bonanno}$는 붕괴 현장에서 북쪽으로 불과 1.6킬로미터밖에 떨어지지 않은 맨해튼에 살고 있었다. 그때 뉴욕시에 있던 대부분의 사람처럼 조지도 이 비극에 큰 충격을 받았고, 능력이 닿는 한 뭐든 돕고 싶었다. 조지는 어떻게 하면 고통을 잘 관리하여 절망 속에서도 꿋꿋이 살아갈 수 있을지를 연구하는 데 평생을 바친 사람이었다. 그는 불행, 트라우마, 고통이 닥쳤을 때 도움이 되는 전략이 있는가 하면, 상황을 외려 악화시키는 전략도 있다는 사실을 누구보다 잘 알았다. 그래서 그는 봉사 활동에 참여하거나 헌혈을 하는 대신, 오로지 자신만이 할 수 있는 일을 하기로 했다. 바로 고통스러운 감정들을 관리하는 데 무엇이 진정으로 도움이 될지를 연구하는 일이었다.

비극 이후 뉴욕시에서 제공한 정신건강 지원 서비스는 사람들이 감정을 허심탄회하게 털어놓을수록 좋으리라는 생각에 기반했다. 미국 전역에서 몰려온 치료사들도 현장에 가장 먼저 달려간 구조대원, 희생자의 가족, 테러 현장 인근에 있던 사람들을 도우려고 했다. 하지만 조지는 9·11 참사 전부터 감정을 직면하는 단 하나의 전략이 모든 사람에게 통하지는 않는다는 증거를 계속 발견해 오던 터였다. 그래서 그는 새로운 작업을 시작했다. 뉴욕시의 대학생 101명을 실험실로 데려와서 9·11 참사 이후 어떤 일을 겪었는지 이야기를 나눴다. 그리고 학생들이 겪은 고통을 수치화했다. 조지의 연구팀은 이 수치를 학생들이 자신의 감정을 얼마나 잘 다루는지의 기준으로 삼았다.

그 후 3개월간 조지는 학생들을 다시 실험실로 불러들였다. 이때 연구팀은 학생들이 어떤 식으로 감정에 접근하거나 회피하는지 면밀하게 살펴봤다. 연구팀은 학생들을 컴퓨터와 단방향 거울 앞에 앉히고, 화면에 긍정적 이미지와 부정적 이미지가 함께 나올 것이라고 설명해 줬다. 옆방에서 보이지 않는 평가자가 자신을 평가한다는 사실을 알게 된 학생들은 실험 중 여러 지점에서 감정을 표현하거나 억누르기 위해 최선을 다해야만 했다. 여기서 감정을 표현하는 행위는 감정에 접근하는 것을, 감정을 억누르는 행위는 감정을 회피하는 것을 의미했다. 옆방의 평가자가 학생들이 경험한 감정을 판별했고, 이를 통해 학생들이 자신의 감정을 얼마나 능숙하게 조절했는지가 드러났다.

18개월 후, 조지는 다시 한번 학생들을 호출해 그들의 고통을 측정했다. 연구 결과, 초기 과제에서 가장 뛰어난 능력을 보였던 피실험자들(감정을 성공적으로 표현하거나 억제할 줄 알았던 이들)이 9·11 참사의 여파를 가장 잘 극복한 것으로 밝혀졌다.[15] 조지 버나노의 연구는 회피와 접근 모두를 활용하여 주의를 유연하게 배치하는 능력이야말로 회복탄력성을 예측하는 가장 훌륭한 지표라는 사실을 보여준 셈이다.

감정을 표현하고 억제하는 능력을 팔굽혀펴기와 턱걸이에 비유해 보자. 팔굽혀펴기와 턱걸이를 번갈아 가며 수행하는 운동 능력은 근력과 민첩성이 그만큼 뛰어나다는 지표다. 이와 마찬가지로, 조지 버나노의 연구는 학생들이 감정 표현과 억제 사이를 얼마나 능란하게 오가는지를 테스트했다. 두 상태를 오가며 잘 전환한 학생들은 더 높은 수준의 유연성을 보여줬다. 이들은 힘든 감정들에 주의를 집중할 줄도 알았지만, 거기서 스포트라이트를 돌려 잠시 한숨 돌릴 줄도 알았다. 이 최고의 감정 '전환자'들이 이룬 긍정적 결과들을 보면 회피도 유연성의 핵심 요소이며, 유연성은 회복탄력성의 주요 지표라는 생각을 할 수밖에 없다. 이것이 바로 데니스 로드먼과 우리 할머니가 했던 일들이다. 로드먼이 이따금 충동적으로 일탈하고, 우리 할머니가 식료품점에 다녀오는 길에 더러 감상에 젖어 구구절절 옛일을 털어놓으셨던 데는 다 이유가 있었다.

조지 버나노의 연구는 감정 조절의 방법을 '건강한 감정 조절법'과 '건강치 못한 감정 조절법'으로 보는 이분법의 틀을 허물고, '유연성'이 더 나은 심리적 건강과 연관이 있음을 받아들이고자 했던 대대적인 움직임의 시작이었다.[16] 시시각각 변화하는 세상에 기민하게 반응하는 능력은 적자생존의 필수 요건이다. 인간이 부정적 감정과 긍정적 감정을 모두 경험하도록 진화한 이유도 아마 이 때문일 것이다. 그래야 끊임없이 변화하는 세상에 제대로 반응할 수 있을 테니 말이다. 그러고 보면 우리는 몸의 건강을 지키기 위해서도 늘 주의력을 유연하게 활용하며 무언가에 접근할지 피할지 결정하지 않던가. 독이 든 포크위드베리는 피하고 무해한 블루베리에는 다가가는 식으로 말이다. 그렇다면 감정적 삶이라고 달라야 할 이유가 있을까? 정신건강을 지키기 위해서 왜 접근 전략에만 의지해야 할까?

그럴 필요는 없을뿐더러, 실제 우리는 그러지도 않는다.

회피와 접근의
똑똑한 사용법

상황을 회피할지, 그에 접근할지를 판단하는 첫걸음은 자기 평가에서 시작된다. 자신에게 이런 질문을 던져보자. 내가 택한 방식이 효과가 있는가? 이렇게 하니 문제가 풀리는 것 같은 느낌이 드는가?

회피 전략이 제대로 먹힌다면 아마도 이런 식일 것이다. 가령 여러분이 파티에 참석해서 두고두고 후회할 말을 했다고 하자. 하지만 실수를 곱씹으며 걱정하는 대신, 밤에 재밌는 영상을 보면서 스스로 주의를 다른 데로 돌리는 방법을 택했다. 그러자 어느 정도 안도감이 들고 (2장에서 루이사가 밤잠을 설쳤던 것과 달리) 걱정이 다시 고개를 들지 않았다면 회피 전략이 제대로 통했다고 볼 수 있다.

접근 전략이 제대로 통한다면 아마도 이런 식일 것이다. 가령 여러분이 일전에 저지른 실수에 대해 곰곰이 생각하다가 끝내 중요한 사실을 깨닫는 상황을 상상해 보자. 친구의 믿음을 저버린 일로 배신과 죄책감에 대해 생각해 보다가 상황을 전체적으로 그려보게 된다. 그러고는 친구의 일을 입에 올리며 느낀 잠깐의 쾌감이 친구에게 상처를 줄 만큼의 가치는 없었다는 사실을 깨닫는다. 이 경우에는 고통스러운 진실을 직면함으로써 성장하고, 과거의 경험을 뛰어넘어서 앞으로 나아가게 됐다고 볼 수 있다.

그런데 이 대목에서 꼭 알아둬야 할 사실이 있다. 어떤 전략을 훌륭하게 작동시키기 위해 반드시 부정적 감정에서 벗어나야만 하는 것은 아니라는 점이다. 자꾸 신경 쓰이게 하는 문제들을 마주하는 일이 당장은 고통스러울 수 있지만, 시간이 흐르면 도움이 되는 경우가 더러 있다. 접근이든 회피든, 자신에게 통하는 전략이 있다면 굳이 깊게 생각할 필요가 없다. 그냥 하던 대로 계속해 나가면 된다.

그런데 만일 어떤 전략이 내게 통하지 않으면 어떻게 해야 할까? 이는 주의 집중 방식을 다른 형태로 전환해야 한다는 신호로 볼 수 있다(접근→회피, 회피→접근). 혹은 완전히 새로운 도구를 사용해야 한다는 뜻일 수도 있는데, 이에 대해서는 뒤에서 더 자세히 이야기할 것이다.

접근 전략이 통하지 않을 때 가장 확실하게 나타나는 경고 신호가 바로 '채터chatter'이다. 채터는 부정적인 생각의 고리에서 헤어나지 못하는 상태로, 이에 대해서는 내 첫 번째 책 『채터, 당신 안의 훼방꾼』에서 자세히 다룬 적이 있다. 채터에 빠지면 출구가 없는 로터리에 갇힌 것처럼 마음속에서 똑같은 상황, 생각, 느낌이 자꾸만 맴돈다. 문제에 집중하고는 있지만, 그것을 해결하는 방향으로는 한 발짝도 내딛지 못하는 상태가 된다.

실제로 나를 괴롭히지 않는 부정적 경험을 계속 끄집어내는 것도 별 도움이 안 되는 접근 전략이다. 이런 일은 어떤 식으로 일어날까? 내 이야기를 예로 들어보겠다. 우리 부모님은 내가 열두 살 때 이혼하셨다. 여느 이혼 가정처럼 당시 우리 집에는 긴장, 다툼, 악감정이 끊이지 않았다. 1990년대 초반만 해도 주변에서 이혼 가정은 우리 집뿐이었다. 확실히 즐거운 시절은 아니었다. 하지만 아버지가 먼저 그때 이야기를 꺼내시지 않는 한 내가 그 시절을 떠올리는 일은 이제 없다. 하지만 이 점이 문제인 게, 아버지는 지금도 꽤 자주 그때 이야기를 하신다. 아직도 내가 부모님의 이혼을 제대로 '통과하지' 못했다고 생각하시면서 그 일에 대해 터놓고 이야기하기를 바라신다. 그 마음에는 감사하지만, 아버지의 선의에서 비롯한 이 대화 요청은 득보다는 실이 된다. 나는 본래 회피 성향의 사람은 아니다. 오히려 내 어린 시절의 이모저모를 며칠이라도 줄곧 떠들 수 있는 편이다. 하지만 부모님의 이혼에 대해서는 당시에 이미 충분히 이야기하고 생각했다. 그래서인지 지금은 부모님의 이혼 때문에 혼란스럽거나, 화가 나거나, 말로 못 하는 불만을 느끼는 일은 없다. 내 안의 심리적 면역 시스템이 부모님의 이혼과 관련된 괴로운 감정들을 오래전에 말끔히 정리한 게 분명하다.

마음속에 불쑥불쑥 떠오르는 일이 특별히 없다면, 보이지 않는 마음의 상처가 나중에 곪아 터져서 삶을 망칠 가능성은 작다고 할 수 있다. 일반적 접근론의 신화 때문에 이 사실을 믿기 힘들어하는 사람들도 더러 있지만 말이다.

이번에는 회피 전략이 통하지 않을 때를 살펴보자. 건강하지 않은 형태의 회피와 관련하여 주의해서 살펴봐야 할 세 가지 신호가 있다.

경고 신호 1

어떤 문제에 대해서 생각하지 않으려고 하는데 자꾸만 그 생각이 떠오른다. 가령 친한 친구와 다툰 일을 잊으려고 영화를 보러 갔는데, 영화의 주요 대목마다 내가 잘못 말한 게 떠오른다. 혹은 배우자의 불륜에 대한 분노를 다 삭였다고 생각했는데, 부부 싸움이 있을 때마다 매번 그 분노가 대화 중에 끼어든다. 이유가 뭘까? 때로는 우리의 심리적 면역 시스템만으로는 전부 해결이 안 되는 감정의 소용돌이가 일어나기 때문이다. 자꾸만 불쑥 떠오르는 부정적 생각(채터)이 바로 이런 상황을 경고하는 가장 대표적인 신호이다.

경고 신호 2

어느새 약물이나 알코올 같은 물질에 지속적으로 의존하거나, 섹스·도박·음식에 지나치게 빠져있다. 이것들은 모두 잘 알려진 주의 분산 방법인데, 강력한 안도감을 주지만 대개 일시적 효과에 그치며 장기적으로는 거의 항상 해롭다. 이러한 회피성 대처 기제

avoidant coping mechanism가 나타나면 큼지막하고 새빨간 경고성 깃발이 펄럭이고 있다고 보면 된다.

경고 신호 3

끊임없이 안심할 방법을 찾는다. 이런 행동은 얼핏 접근처럼 보이지만, 알고 보면 회피의 한 형태이다. 대표적인 사례가 2장에 등장했던 루이사이다. 그녀는 딸의 땅콩 알레르기를 고칠 방법을 찾겠다고 강박적으로 온라인에서 의학 기사들을 샅샅이 뒤졌다. 겉으로만 보면, 마치 루이사가 자신의 불안을 직면하고 딸의 알레르기라는 문제를 해결하기 위해 이런저런 노력을 하는 것처럼 보인다. 누가 그녀를 탓할 수 있겠는가? 하지만 루이사가 감정적 소용돌이 때문에 잠을 자기도, 일하기도, 육아도 힘들었다는 사실을 보면 이면에서 뭔가가 일어나고 있었음을 알 수 있다. 실제로 그녀는 딸이 죽을지도 모른다는 두려움에 직면하지도, 건강하게 접근하지도 못했다. 그녀가 강박적으로 인터넷을 뒤졌던 건 딸이 죽을 수 있다는 가능성을 외면하기 위해서였다. 딸의 알레르기를 고칠 방법을 찾기만 하면 자신의 불안과 두려움이 싹 사라질 거라고 믿으면서 말이다. 건강하지 못한 안심 추구 사례는 이 밖에도 또 있다. 모든 게 괜찮다는 증거를 필사적으로 찾거나(불필요한 병원 검진, 사랑하는 사람에게 반복해서 의견 묻기) 집 안의 창문과 문이 전부 잠겼는지 지나치게 확인하는 행동이 여기에 해당한다. 이 함정에 빠지면, 두려움이나 불안을 떨치려고 취하는 행동이 마치 문제를 해결하려는 조치처럼 보일 수 있다. 하지만 실제로는 근본적 문제를 회피하고 있기에 오히려 상황이 더욱 악화하는 경우가 많다.

만일 회피 전략이 잘 통하지 않는데 접근 전략을 취하기는 너무 고통스럽다면, 새로운 도구가 필요하다는 신호일 수 있다. 이때는 단순히 감정에 접근하는 게 아니라 완전히 새로운 전략을 시도하거나 외부, 자신을 둘러싼 세상(사람들·환경·문화적 배경)으로 눈을 돌려 감정 경험을 형성할 필요가 있다.

뒤에서 다양한 감정 조절 전략을 소개할 텐데, 여러 면에서 봤을 때 주의력은 이 모든 전략의 근본에 자리하고 있다. 당신의 주의는 어디로 향하는가? 무엇이 당신의 의식을 채우는가? 그것은 어떤 효과가 있는가? 이런 문제들은 감정 조절에서 매우 중요하다. 주의력을 현명하게 활용하는 보편적 규칙 같은 것은 없다. 유연성을 얼마나 잘 발휘하느냐가 관건이다.

만일 우리 할머니가 자신의 방식을 미심쩍어 했다면 어땠을까? 친구들이나 가족이 할머니가 고통스러운 기억을 억누르는 행동에 죄책감을 느끼게 했다면? 주변에서 할머니께 그런 고통은 혼자 힘으로 감당할 수 없으니 정해진 방식으로 치료를 받아야 한다고 했다면? 그랬다면 나는 할머니께서 오히려 더 불행해지셨으리라 생각한다. 만약 할머니가 본인의 감정에 압도당해 무력해지는 분이었다면, 폴란드의 숲속에서 살아남지도 못하셨을 것이다. 하지만 할머니는 주의력이라는 이름의 스포트라이트를 움직이면서 감정을 적절히 조절하는 방법을 우연히 찾아내셨다. 할머니는 주의력을 능숙하게 다루는 법을 알고 계셨기에, 과거의 경험을 귀중히 여기는 식으로 감정에 접근하면서도, 동시에 감정을 적절히 회피하면서 계속 앞으로 나아갈 수 있으셨다. 이것이 훌륭한 감정적 삶이 아니라면 나는 무엇이 그런 삶인지 모르겠다.

이제부터는 주의력과 아주 가까운 사이인 새로운 도구를 살펴보려고 한다. 바로 관점perspective이다. 주의력이 '무엇'을 볼지를 결정한다면, 관점은 그것을 '어떻게' 볼지를 좌우한다. 어떤 문제로 씨름할 때 상황에 대한 관점을 바꾸는 방법은 매우 효과적일 수 있으나, 이는 '밝은 면만 보라.'라는 말처럼 간단한 일은 아니다. 그러므로 진정한 관점 전환의 힘과 그 경지에 이르는 길을 탐구하기 위해 완전히 새로운 시점point을 가져보려고 한다. 바로 '우주'의 시점이다.

chapter 5

감정을 바라보는 필터 바꾸기

도구③ 관점 전환

"젠장,

　　　　　말이야 쉽지"

미국인 우주비행사 제리 리넨저Jerry Linenger[1]가 5개월 체류 일정으로 소비에트연방의 미르 우주정거장에 머물기 시작한 지 고작 몇 주가 지났을 때였다. 귀청이 찢어져라 경보음이 요란하게 울려대도 절대 겁먹을 필요가 없다는 것쯤은 이제 알고도 남았다. 경보음은 시도 때도 없이 울렸다. 이산화탄소 제거장치carbon dioxide scrubber가 꺼졌을 때도, 전기가 잠깐 나갔을 때도 경보음이 울렸다.

　1997년 2월 24일 저녁, 제리는 식사를 마치고 간단한 데이터 입력 작업을 하는 중이었다. 몸이 수평으로 붕 뜬 상태에서 발가

락을 벽면의 고리에 걸고 있었고 노트북은 천장에 매달려 있었다. 이때 또다시 경보음이 요란하게 울려대기 시작했다. 이런 상황을 대비해 늘 챙겨 다니는 귀마개부터 얼른 귀에 꽂고 자료를 저장했다. 그러고는 무슨 일인지 알아보기 위해 평소처럼 몸을 회전하면서 경보음의 진원지를 향해 나아갔다. 짐작건대 이번에도 이산화탄소 제거장치가 말썽일 터였다. 그동안 종종 고장이 나서 꺼지곤 했으니까.

우주정거장에서는 그냥 두면 안 되는 물건이 한둘이 아니다. 예를 들어 빵을 그냥 두면 빵 부스러기가 장비 사이에 낄 수 있고, 우주비행사들이 들이마실 위험도 있다. 총을 그냥 뒀다가 발사되기라도 하면 선체에 구멍이 뚫려서 우주정거장 안의 산소가 전부 우주 밖으로 빠져나갈 수 있다. 분뇨는 굳이 설명할 필요도 없을 테다. 하지만 목숨에 가장 치명적인 것은 단연 불이다. 제리가 모퉁이를 돌았을 때 자욱한 연기와 함께 산소통에서 거의 1미터 높이의 불길이 치솟는 장면이 보였다. '좋지 않아.'

제리가 살면서 이토록 담담한 척 한 적은 없었을 것이다. 불이야 늘 위험하지만, 비좁은 우주정거장 안에서는 그 위험도가 급격하게 올라간다. 자세히 보니 산소통 근처의 금속은 이미 녹아내리고 있었다. 빨리 불길을 잡지 않으면, 승무원들을 진공 상태의 우주와 분리해 주던 금속판이 조만간 녹아내릴 터였다. 그러면 호흡할 수 있는 공기가 순식간에 우주정거장 밖으로 빨려 나가고² 15초 정도면 승무원들은 정신을 잃고 쓰러질 것이다. 당시 우주정거장에는 제리를 포함해 총 여섯 명의 우주비행사가 있었다. 이 사실을 깨닫는 순간 제리는 다시 한번 가슴이 철렁 내려앉았다. 화재가 발생한 위치로 보건대 비상탈출용 캡슐 두 대 중 한 대는 사용할 수가 없었다. 최악의 상황이 닥쳤을 때 오직 세 명만이 비상탈출용 캡슐을 타고 미르를 빠져나갈 수 있었다.

미르가 워낙 작았던 탓에 삽시간에 연기가 우주정거장 안을 채우기 시작했다. 무엇보다 먼저 최대한 빨리 산소마스크를 찾아야만 했다. 제리는 기침을 하거나 숨을 들이마시지 않으려고 애쓰면서 벽면을 더듬어 나갔다. 연기 너머로 동료 우주비행사 한 명이 똑같은 행동을 하는 모습이 눈에 들어왔다. 가슴이 갑갑해지고 숨을 쉬고 싶다는 마음이 절박해졌을 무렵, 머릿속에서 바닥에 맑은 공기가 남은 에어포켓air pocket이 있을지도 모른다는 목소리가 들려왔다. 하지만 바닥을 내려다보니 마찬가지로 자욱한 연기만 있을 뿐이었다. 당연한 일이었다. 우주에서는 연기가 위로 올라가지 않기 때문이다. 또 한 번, 말도 안 되는 생각이 머릿속에 퍼뜩 떠올랐다. '창문을 열어!' 절체절명의 상황에서 떠올린 생각에 웃음이 터질 뻔했다.

칸막이벽에 고정된 산소마스크를 간신히 찾았을 때, 그는 거의 영원처럼 느껴질 만큼 오랫동안 숨을 참은 상태였다. 산소마스크를 입에 대고 스위치를 누르고는 얼른 산소가 들어와 숨통이 확 트이기를 기다렸다. 그러나 산소를 들이마시려 할수록 마스크만 얼굴에 찰싹 달라붙는 느낌이었다. 아무래도 고장이 난 듯했다. 제리는 얼른 그것을 벗어 던지고 다른 산소마스크를 찾아 나섰다. 다음 칸막이벽을 찾아서 움직이는 동안 마음이 차분하게 가라앉으면서 자신이 곧 죽어도 전혀 이상하지 않다는 생각이 들었다. 다음 산소마스크를 찾기까지 몇 초간 제리는 마음속으로 아내와 아들에게 작별 인사를 마쳤다. 집에 돌아가기 위해 할 수 있는 일을 다 했으며, 이번 여행으로 가족의 곁에 있지 못해 미안하다고 사과했다.

제리는 손가락으로 더듬거리며 또 다른 산소마스크를 찾아낸 뒤 허둥지둥 산소를 방출하려 애썼다. 시야가 까맣게 흐려지던 찰나 소중한 산소가 흘러들었다. 있는 힘껏 신선한 공기를 들이마시자 과호흡 직전의 상태가 돼서 폐가 타들어 가는 듯했다. 최대한 빨리 호흡을 정상으로 되돌려야 했다. 자신은 살았지만, 문제는 전혀 해결되지 않았으니까. 이제 평정을 찾고 맑은 정신으로 생각하지 않으면 우주비행 역사상 최악의 화재로 번져가고 있는 이 사태에 맞설 방법을 찾아낼 수 없을 것이었다.

"좋아, 넌 살아있어." 제리가 혼잣말로 중얼거렸다. "이제부턴 모든 게 완벽해야 해. 안 그러면 여기 있는 사람 전부 죽고 말 거야. 실수는 절대 안 돼."

사태 초반에 제리가 생각할 틈도 없이 그 자리에서 척척 움직일 수 있었던 원동력은 수년간 축적된 훈련과 경험에 있었다. 그의 초동 대응은 비상사태에 대비해 수없이 반복한 종합적인 훈련에서 나왔고, 본래 우주비행사로서 고강도 스트레스 상황에서 임무를 수행하는 데 익숙하기도 했다. 하지만 이번 사태는 완전히 다른 차원의 위기였다. 아무리 우주비행사가 고위험군의 직업이라고 해도 평생에 한 번 겪을까 말까 한 일이었기 때문이다. 이제부터 빠르게 내려야 하는 결정들에 말 그대로 사느냐 죽느냐의 문제가 달려있었다. 그동안 받았던 훈련과 머릿속 지식에만 의지해서는 안 됐다. 생존에 걸림돌이 될 수 있는 감정 반응을 재빨리 전환하는 능력도 함께 동원해야만 했다.

※ ※

앞서 4장에서는 주의력을 활용해 감정을 전환하는 법을 살펴봤다. 순간의 맥락과 요구에 따라 주의력을 유연하게 조절해서 상황에 따라 문제에 접근하기도 하고 회피하기도 하는 식으로 말이다. 하지만 이는 우주정거장 미르에서 제리가 활용할 만한 전략은 아니다. 오로지 상황에 정면으로 맞서는 것만이 제리가 살아남을 수 있는 유일한 길이기 때문이다. 제리가 우주정거장에서 겪은 일을 지구 위의 평범한 삶과 연결 지어 보면, 우리에게도 이와 마찬가지인 사례는 얼마든지 찾아볼 수 있다. 중차대하고 급박한 일이,

그것도 지금 당장 일어나고 있을 때는 주의력을 활용하는 기술은 우주정거장의 화재에 등을 돌리는 것만큼이나 아무 소용이 없고 오히려 대참사로 이어질 수 있다.

이렇듯 압도적인 감정의 핫스폿에서 주의를 돌릴 수 없을 때는 다른 전략이 필요하다. 이때 반가운 소식이 있다면, 이 같은 상황에서 활용할 만한 또 다른 도구를 인류가 이미 진화시켜 왔다는 사실이다. 물론 나쁜 소식도 있다. 이 도구를 실제로 어떻게 활용할까 하는 문제는 "먹구름 사이에도 빛은 있다."라는 말처럼 그리 간단하지 않다는 것이다.

감정을 바꾸는 A-B-C 공식

"A, B, C를 아는 사람이 있나요?" 1999년의 어느 여름날 저녁, 펜실베이니아 대학교의 심리학 교수 데이비드 윌리엄스$^{David\ Williams}$가 강의 중 학생들에게 이런 질문을 던졌다. 교수님이 잠시 뜸을 들이시자 함께 강의를 듣던 학생들은 웃거나 겸연쩍어했고, 나 역시도 대체 교수님이 무슨 말씀을 하시려는 건가 싶었다. 이때 들은 개념이 앞으로 평생 날 따라다닐 줄은 꿈에도 모른 채 말이다.

알고 보니 그 질문은 아동용 프로그램 〈세서미 스트리트^{Sesame}

Street〉에서 아이들에게 알파벳을 가르칠 때 나오는 대사가 아니었다. 무언가에 대해 생각하는 방식을 바꾸면 감정도 달라질 수 있다는 것을 설명하는 간단한 공식이었다. 그 내용을 소개하면 이렇다.

A = 부정적 사건 Adverse event

예: 무시무시한 내용이 담긴 건강검진 진단서.

B = 믿음 Belief

예: 나는 이제 끝이야. 우리 애들은 아버지 없이 자라겠지. 가족을 떠나야겠어.

C = 결과 Consequence

예: 불안, 속이 울렁대는 메스꺼움, 슬픔.

A-B-C 공식에서 가장 중요한 부분은 'B를 바꿀 수 있다면 C도 바뀐다.'라는 점이다. 당연한 일이긴 하지만, 부정적 생각이 부정적 감정을 부추기는 경우가 많기 때문이다. 그래서 두려운 건강검진 결과 자체는 어쩔 수 없지만, 그에 관한 생각은 얼마든지 바꿀 수 있다. '양성이라니 잘못 나온 결과일 거야. 설령 그게 맞다고 해도 치료받으면 되지.' 이런 식으로 생각하는 거다. A-B-C 공식에 따르면, 이런 사고가 상황에 더 잘 대처할 수 있게 한다.

이 방법은 인지 재구성reframing이라는 이름으로 널리 알려졌지만, 학파에 따라서는 재평가reappraisal, 재해석reconstrual, 인지적 변화cognitive change라고도 한다. 재구성 개념은 전 세계에서 가장 많이 지지받는 치료법인 인지 행동 치료cognitive behavioral therapy'를 비롯하여, 오늘날 수많은 치료 지침의 토대가 되고 있다. 재구성을 카메라(그래, 알겠다. 당신의 스마트폰 말이다!)에 장착하는 필터라고 생각해 보자. 카메라로 똑같은 대상을 바라보더라도 어떤 필터를 장착하느냐에 따라 보이는 방식이 달라진다. 가끔은 카메라에 고통스러운 장면을 담아야겠지만, 필터가 거친 데를 다듬어 줄 수 있다. 예를 들어, 누군가와 갑자기 이별한 상황이라고 하자. 경험한 적이 없는 고통스럽고 충격적인 일이라 상실감에서 벗어날 수가 없다. 하지만 이때 우리는 필터를 바꿀 수 있다. 이번 이별을 내가 사랑받지 못하는 사람이고 앞으로 평생 혼자서 살아갈 증거라고 보는 대신, 시간 낭비를 하지 않고 진짜 인연을 찾을 새로운 기회가 생겼다고 볼 수도 있다. 이처럼 필터를 바꾸면 앞으로 펼쳐질 일에 대해 느끼는 방식도 달라진다.

2장에서 '인지적 통제'를 담당하는 뇌 영역 네트워크가 우리 안으로 들어오는 정보를 변형할 수 있다고 했는데, 인식 재구성 작업에도 바로 이 네트워크가 사용된다. 머릿속에 들어온 정보를 조작하는 전전두엽 피질prefrontal cortex도 이 네트워크의 일부이다. 우리가 종이상자를 보고 수십 가지 쓰임새를 생각해 내듯, 눈앞에

닥친 삶의 위기를 보고도 수십 가지 방식으로 의미를 부여할 수 있다. 당연한 얘기지만, 과거 이미 일어난 일에 대한 필터를 바꿀 수도 있고(과거의 실패를 배움의 경험으로 재구성), 미래에 일어날지 모를 일에 대한 필터도 바꿀 수 있다(걱정을 가능성이나 기대감의 원천으로 재구성).

감정을 바라보는 필터를 바꿔 낄 수 있다는 사실이 중요한 두 가지 이유가 있다. 첫 번째 이유는 반드시 맞닥뜨려야만 하는 경험이 있기 때문이다. 아무리 피하고 싶어도 도저히 외면할 수 없는 일들이 있다. 하루하루 늙어가는 부모님, 당신이 앓는 만성 질환, 우주 공간과 나를 분리해 주던 얇은 금속판에 구멍을 내면서 타오르는 불길 같은 것들이 그렇다.

두 번째 이유는 부정적 감정을 유발하는 대상에서 주의를 돌릴 수 있을지라도, 회피가 항상 능사는 아니기 때문이다. 앞에서 살펴봤듯이 회피도 건강한 전략이 될 수 있지만, 때로는 근본적인 치유책이 되지 못한 채 상처만 가리는 반창고 노릇을 할 수도 있다. 그러므로 어떨 때는 감정의 불구덩이에서 벗어나기 위해 끔찍한 현실을 똑바로 보는 힘을 길러서 문제를 생각하는 방식을 바꿔야 한다. 그리고 이것이야말로 인간을 다른 종과 구별되게 하는 능력이 아닐까? 도전, 실패, 상실에 관한 생각을 재구성하는 능력은 인간이 지구상에서 살아남아 성공하고 번성할 수 있게 만들었다.

팔랑귀의 19세 학부생에게는 이 간단한 공식을 알게 된 일이 일종의 계시처럼 느껴졌다. 그 생각은 너무도 논리적이었다. 당신이 겪는 부정적 사건(A) 자체는 항상 바꿀 수 없지만, 그에 관한 생각을 바꿔서 느낌을 변화시키는 것은 언제든 가능하다. 당시 내가 들은 바로는 그랬다.

1인칭 시점에 중독된 사람들

인식 재구성이 얼마나 어려운 작업인지는 골치 아픈 직장 문제를 두고 내 친구와 아내가 벌인 설전만 봐도 알 수 있다. 언젠가 나는 친구 부부와 함께 차를 타고 가면서 친구가 하는 말을 듣고 있었다. 그러다가 어느 대목에서 친구의 아내가 그냥 상황을 더 긍정적으로 보는 게 좋겠다고 하자, 친구가 반쯤 농담을 섞어서 이렇게 대꾸했다. "젠장, 말이야 쉽지."

인식 재구성과 관련한 난관 중 하나는, 자신의 경험을 건설적으로 재구성하는 법을 몰라서 오히려 부정적으로 재구성하는 함정에 빠지는 사람들이 많다는 것이다.[4] 이런 사람들은 곤경에 빠진 상황에서 타이어까지 펑크가 나면 '이 정도 어려움은 누구나 겪는 것이겠거니.'라고 생각하기보다는 '나는 역시 운이 안 따르는 사람이구나.'라고 생각하게 마련이다. 동료와 의견 충돌이 생기면 오해에서 빚어진 일이라고 생각하기보다 개인적 굴욕으로 받아들인다. 마찬가지로 우주정거장에서 화재가 발생하면 이번 임무는 완전히 글렀으며 애초에 여기 온 것 자체가 참담한 실수였다고 생각할 것이다.

일이 생기면 일단 걱정부터 하거나 한 문제를 계속해서 곱씹는 사람들에게서 인식 재구성이 오작동한 흔적을 아주 분명하게 찾아볼 수 있다. 어떤 일을 걱정할 때 원래는 문제를 해결하기 위해 인지적 통제 시스템이 작동하지만, 상황을 부정적으로 재구성하면 결국 일이 더 꼬이고 만다. 예를 들어, 어떤 파티에 참석하기가 두렵다고 해보자. 그럼 나는 가장 두려운 일이 실제로 일어나면 어쩌나 걱정하면서 머릿속에서 일련의 상황을 시뮬레이션할 것이다.

> 파티장에 들어갔는데 아는 사람이 한 명도 없네. 모두가 나를 불청객처럼 쳐다봐. 나랑 대화하던 친구가 다른 사람한테 가버려. 나는 꿔다놓은 보릿자루처럼 음료 테이블 옆에 멀뚱멀뚱 서있지. 모든 사람이 나를 힐끔거리며 쳐다봐.

이런 식의 부정적 재구성은 우리를 '걱정의 악순환worry loop'에 빠지게 한다. 그러면 결국 문제가 해결되기는커녕, 내가 시도한 인식 재구성이 오히려 더 큰 초조함과 두려움을 초래한다.

몇 년 전, 걱정이 많은 사람들 사이에서 재구성이 어떤 식으로 오작동하는지를 조사한 적이 있다. 이런 사람들은 친구나 치료사가 긍정적인 면에 집중하라고 해도 그렇게 하지 않는 경우가 많다. 왜 그럴까? 우리 연구팀은 그에 대한 이유를 찾고자 했다. 첫 번째 가설은 걱정이 많은 사람들은 애초에 긍정적인 면을 찾으려는 시도 자체를 안 한다는 것이었다. 그 대신 그들은 머릿속에서 걱정을 일으키는 '만일'의 상황에 대한 생각으로 자꾸만 돌아간다. 우리 연구팀은 두 번째 가설에 더 관심을 가졌는데, 그들도 다른 사람들의 조언에 따라 상황을 긍정적으로 재구성하려고 노력하지만 그런 시도가 그냥 실패하는 것일지도 몰랐다.

미시간 주립대학교의 임상 신경과학자 제이슨 모세르Jason Moser와 나는 걱정이 많은 사람들이 자신의 감정에 대한 사고방식을 바꾸려 노력하는 동안 그들의 뇌를 들여다보는 최초의 뇌영상neuroimaging 연구 중 하나를 진행했다.[5] 우리는 여성 71명에게 자신의 부정적 감정을 긍정적으로 재구성해 보라고 했다. 여성이 불안으로 고통받을 확률이 두 배 더 높았기 때문에 이 연구에서는 여성들을 피실험자로 선택했다. 우리는 피실험자들이 최대한 쉽게 과제를 수행할 수 있도록 실험을 짜놓았다. 그들에게 부정적 이미지가 담긴 사진들을 보여주되, 두려움을 극대화할 이미지보다는 감정을 덜 활성화하거나 개인적 관련이 없는 사진들을 보여주려고 했다. 그런 다음, 피실험자들에게 그 이미지들을 더 긍정적으로 보라고 해봤다.

　피실험자들이 과제를 수행하는 동안 우리 연구팀은 뇌전도electroencephalogram 장치를 사용하여 그들의 뇌 활동을 추적했다. 뇌전도 장치는 전극이 붙어있는 수영모같이 생겼는데, 뇌 안에서 심리적 과정이 얼마나 빠르게 작동하는지를 들여다볼 수 있게 해준다. 실험 결과, 우리는 쉽게 걱정에 빠지는 사람일수록 자신의 감정을 긍정적으로 재구성하는 데 어려움을 겪는다는 사실을 알 수 있었다. 뇌영상을 판독한 결과에 따르면, 그들은 다른 피실험자들보다 훨씬 더 노력하고도 부정적 감정을 줄이는 데 이렇다 할 성과를 내지 못했다.[6] 이 연구 결과는 내 친구의 "젠장, 말이야 쉽지." 이론을 뒷받침하는 신경학적 증거였다. 걱정이 많은 사람에게 자신의 감정을 긍정적으로 재구성해 보라고 아무리 부탁해도, 그리고 그 일을 아무리 쉽게 만들어줘도 그들은 여전히 재구성을 힘들어한다.

　어떤 상황을 재구성하려면, 그 상황을 다른 시점에서 바라봐야 할 때가 많다. 그래야 생각의 방향을 바꿀 수 있기 때문이다. 문제는 부정적 감정에 휩쓸리면 시야가 좁아지고 눈앞의 문제에만 초점을 맞추게 된다는 것이다. 이는 살면서 문제가 생겼을 때 우리가 으레 그래 왔던 방식이기도 하다. 이러한 줌인zoom in 현상은 우리가 부정적 감정에 빠져있을 때 어떤 언어를 쓰는지만 살펴봐도 알 수 있다. 예를 들어, '나는/나를/나의' 같은 말의 남용은 자신에게 지나치게 몰입한 상태를 알려주는 언어적 지표linguistic marker가 된다. 이는 셀카를 찍을 때 줌을 해서 자신한테 초점을 맞추는 행동과 비슷하다. 물론 이런 말들을 쓰는 게 보통은 잘못이 아니지만, 한편으로는 자신에게 얼마나 몰입했는지를 보여주는 신호가 될 수 있다는 사실이 연구를 통해 속속 밝혀지고 있다.

온라인 커뮤니티 플랫폼 레딧Reddit에 실연담을 올린 사람들의 소셜 미디어 게시물을 100만 건 이상 분석한 연구도 있다.[7] 연구팀은 사용자들이 실연 전후로 몇 년간 소셜 미디어에 올린 게시물들을 샅샅이 조사했고, 게시물에서 1인칭 대명사의 사용 빈도가 증가하는 현상을 바탕으로 사용자가 언제쯤 이별을 경험할지를 정확하게 예측할 수 있었다. 또한, 사용자들이 자신에게 줌인한 상태가 길어질수록, 즉 실연에 대해 계속 1인칭으로 게시물을 작성할수록 1년 뒤 상태가 더 안 좋아지는 것으로 나타났다. 다른 연구팀이 수행한 연구[8]에서는 페이스북(2021년 '메타'로 사명을 변경했다-옮긴이) 게시물의 1인칭 대명사 사용량을 바탕으로 사용자의 우울증 발병 가능성을 예측할 수 있었다!

몰입 상태를 알려주는 언어적 지표 및 그와 관련된 문제들을 살펴보면, 자신에게 줌인한 셀카 렌즈로 고통스러운 경험을 들여다보는 것이 문제를 더 크게 만든다는 사실을 알 수 있다. 얼굴에 난 커다란 여드름에 카메라를 가까이 가져다 댈수록 스트레스를 더 받고 여드름도 더 흉측해 보이는 것과 마찬가지이다. 게다가 부정적 감정이 격할수록 그것을 재구성하는 일은 더욱 어려워진다. 강렬한 감정에서 비롯하는 스트레스가 도움이 될 만한 여러 전략을 실행하는 데 필요한 신경 자원을 고갈시키기 때문이다.

그 작동 모델을 간단히 소개하면 이렇다. 당신의 눈 뒤쪽과 귀 위쪽에는 전전두엽 피질과 두정엽 피질이 자리한다. 이곳에 있는 뇌 영역 네트워크는 당신이 인식을 재구성하도록 돕는다. 어떤 목표(문제를 다른 시각으로 바라보기)가 생기면, 그 목표를 계속 염두에 두기 위해 작업기억working memory을 사용해야 하고, 주의를 산만하게 하는 다른 정보가 의식 세계로 들어오는 것을 막으면서, 해당 문제에 대안적 사고방식을 내놓아야 한다. 앞으로 펼쳐질 대화를 머릿속에 미리 그려본 사람이라면, 이 일에 주의력이 필요하다는 사실을 잘 알 것이다. 문제는 스트레스가 전전두엽 피질에 부정적 영향을 미친다는 점인데, 이로 인해 해당 뇌 부위에 있는 시냅스 사이의 연결이 약화한다. 심지어 일시적인 가벼운 스트레스조차 연구자들이 '전전두엽 인지 능력의 극적 손실'이라고 말하는 현상을 불러일으킬 수 있다.[9]

온갖 위기에 대비하도록 고도의 훈련을 받은 제리조차도 우주정거장 화재 때 추론 능력에서 약간의 버벅거림을 보였다. 아마도 스트레스의 영향이었을 것이다. 제리의 뇌는 창문을 열어서 연기를 밖으로 내보내라거나 신선한 공기를 찾아서 바닥으로 내려가라는 해결책을 떠올렸는데, 지구에서라면 통했겠지만 우주에서는 말도 안 되는 생각이었다. 스트레스가 더 강해지고 더 길어질수록 전전두엽 피질도 피로에 전다. 그러면 감정의 소용돌이에서 벗어나 문제를 효과적으로 재구성하는 일이 더욱 어려워진다. 이를 전력망에 발생한 전압 강하brownout에 빗대어 생각해 보자. 전압이 약해지면 불빛이 점점 흐려지고 와이파이도 자꾸만 끊긴다. 뇌에서 일어나는 일도 이와 비슷하다. 머리는 여전히 돌아가지만 최적의 상태에서 작동하고 있진 못하다.

그렇다면 재구성의 역설을 해결할 방책이 있을까?

모국어로 듣는 욕설이 더 찰진 이유

아직 딸들이 어려서 구명조끼를 입은 채 수영장을 떠다니던 시절, 나는 가끔 아이들과 함께 깊은 물에서 헤엄치곤 했다. 그러다가 간혹 뭔가에 겁을 집어먹은 아이들이 아빠가 구명정이라도 되는 듯 내 몸을 붙잡고 기어오르려고 안달일 때가 있었다. 하지만 안타깝게도 나 역시 머리가 물에 잠길 정도의 깊이였기 때문에 겁을 먹은 아이들에게 목말을 태워줄 처지까지는 못 됐다. 그래서 아이들의 구명조끼를 붙잡고 부드러운 목소리로 살살 달래면서 팔이 닿지 않을 거리만큼 떨어뜨려 놔야 했다. 이 방법은 아이들을 진정시키는 데 효과가 있었다. 또한, 나도 거리를 확보한 덕분에 익사의 위기에서 벗어나 아이들의 두려움을 해결할 수 있었다.

물에서 허우적거리는 어린아이들과 함께 수영하는 일은 격렬한 부정적 감정들에 둘러싸인 상태와 상당히 비슷하다. 살다 보면 절박하게 안전을 추구하지만 문제에 가까이 접근해서 그것을 재차 들여다보는 식으로 해결하려다가 상황이 더 나빠지는 경우가 많다. 이럴 때는 줌아웃 zoom out 하여 거리를 확보해야 당면한 문제에 매몰되지 않고 대응할 수 있다.

연구자로서 경력을 시작했던 초기에 나는 거리 두기 방법이 몇 가지밖에 없다고 생각했다. 벽에 붙은 파리가 되어 자신의 문제를 관찰해 보라. 명상하라. 여력이 된다면 여행을 떠나라. 하지만 나중에 알고 보니 이것들 말고도 다양한 거리 두기 방법이 있었다. 예를 들어, 만일 당신이 여러 언어를 구사할 줄 아는 다중언어 화자라면 말 그대로 혀끝에 이점이 하나 있는 셈이다.

실제로 우리의 모국어와 감정 사이에 연관성이 존재한다는 연구 결과가 있다.[10] 모국어는 태어나서 가장 먼저 배우고 세상에 대해 사고할 때 사용하는 언어이다. 처음으로 겪는 인생의 크나큰 승리와 쓰디쓴 패배도 모두 모국어로 경험한다. 그 결과, 감정은 나중에 습득한 제2 언어보다 모국어를 쓸 때 더욱 강렬하게 느껴진다. 욕설은 더 큰 타격감이 있고, 금기는 더 께름칙하며, 부끄러운 사건들은 더 민망하게 느낀다. 우리는 감정을 모국어로 배우기 때문에 어떤 감정 경험과 그를 언급할 때 사용하는 모국어 단어는 매우 강력한 연관성을 가진다.

 이와는 반대로, 제2 언어로 이야기할 때는 단어의 감정적 무게로부터 영향을 덜 받으므로 침착함을 유지하기가 더 쉬워진다. 실제로 사람들이 외국어로 사고하면 더 객관적으로 추론하고, 의사결정에서 편향이 줄어든다는 연구 결과도 있다. 이런 현상을 '외국어 효과foreign language effect'라고 부른다. 그러므로 만일 당신이 다중언어 화자라면, 당신의 뇌에는 제2 언어라는 스위치를 누르기만 하면 바로 접속할 수 있는 감정 조절 앱이 설치돼 있는 셈이다. 설령 당신이 다중언어 화자가 아니라고 해도 여기서 우리는 언어와 감정에 관한 중요한 교훈을 얻을 수 있다. 이러한 연구 결과들은 언어의 작은 전환으로 우리가 자신과 관계 맺는 방식을 바꾸고 결과적으로 감정 조절 방식까지 변화시킬 가능성을 보여준다. 설령 당신이 제2 언어를 모른다고 해서 부랴부랴 외국어 학습지를 구독할 필요는 없다. 언어를 활용해 감정을 전환하는 훨씬 손쉬운 방법이 있으니 말이다.

거리를 둔 자기 대화, "너는 할 수 있어"

2022년 윔블던 남자 단식 8강 시합 초반, 1번 시드를 배정받은 노바크 조코비치Novak Djokovic가 약관의 신예 얀니크 신네르Jannik Sinner를 만나 뜻밖에도 수세에 몰렸다.[11] 5 대 7, 2 대 6으로 두 세트를 연달아 내준 조코비치는 테니스계의 작전 타임인 '화장실 휴식toilet break'을 요청했다. 잠시 뒤 조코비치는 라커룸에서 달려 나와 경기를 재개하더니 상대를 몰아붙이기 시작했다. 이후 6 대 3, 6 대 2, 6 대 2로 연달아 세 세트를 따낸 조코비치는 신네르에게서 승리를 거뒀고 끝내 윔블던 우승컵을 거머쥐었다.

어떻게 전세를 역전했는지, 그리고 화장실에서 뭘 했는지 나중에 사람들이 질문을 퍼붓자, 조코비치는 그때 가장 절실했던 격려의 말을 자신에게 들려줬다고 답했다. 라커룸의 거울 앞에 서서 자신의 눈을 똑바로 보며 이렇게 말했다고 한다. "넌 할 수 있어. 너 자신을 믿어. 중요한 건 지금이야. 지나간 일은 다 잊어. 지금부터 새로운 경기가 시작되는 거야. 가자, 챔피언." 진부하기 짝이 없는 이 말이 실제로 효과가 있었다.

이 이야기에서 내게 인상적인 대목은 조코비치가 이뤄낸 믿기 힘든 역전극이 아니다. 조코비치가 자신에게 격려의 말을 건넸다는 사실도 크게 중요하지 않다. 가장 눈에 띄는 건 조코비치가 사용한 대명사이다. 당시 조코비치는 "나는 할 수 있어."라고 말하지 않았다. "너는 할 수 있어."라고 말했다.

언뜻 하찮아 보이는 언어의 이 미세한 변화가 무엇보다 중요하다. 왜 그럴까? 누구나 경험해 본 일일 테고, 전작 『채터, 당신 안의 훼방꾼』에서도 다룬 사실이지만, 인간은 자신보다 남에게 훨씬 쉽게 조언한다. 이 현상을 '솔로몬의 역설Solomon's paradox'이라고 부르는데[12] 『구약성서』에 나오는 솔로몬 왕의 이름을 딴 명칭이다. 솔로몬 왕은 다른 사람들에게 아낌없이 지혜를 나눠주면서도 정작 본인은 어리석은 실수를 저지를 때가 많았기 때문이다. 그는 혼외 관계로 여러 번 문제를 일으켰고 결국 스스로 파멸을 초래했다.

'너'라는 말로 나지막이 자신을 지칭하면서 이야기하는 것을 '거리를 둔 자기 대화distanced self-talk'라고 하는데, 그 작동 원리를 설명하면 이렇다.[13] '너'는 대개 타인을 생각하거나 지칭할 때 사용하는 말이다. 따라서 조코비치가 그랬던 것처럼 자신을 지칭할 때 이 말을 사용하면, 자기 자신과 거리가 생기면서 관점이 전환된다. 마치 다른 사람을 생각하듯이 자기 자신을 생각하게 되는 것이다. 약간 기이하고 사소해 보이는 이 언어적 전환은 결과적으로 꽤 큰 차이를 낳는다. "나는 스트레스를 잔뜩 받았어."와 "너는 스트레스를 잔뜩 받았어." 사이에 어떤 차이가 있는지 생각해 보자. 내가 스트레스를 받았다고 하면 공황, 가슴 뜀, 끊이지 않는 불안이 느껴질 수 있다. 그런데 다른 사람이 스트레스를 받았다고 하면 연민, 공감, 그들의 긴장을 다독여 주고 싶다는 마음이 든다. '너'라고 부르면서 자신에게 말을 걸면, 자신에게 '다른 사람'의 배역을 맡기는 셈이다. 그러면 자신의 상황을 다른 관점에서 보고 느낄 수 있게 된다. '나' 대신 자기 이름이나 '그/그녀' 같은 3인칭을 사용하는 것도 '너'와 거의 똑같은 언어 전환 장치 노릇을 한다.[14] '힘내, 이선. 너는 이번 장을 끝까지 쓸 수 있어!'

저 멀리 우주에 머물던 제리 리넨저도 거의 즉시 '거리를 둔 자기 대화'에 돌입했다. 아마 그게 뭔지도 몰랐겠지만 말이다. 맨 처음 경보음이 울렸을 때, 그는 두려움을 마음 한구석에 잘 '밀어놓고' 자신에게 격려의 말을 건네기 시작했다.

"좋아, 제리. 네가 나서야 할 때야. 지금 너한테는 산소가 필요해. 넌 이제 움직이기 시작해야 해."

미르의 승무원 세 명이 우주정거장의 비상탈출용 캡슐을 준비하러 따로 움직이는 동안, 제리와 다른 우주비행사 한 명은 자리를 지키며 소화기를 사용해 불에 맞서 싸웠다. 둘은 서로의 모습이 잘 보이지도 말이 들리지도 않았기 때문에, 이따금 손을 흔들어 서로가 괜찮은지 확인하며 소통해야 했다. 고투 끝에 불길이 마침내 1미터 정도까지 잦아들었다. 14분 뒤, 더 태울 게 없어지자 불길은 제풀에 사그라들었다. 앞으로 이 사건은 우주에서 일어난 최악의 화재 중 하나로 역사에 길이길이 남을 터였다. 그나마 탑승자 전원이 살아남은 것이 기적이었다.

훗날 제리는 당시의 비상사태 동안 머릿속에서 생각이 두 갈래로 나뉘었다고 회상했다. 하나는 '합리적 생존자 모드$^{rational\ survivor\ mode}$'였는데, 미 해군 소속 비행 군의관으로 일하면서 수년간 연마한 것이었다. 세 군데 총상을 당한 환자를 치료해야 했던 응급실

의사 시절의 경험도 도움이 됐다. 합리적 생존자 모드에 들어가면 행동 목록이 머릿속에 주르르 떠오르고, 그것들을 해낼 수 있다는 자신감과 결단력이 함께 샘솟았다.

다른 하나는 난데없는 생각들이 떠오르는 '와일드카드wild card'였다. 실제로 제리의 머릿속에는 두려움, 걱정, 별 도움이 안 되는 지시들, 미래에 대한 예상 등이 난데없이 떠올랐다. 이러한 계통의 사고는 예측할 수 없고, 반사적으로 떠오르며, 때로는 황당무계하기까지 했다. 우주에서 창문을 열라고? 정말로?!

이처럼 '거리를 둔 자기 대화'는 '너'를 둘로 나눈 듯한 효과를 낸다. '감정을 가진 너'와 '감정을 뚫고 나아가게끔 코치하는 너'로 말이다. 제리가 두 갈래의 생각을 언급한 순간, 내가 스트레스에 시달릴 때 자기 대화 모드로 전환하는 방식이 곧바로 떠올랐다. 자기 대화 모드에 들어가면, 감정들을 완전히 차단하지는 못하더라도 그 흐름에서 빠져나와서 그것들을 있는 그대로 더 명확하게 바라볼 수 있고, 지금 내가 해야 할 일이 무엇인지 차근차근 자신에게 말해줄 수 있다. 가장 좋은 점은 이런 식으로 자신의 감정 코치가 되는 훈련을 내면에서 조용히 해나가는 게 가장 덜 수고로운 감정 전환 방법이라는 사실이다.

내가 제이슨 모세르의 팀과 함께 진행한 신경과학 실험[15]에서는 피실험자들이 '거리를 둔 자기 대화'를 활용하여 감정을 조절하면 불과 몇 초 만에 부정적 감정을 덜 경험하는 신호가 나타났다. 게다가 이 방법을 활용하면 노력의 소모를 추적하는 뇌파가 활성화되지 않았다. 이는 이 방법이 귀중한 전전두엽 자원을 과도하게 소모하지 않는다는 생각과도 일맥상통한다.

다른 연구[16]에서도 사람들이 자신의 감정을 재구성하려 노력할 때 '거리를 둔 언어'를 많이 사용할수록 더 큰 효과를 거둔다는 사실이 밝혀졌다. 이 방법이 다양한 상황에서 두루 이점을 발휘한다는 사실도 입증됐다. 사람들이 과거의 상처나 미래에 대한 걱정을 곱씹을 때, 데이트나 중요한 면접을 끝낸 뒤 감정이 격해져 부정적 감정들과 씨름할 때도 이 방법은 효과가 있었다. 이런 맥락[17]에서 거리두기 대화 기법은 사람들이 감정을 느끼는 방식, 그들의 몸에서 일어나는 생리적 반응(더 차분해진다), 자신에게 말을 거는 방식(더 진취적이고 낙관적인 태도가 된다)에 도움을 주는 것으로 확인됐다.

이 방법을 활용하여 치료 현장에서 어떤 효과를 거두었는지 탐구한 연구도 있다.[18] 프린스턴 대학교의 심리학자 에리크 누크$^{Erik\ Nook}$와 하버드 대학교의 동료 연구자들이 토크스페이스^{Talkspace}의 치료 기록 120만 건 이상을 정밀 분석한 연구였다. 토크스페이스 앱은 정신건강 문제로 고통받는 이들을 인지 행동 치료 전문가와 연결해 주는데, 인지 행동 치료는 사람들의 사고방식을 재구성하는 치료 기법이다. 치료 세션이 진행될수록 참여자들이 자신의 감정에 대해 말할 때 '거리를 둔 언어'를 점점 더 많이 사용하는 양상을 보였고, 이는 그들이 감정을 느끼는 방식이 개선된 것과도 연관성이 있었다.

'거리를 둔 자기 대화'는 다른 면에서도 유용하다. 한 연구 결과에 따르면, '거리를 둔 자기 대화'는 사회 갈등에 대해서도 더욱 지혜로운 추론이 가능하도록 도왔다.[19] 연구팀은 1개월간 연구를 진행하면서 피실험자들에게 일기를 쓰게 하되, 이들을 두 집단으로 나누어 한 집단은 자신의 문제를 1인칭 언어로 적게 하고 다른 집단은 '거리를 둔 언어'로 적게 했다. 나중에 일기들을 모아서 살펴보니, '거리를 둔 언어'를 사용한 집단에서 현명한 추론wise reasoning의 증거가 더 많이 목격됐다. 이들은 더 개방적인 태도로 타인의 관점을 잘 수용했고, 지적 겸손함의 신호도 더 많이 보였다.

사람들은 내가 부정적 감정의 악순환에 빠졌을 때 어떻게 대처하는지를 자주 묻는다. 그럴 때면 항상 나는 학자연하며 어떤 도구도 만능은 아니라고 덧붙이지만, 결국에는 '거리를 둔 자기 대화'가 쉽고 효과도 큰 만큼 평소에 내가 선호하는 방법이라고 털어놓는다. 하지만 내가 과학에 근거한 거리 두기 방법 중 '거리를 둔 자기 대화'에만 의존하는 것은 아니다. 나는 대중의 상식과 정면으로 배치되는 방법도 애용한다. '지금 이 순간에' 머무르는 대신, 그 순간을 되도록 빨리 지나치도록 하면서 말이다.

머릿속 시간 여행을 떠나보자

인간의 정신세계에서 내가 가장 놀랍다고 여기는 특징은 머릿속에서 시간 여행이 가능하다는 점이다. 어린 시절의 기억을 생생하게 떠올릴 때, 멋진 휴가를 떠날 수 있다면 과연 어떨까 미리 상상할 때 우리는 머릿속으로 시간 여행을 하는 셈이다. 과거의 부정적 경험에 대한 의미를 찾기 위해서 타임머신에 올라탔다가 기계가 고장 나는 바람에 그 경험을 계속 곱씹게 될 때도 더러 있다. 때로는 미래에 발목을 잡혀서 최악의 시나리오를 전부 시뮬레이션하며 불안의 바다에서 헤어나지 못하기도 한다.

이런 일들이 벌어질 때는 현재에 다시 집중하는 것도 하나의 해결책이다. 이는 마음챙김 수행의 기본이기도 한데, 오랫동안 세월의 검증을 받은 방법으로 과학적 근거도 풍부하다. 이것이 무척 쓸모 있는 감정 조절 도구라는 사실에는 의심의 여지가 없다. 하지만 우리가 겪는 감정의 소용돌이에 대한 해독제로 오로지 '현재'만을 처방하면 결정적 진실 두 가지를 보지 못하게 된다.

첫째, 늘 현재에 머물고자 애쓰는 사람들은 끝내 절망하게 마련이다. 그것은 불가능한 일이기 때문이다. 인간의 마음은 시간 여행을 하도록 진화했다. 이 세상에는 그저 현재를 살면서 여기 이 경험에서 저 경험으로만 이동하면서 살아가는 종도 있다. 그리고 이런 종들은 무수히 많은 다리와 커다란 더듬이를 달고 있는 경향이 있다. 바퀴벌레와 거미, 그 밖에 다리로 기어다니는 징그러운 벌레들을 한번 생각해 보라. 머릿속으로 시간 여행을 하는 능력은 인간을 이런 벌레들뿐만 아니라 지구상의 다른 모든 종과 구별 짓는 특성이다. 이 능력은 인간이 과거의 경험에 의미를 부여하고, 미래에 대비해 계획을 세우고, 혁신을 이루고, 창조를 꾀하게 하는 중요한 도구이다.

둘째, 더욱 효과적인 시간 여행법을 배우는 일은 실제로 가능하다. 사람들이 현재에 머물라는 조언을 하는 이유 중 하나는 우리가 부정적 과거나 미래에서 도무지 빠져나오지 못하기 때문인데, 이것은 분명 건강하지 못한 상태이다. 하지만 과거나 미래와 연결되지 못하면 과거의 지식이나 미래에 대한 계획을 바탕으로 좋은 결정을 내릴 수 없다. 현재에 머무르는 것은 때로 더할 나위 없이 좋은 일이지만, 늘 그런 것은 아니다.

그러니 다음에 위기에 처한다면 시간 여행 능력에 기대보자. 이 능력은 때로 아킬레스건이 되지만, 한편으로는 우리 인간이 가진 일종의 초능력이 될 수도 있다.

과거로 돌아가라

- 지금과 비슷한 일을 겪은 적이 있는가? 그때는 어떻게 대처했나?
- 과거 경험으로부터 배운 교훈 중 지금 활용할 수 있는 것은?

- 지금보다 더 힘든 일을 겪어봤다면, 이번에도 이겨낼 수 있다는 사실을 알 것이다.

만일 지금 맞닥뜨린 일보다 더 힘든 일을 겪어보지 못했더라도, 과거 경험 중 일부는 어떤 식으로든 내가 미래를 대비하는 계기가 됐을 것이다. 또한, 과거의 경험을 공유해 주는 이들 역시 삶에서 더없이 중요한 길잡이가 되는데, 이들에게서 얻은 폭넓은 관점을 통해 내게 닥친 시련을 삶, 생존, 인내라는 더 긴 여정 속에서 바라보게 된다. 나는 시련이 닥칠 때면 우리 할머니를 떠올리곤 한다. 할머니라면 그 일들을 어떻게 이겨내셨을까 생각하다 보면, 나도 내 문제를 감당할 수 있다는 생각이 든다.

미래에 자신을 투영하라
- 일주일 뒤에 이 사건을 어떻게 느낄까? 한 달 뒤에는? 1년 뒤에는?
- 지금으로부터 수십 년 뒤 인생의 마지막 순간에 이르렀을 때 이 사건은 어떤 의미일까?

앞서 비행기에서 딸의 목숨을 구했던 루이사도 한때 여느 초보 부모처럼 고생이 이만저만이 아니었다. 갓난아기에게 수시로 젖을 먹이느라 밤을 꼬박 지새울 때면 진이 빠지고, 외롭고, (그녀의 표현에 의하면) 피로에 절어 비참했다. 이 우울한 기분에서 벗어날 방법이 필요했다. 그녀의 머릿속 한편에서는 이런 날들도 순식간에 지나갈 테니 아기와 즐겁게 지낼 방법을 찾아야 한다고 외치고 있었다.

"그 긴 밤들을 견디기 위해 딸아이가 유치원생이 된 모습을 상상하기 시작했던 게 기억나요." 루이사가 이렇게 말했다. "그렇게 하니까, 새벽 3시에 깨어있어야 한다는 힘들었던 감정에서 벗어나 인생 전체를 놓고 보면 이 시간은 아주 짧을 뿐이라고 한결 수월하게 생각을 전환할 수 있었어요." 어느새 훌쩍 키가 크고 다리도 길어져서 더는 아기가 아닌 딸의 모습을 머릿속에 그리면 아기를 향한 강렬한 그리움이 느껴졌다. 그러고 나서 아래를 내려다보자 여전히 자신의 품에 안겨 있는 아기가 눈에 들어왔다. 그 순간 현재에 대한 감사함이 물밀듯 밀려들었다. 잠깐의 시간 여행만으로도 그런 감정이 솟아올랐다.

정신적 시간 여행이라는 도구[20]는 영원한 것은 없다는 생각을 우리에게 의식적으로 떠올리게 한다. 가령 스트레스를 유발하는 일이 미래에 어떻게 느껴질지를 생각해 보면, 지금 당장은 힘들지언정 언젠가는 다 지나가리라는 사실을 깨닫고 현재를 대처하는 데 필요한 힘이 솟는다. 슬픔이나 비탄에 빠져 있으면, 그 감정이 영원한 것은 아니라고 생각하기가 어려울 수 있다. 하지만 세상만사는 늘 변하는 법이다. 욕망, 상황, 신념 등 모든 것이 변한다. 줌 아웃을 통해 '이 또한 다 지나가리라.'라는 지혜를 기억해 낼 수 있다면, 인생에 영원한 것은 없다는 생각이 들며 기분이 한결 나아질 것이다.

태도는
선택할 수 있다

관점을 바꾸면 감정 반응의 진폭을 한층 낮출 수도 있다. 자식을 잃거나 말기 진단을 받는 등 극도로 고통스러운 상황에서는 관점 전환이 확실히 쉽지 않으며 불가능하게까지 느껴진다. 하지만 이런 상황에서도 관점 전환은 가능하다. 비록 다소 시간이 걸리고 예상치 못한 형태로 나타날 수도 있겠지만 말이다.

빅 스트레처Vic Strecher[21]는 열아홉 살 딸이 심장 질환으로 세상을 떠나자, 칠흑 같은 우울 속으로 걷잡을 수 없이 빠져들었다. 딸이 죽은 지 3개월이 지났을 때였다. 어느 날 아침 빅은 새벽 다섯 시에 잠에서 깨서는 미시간호 호숫가로 걸어갔다. 그러고는 자신의 카약에 올라타서 얼어붙을 듯 차가운 강물을 가로지르기 시작했다. 수 킬로미터는 됨직한 거리를 노 저어 가면서 이렇게 생각했다고 한다. '이대로 위스콘신주까지 갈 수도 있겠네.' 그러다가 호수 밑바닥으로 가라앉아도 상관없다는 생각이 마음 한구석에 들었다. 그 순간 지평선 위로 해가 떠올랐고 어떤 목소리가 말을 걸어왔다. 딸 줄리아의 목소리 같았다.

"아빠, 이겨내야죠." 그 목소리에 빅은 몽상에서 깨어났다. 빅은 딸의 눈으로 멀찍이서 자신의 모습을 바라봤다. 그때 그는 속옷 차림으로 카약을 탄 채 미시간호 한가운데에 떠있었다. 자기 자신, 자신의 고통, 상실, 자아에 너무 몰두한 나머지 거기서 헤어나지 못하고 있었다.

그날 빅은 호수 바닥으로 가라앉지 않았다. 노를 저어 다시 호숫가로 돌아왔고, 부엌 식탁에 앉아서는 자신에게 이렇게 말했다. "이봐, 넌 행동과학자야. 너 자신을 고칠 수 있어야지. 그것도 못하면서 행동과학자라고 할 수 있어?" 그렇게 한동안 '거리를 둔 자기 대화'의 시간을 가진 뒤, 자리에서 일어나 옷을 챙겨 입고 일상으로 돌아갔다. 그날 이후로 빅은 미시간호에서 자신이 되찾은 것, 즉 '삶의 목표'를 다른 사람들도 찾을 수 있도록 온 힘을 다해 돕고 있다. 그날 짧지만 강렬했던 관점 전환의 순간은 빅의 목숨을 구했을 뿐만 아니라, 그에게 완전히 새로운 길을 열어줬다. 그렇다고 해서 빅이 사랑하는 딸을 잃었다는 사실이 달라진 것은 아니었다. 하지만 빅은 상실 이후의 삶을 살아갈 목표를 얻고 새로운 여정에 발을 디딜 수 있었다.

여기서 분명히 강조할 점은 관점 전환을 비롯해 지금껏 설명한 감정 전환 도구를 어떻게 사용할 것인지에 관한 것이다. 평소 우리는 감정 전환 도구를 시련, 즉 실망, 걱정, 실수를 극복하는 데에 자신도 모르게 활용할 수 있다. 그런데 이 도구는 우리가 인생에서 가장 버티기 힘든 시절을 헤쳐 나오려 할 때도 기댈 수 있다. 단지 위기를 딛고 '살아남는' 것을 넘어 거기서 나름의 의미도 찾을 수 있다.

폴 칼라니티Paul Kalanithi는22 역작으로 길이 남을 회고록 『숨결이 바람 될 때』에서 자신의 인생 계획이 절대 이뤄질 수 없다는 생각이 들었을 때 얼마나 참담한 슬픔과 분노가 일었는지를 이야기했다. 가족과 함께 하고 싶었던 일, 의사로서 이루고 싶었던 일, 살면서 이것저것 하고 싶었던 일들을 말기 암으로 더는 할 수 없게 됐다. 하지만 외과의사이자 평생 호기심이 가득했던 학생으로서 이렇게도 생각했다. '늘 죽음이 무엇인지 이해하고자 했던 젊은이에게 말기 암은 완벽한 선물이 아닐까?' 이 책이 그려내는 초상화에서 감정적 과정은 선형적이거나 깔끔하게 풀리지 않고, 시간을 왔다 갔다 하며 한 발 떨어진 시점에서 작가 자신을 바라본다. 작가가 자신을 1인칭 대명사가 아니라 '젊은이'라고 지칭하는 사실만 봐도 그렇다. 악보가 끝날 때까지 장조와 단조를 오가는 노래처럼 그 과정은 계속된다.

말기 암 환자의 마음을 함부로 아는 체할 수는 없겠지만, 누구나 살면서 상실을 여러 차례 겪는 만큼 세상에 우리를 송두리째 뒤흔드는 일이 있다는 사실은 잘 안다. 그러므로 관점 전환 작업은 의미 있는 삶을 살아간다는 더 장기적인 프로젝트의 일부라고 할 수 있다. 평생에 걸쳐 고된 경험을 겪는 동안에도 근본적으로는 의미에 의해 정의되는 삶을 살아가는 것이다. 이러한 관점 전환 전략은 우리 삶에 누적 효과를 발휘할 수 있는 잠재력을 지닌다. 얼핏 보기에 사소한 '미세 전환micro-shift'이 쌓여서 1일, 1주, 1년이 되는 동안 우리는 감정 상태를 더욱 수월하게 오가면서 스트레스를 덜 받고, '고착 상태stuckness'는 덜 경험하며, 기쁨을 더 많이 느끼게 된다. 인생의 큰 시련을 만났을 때도 마찬가지이다. 인간이라면 누구나 상실과 트라우마처럼 피할 도리가 없는 시련을 겪게 마련인데, 단지 한순간에 '전환'으로 빠져나올 수 있는 일들은 아니다. 이럴 때 관점 전환 같은 도구들은 일종의 구명보트 역할을 하므로, 거기 기대어 잠시 쉬다가 기운을 회복한 뒤 다시 뛰어들면 된다.

어떤 상실은 우리를 영원히 변화시키기도 한다. 이때 필터를 바꿔 끼는 일이 우리가 느끼는 고통을 부인하는 것을 의미하지는 않는다. 오히려 그 고통이 삶이라는 더 긴 이야기의 일부로서 어떤 의미를 지니는지 탐구하며, 앞으로 어떤 이야기가 펼쳐질지에 대해 어느 정도 주도성을 갖는다는 뜻으로 이해해야 한다. 홀로코스트 생존자이자 정신과 의사였던 빅터 프랭클Viktor Frankl[23]은 2차 세계대전 중 신체적·감정적 고문을 당하며 한 사람이 견딜 수 있는 최악의 경험을 재구성하여 글로 써냈다. 그는 이런 명언을 남겼다. "인간에게서 모든 것을 빼앗아 가도 단 한 가지는 절대 빼앗을 수 없다. 어떤 상황에 처하든 자신의 태도를 스스로 선택하고 자신의 길을 선택하는 마지막 자유만은 인간에게서 빼앗아 갈 수 없다."

✹ ✸

감각이라는 원초적 힘을 활용하기, 주의력을 유연하게 사용하기, 관점을 바꾸기 등 우리가 이미 내면에 갖고 있던 감정 조절 도구를 하나씩 꺼내서 지금까지 살펴봤다. 이것들 전부 여러분이 지금 어디에 앉아있든, 어떤 감정을 느끼든 당장 손에 쥐고 활용할 수 있는 아주 중요한 감정 조절 도구이다. 어디든 가지고 다닐 수 있고, 언제든 필요할 때마다 꺼내 쓸 수 있기도 하다. 그게 바로 이 도구들의 매력이다.

하지만 인간은 폐쇄적인 시스템이 아니다. 우리는 세상 속에서 살아가는 존재이다. 세상을 흡수하고 처리하며, 그것의 영향을 받는다. 우리를 둘러싼 공간, 사람들, 문화가 우리가 영위하는 감정적 삶의 강도, 지속 기간, 공명에 영향을 미친다. 이 요소들은 그 자체로 감정 전환 도구이기도 하지만, 내면의 다른 도구들을 활성화하는 역할도 하면서 더없이 강력한 힘을 발휘한다. 대체로 이 요소들은 우리의 통제력을 벗어나 있는 것으로 치부하기가 쉽다. 비좁은 원룸에서 사는 일, 다른 사람이 버럭 화내는 일, 유해한 업무 환경에서 근무해야 하는 일을 우리가 어쩔 수 있단 말인가. 음, 그런데 이게 그렇기도 하고 아니기도 하다.

내면뿐만 아니라 우리의 바깥에도 사용할 수 있는 도구들이 있다. 어떤 이유로 내면의 전환 도구들이 뜻대로 움직이지 않을 때 바깥의 도구들에 손을 뻗어볼 수 있다. 그러면 이 도구들이 어떻게 작동하는지 알아보기 위해, 세상에서 가장 유명한 행복 전문가 중 한 명이 왜 세상에서 가장 깊은 우울에 빠져서 벗어나지 못했는지를 살펴보자.

part 3

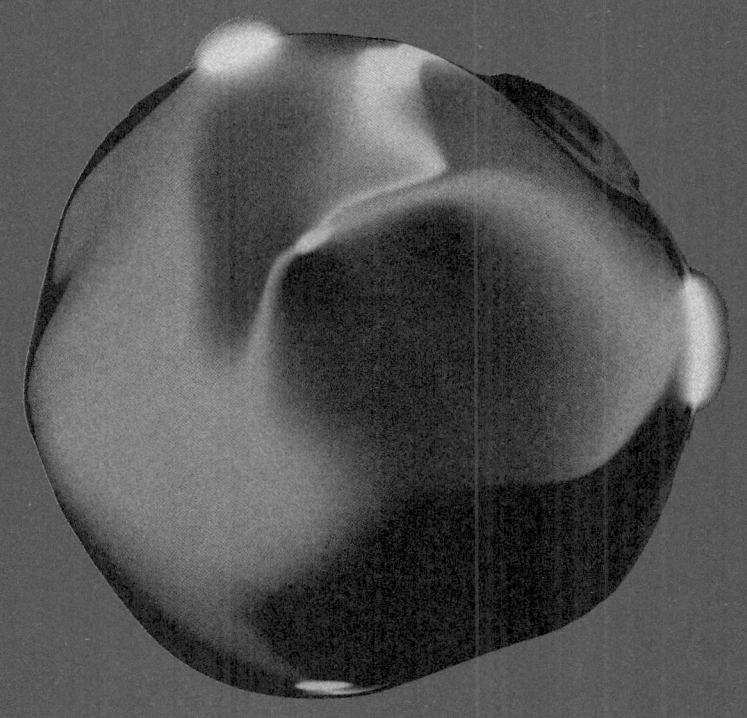

밖에서 안으로의 전환

 chapter 6

감정에도 오아시스가 필요하다
도구④ 공간 전환

우울증에 걸린
행복 전문가

2019년 가을, 로리 산투스Laurie Santos[1]는 일이 너무 바쁜 나머지 교황의 요청을 거절할 수밖에 없었다.

늘 주변을 기쁘게 하는 가톨릭 집안의 착한 딸로 자란 그녀는 적어도 이렇게 느꼈다. 바티칸에서의 강연 초청은 더없이 영광스러운 일이었지만, 테트리스 게임판처럼 꽉 찬 업무 일정표에 도무지 다른 일정을 끼워 넣을 여지가 없었다. 2018년 한 해 동안 로리는 학생들에게 하지 말라고 신신당부했던 일, 즉 너무 많은 것을 떠안은 채로 지냈다. 상황이 그렇게 된 데는 이유가 있었다. 로리는 일생에서 한 번 찾아올까 말까 한 출세 가도에 올라 신나게 달리는 중이었다. 문제는 그녀가 이 길에서 내려올 방법을 알지 못한다는 것이었다. 심지어 거기서 정말 내려오고 싶은지도 모르는 상태였다.[2]

로리는 예일 대학교의 심리학 교수였다. 자신의 연구실을 따로 운영했고, 꽉 찬 강의 일정을 소화했으며, 얼마 전에는 예일 대학교에서 가장 규모가 큰 기숙대학인 실리만 칼리지의 학장으로 임명된 터였다. 많은 이가 선망하는 자리를 맡으면서 그녀는 엄청나게 큰 기숙사 건물 안에서 학생들과 함께 숙식하며, 단체 행사를 기획하고, 학생들의 복지 전반을 세심히 살펴야 했다. 한마디로 아이비리그의 보모가 된 셈이었지만, 로리는 자신의 일을 사랑했다. 곧 로리는 학생들에게 도움이 절실하다는 사실을 깨달았다. 그녀가 '심리학과 행복한 삶Psychology and Good Life'이라는 강의를 구상하면서 제법 인기를 끌겠다고 생각한 이유도 이 때문이었다. 하지만 이 강의가 너무 인기를 얻어서 그녀의 삶이 송두리째 뒤바뀔 줄은 미처 생각지 못했다.

수강 신청 첫날, 900명 이상의 학생이 로리의 강의를 신청했다. 수강 신청이 끝나갈 무렵에는 예일 대학교 학부생의 4분의 1이 수강생 명단에 이름을 올렸다. 학기가 시작되고 몇 주 지나지 않아 《뉴욕타임스》에서 로리의 강의가 인기라는 기사를 실은 뒤 언론의 취재 요청이 쇄도했다. 대부분의 강의 시간 동안 로리는 스웨터에 마이크 두 개와 부츠에 배터리 팩 두 개를 단 채 수업을 진행해야 했다. 마이크 하나는 온라인 교육 플랫폼인 코세라^{Coursera}에 보낼 강의 녹음용, 다른 마이크는 수시로 그녀를 촬영하던 언론사들에 제공할 오디오 녹음용이었다. 로리는 똑같은 옷을 너무 자주 입지 않도록 엑셀로 의상 점검표를 만들어 관리하기도 했다. 강연을 위해 일주일에 몇 번씩 새벽 4시에 뉴욕에서 출발하는 비행기를 타고 떠났다가 저녁 식사 시간까지 돌아오기 위해 서둘러서 다시 비행기를 타는 일이 반복됐다.

'심리학과 행복한 삶' 강의를 시작하고 얼마 지나지 않아, 로리는 팟캐스트를 해보자는 제안를 받았고 프로듀서와 함께 파일럿 에피소드를 준비하기 시작했다. 그동안에도 그녀는 학생들을 가르치고, 연구실을 운영하고, 학생들과 함께 생활하는 일을 멈추지 않았다. 핼러윈데이에는 유령의 집 행사를 열었고, 이메일에 끊임없이 답장했으며, 학생들이 제때 기숙사에 돌아오지 못해서 죽어가던 식물들을 살리기도 했다. 얼마 지나지 않아 로리의 팟캐스트 〈행복 실험실$^{The\ Happiness\ Lab}$〉이 엄청난 인기를 끌면서 그녀를 행복 전문가의 반열에 올려놨다.

급작스레 성공과 명예를 거머쥐면서 그에 따른 감정적 어려움이 순식간에 그녀를 덮쳐왔다. 로리의 삶은 분명 꿈꾸던 것이었지만, 한편으로 그녀는 끊임없이 스트레스를 느꼈다. 마치 햄스터가 쳇바퀴 여러 개를 번갈아 가며 달리려다가 고꾸라지기를 반복하는 꼴 같았다. 책상 위에 엎드린 채로 잠들기 일쑤였고, 휴일에는 놓친 업무를 따라잡기 위해 저널에 실린 논문들에 파묻혀서 지냈다. 하루하루 그녀의 퓨즈가 타들어 가고 있었다.

그러던 어느 날, 방음 설비가 완비된 팟캐스트 부스에 앉아서 녹음하다가 자신이 자꾸만 게스트의 이름을 엉뚱하게 발음한다는 사실을 알아차렸다. 주위에 아무도 없는 상황이라 그랬는지, 순간 그녀의 감정이 폭발하듯 터져 나왔다. 그녀는 목청껏 고래고래 소리를 질렀고, 실수로 노트북을 세게 내려치는 바람에 키보드를 망가뜨렸다. 로리는 머쓱한 채로 노트북을 IT 부서로 가져가 수리를 맡겼다.

로리는 사랑하는 학생들, 남편, 친구들과 시간을 충분히 함께 보내지 못하는 데 죄책감을 느꼈다. 로리의 일정표는 숨 막힐 정도로 빽빽했고, 사람들을 늘 기쁘게 하려는 그녀의 성격이 모든 것을 더 꼬이게 만들었다. 자신에게 도움이 시급하다는 사실을 로리도 모르진 않았다. 그래서 치료사를 고용해 주 2회 상담을 받으면서 무엇이 잘못됐는지를 알아내려 애썼다. 그녀는 바티칸의 초청 같은 일들을 거절하는 법을 배워나갔고, 자신이 수업이나 팟캐스트에서 청중에게 전하고자 했던 지혜를 유념하려 필사적으로 노력했다.

- 자신을 위한 시간을 가져라.

- 먹구름 속에서도 한 줄기 빛을 찾아라.
- 일기를 써라.

문제는 자신이 그중 무엇도 실천하지 못하고 있다는 사실이었다. 상담 시간에 자신의 감정을 이야기하는 일이 어느 정도 도움은 됐지만, 상황을 바라보는 방식까지는 바꿀 수 없었다. 그녀는 여전히 혼란스럽고 짓눌리는 느낌이었다. 상황을 개선하려는 갖은 노력이 전부 수포로 돌아가자, 로리는 자신이 세계 최고의 위선자가 된 듯했다. 소위 행복 전문가라는 사람이 부정적 감정의 눈덩이에 깔려서 벗어나지 못하고 있었으니 말이다.

어떨 때는 팟캐스트팀 동료들이 로리가 힘겨워하는 모습을 보고 방금 녹음한 내용을 그녀에게 주지시키기도 했다. 동료들은 선의를 갖고 말했을지 몰라도 그런 이야기를 들으면 로리는 더 심한 절망감과 자아비판에 빠져들었다. 그녀는 일에 대한 열정과 학생들에 대한 헌신에서 자부심을 느꼈지만, 이제는 스트레스 때문에 한때 자신의 일부라고 여겼던 것들에 다가가기가 여간 힘든 게 아니었다. 수중에 그렇게 많은 자원을 쥐고도 그것을 제대로 활용할 방법을 찾아내지 못한다는 사실이 참담하고 믿기지 않았다.

그러던 어느 날, 로리는 터질 듯한 메일함 속에서 사소한 요청을 한 건 발견했다. 급히 치과 치료비를 마련하기 위해 도움을 요청하는 학생의 문의 메일이었다. 평소 같으면 흔쾌히 도와줬을 일이었다. 그런데 그 순간 마음속에서 짜증과 분노가 치미는 게 느껴졌다. '훌륭하네. 할 일이 하나 더 생겼잖아.' 이런 생각이 머릿속을 스치자, 로리는 자신이 잠깐이나마 그렇게 매정한 생각을 품었다는 데 충격을 받았다. 자신의 직무에 해당하는 일을 학생이 조심스럽게 부탁하면서 도움을 요청했는데 이런 반응을 보였다고?

그 순간 로리는 자신이 한계점이 다다랐다는 사실을 깨달았다. 그래서 그 누구도 예상치 못했던 일을 감행했다.

그녀는 그 자리를 떠났다.

공간의 힘

바로 앞 장에서 우리는 감각 전환 도구, 주의력 전환 도구, 관점 전환 도구 같은 내면의 도구들을 살펴봤다. 그리고 우리가 어디에 있든, 어떤 상황에 있든, 언제든지 이 도구들을 활용할 수 있다고 했다. 공구함에 든 연장들처럼 이 도구들은 우리의 신경망 안에 내장돼 있다.

그런데 기억해야 할 사실이 하나 있다. 내면의 전환 도구들은 우리가 손에 집어 들 때까지 잠자코 가만히 있지 않으며, 온종일 외부 요인들에 의해 밀리고 당겨지고 조작된다. 그리고 우리가 평소에 마주치는 가장 강력한 외부 요인 중 하나이며, 감각·주의력·관점이라는 내면의 전환 도구들에 영향을 미치는 것이 바로 '공간place'이다.

무대 위에 선 배우처럼 현실의 우리도 맥락context 속에 존재한다. 우리가 거주하고 오가는 공간들이 우리의 감정적 삶을 형성하는 것이다. 공간은 두 가지 경로로 감정에 영향을 미친다. 하나는 거대한 물리적 환경이 일상의 리듬과 범위에 영향을 미치는 간접적 경로이고, 다른 하나는 주변 환경을 즉각적으로 경험하는 직접적 경로이다.

내가 우연히 접한 사례 중 가장 인상적이었던 간접적 경로를 여기에 소개한다. 2007년 시카고 대학교의 행동과학자 토머스 탈헬름Thomas Talhelm이 중국에서 생활하면서 학생들을 가르치고 있었다. 방학 때면 그는 중국 각지를 여행하면서 친구를 사귀거나 식료품점에서 낯선 이들을 만나곤 했는데, 그러다가 중국 남부 사람들과 북부 사람들이 여러 면에서 사뭇 다르다는 사실을 알아차렸다. 북부 사람들은 더 외향적이고 독립적이며 주변 사람들의 기분에 별로 신경을 쓰지 않는 반면, 남부 사람들은 낯선 이들을 경계하면서도 늘 정중한 태도를 보였다.

한 나라 안에서 지역에 따라 사람들의 행동에 차이가 난다는 사실은 어쩌면 그리 놀라운 일은 아닐 것이다. 나도 미국 중서부

(친절하다!)에 갔다가 동부 연안(덜 친절하다!)으로 돌아올 때 이 사실을 확실히 실감했다. 여기서 우리가 주목할 점은 그 이유이다.

토머스는 중국 전역에서 지역적 차이를 알아보는 일련의 연구[3]를 진행해서 이런 현상이 나타나는 근본적 원인이 '지형 landscape'에 있다는 사실을 밝혀냈다. 중국 영토 한가운데를 가로지르며 나라를 북부와 남부 두 지역으로 나누는 양쯔강은 아시아에서 가장 긴 강일 뿐만 아니라 농업 경계선 역할도 한다. 예로부터 북부 지역은 밀 재배에 적합했고, 남부 지역은 쌀 재배에 적합했다. 쌀농사를 짓느냐 밀농사를 짓느냐에 따라 수천 년간 제기된 환경적·사회적 요구가 다르다 보니 결국 꽤나 다른 두 문화권이 형성됐다.

쌀과 밀 모두 주요 농산물이지만, 재배 방식에는 거의 공통점이 없다. 쌀농사는 노동 집약적이다. 쌀농사를 지으려면 튼튼한 관개시설을 갖추어야 하며, 밀농사의 두 배에 달하는 노동력이 필요하다. 즉 쌀농사에 성공하려면 타인의 도움이 절실하다는 말이다. 논의 물을 가두거나 뺄 때 이웃집과 일정을 조정하고, 품앗이를 하는 등 다른 사람들의 도움이 필요하다. 서로 돕지 않으면 누구의 작물도 살아남지 못한다. 이렇게 해서 토머스가 말한 '기능적 상호의존성 functional interdependence'이라는 조건이 탄생한다.

반면, 북부 지역에서는 노동 집약적 협력이 필요하지 않다. 북부에서는 이웃에게 수확을 도와달라고 사정할 필요도, 내 논에 물을 댈 날을 정하려고 이웃집과 일정을 조정할 필요도 없다. 밀농사는 씨앗을 심고, 김을 매고, 수확하면 그만이다. 그 결과 북부 지역에서 나고 자란 사람들은 생계를 위해 인간관계에 별로 의존할 필요가 없는 문화가 몸에 배게 됐다.

덧붙여서, 환경^{environment}도 사람들의 감정적 삶에 영향을 미친다. 인간관계에 대한 의존도가 높은 쌀농사 지역에서는 서로 비교하며 시기하는 일이 잦다.[4]

요컨대 우리가 거주하는 곳의 지형이 갖가지 간접적인 방식으로 우리 삶을 형성하고, 낙수효과를 일으켜서 감정적 삶에까지 영향을 미친다. 그런데 우리의 주변 환경은 무수히 많은 방식으로 우리에게 직접적인 영향을 미치기도 한다. 환경이 우리의 감각·주의력·관점 전환 도구들을 직접 움직일 때도 있다. 우리는 항상 어떤 공간 안에 있게 마련이므로 어디서나 감정에 대한 영향력을 느낄 수 있다. 즉 우리가 차지하고 있는 공간이 감정 관리에 도움이 되는지 혹은 마음의 평화를 방해하는지 살펴봐야 한다는 뜻이다.

감정 관리를 위해 주변 공간을 활용할 때 두 가지 선택지가 있다. 하나는 공간을 옮기는^{switch} 것이고, 나머지 하나는 공간을 다른 식으로 바꾸는^{modify} 것이다. 내 경험으로 보건대, 둘 다 상당히 과소평가된 기술들이다.

감정의 오아시스, 장소를 옮겨라

2004년, 29세의 군 지휘관 션^{Sean} **5**은 도로변에서 폭탄과 로켓탄 공격을 피해 다니며 이라크에서 10개월간 복무한 끝에 잠시 휴가를 받아서 집으로 돌아왔다. 마침내 비행기에서 내려 뉴욕주 포트드럼에 발을 디뎠을 때만 해도 그는 앞으로 무슨 일이 벌어질지 전혀 몰랐다. 하지만 아무리 그래도 이건 아니었다. 무표정한 얼굴의 아내가 냉랭하게 다가오더니 션의 손에 세 살배기 딸과 다섯 살배기 아들을 넘기고는 말도 없이 휑 가버린 것이다.

파병이 넉 달째에 접어들며 아내가 전화를 잘 받지 않고 짤막한 메일만 보내기 시작했을 때 션도 뭔가 이상한 낌새를 알아챘었다. 그로부터 넉 달이 더 흘렀고, 같은 부대의 친구가 휴가를 마치고 바그다드로 돌아와서는 아무래도 뉴욕에 가보는 게 좋겠다고 했을 때야 비로소 진지하게 걱정되기 시작했다.

션과 아내는 고등학교 때 만나 사랑에 빠진 사이로, 그가 파병을 떠날 때까지만 해도 모든 게 괜찮았다. 기지의 활주로 위에서 션은 도무지 믿기지 않는 상황에 두 눈만 끔벅였다. 황당함에 말문이 다 막힐 지경이었다. 그가 할 수 있는 일이라곤 가슴팍의 딸아이를 끌어안고 아들의 손을 꽉 쥐는 것뿐이었다. 지금이 얼마나 심각한 상황인지 아이들은 부디 깨닫지 못하기만을 바라면서.

처음에 션은 자신에게 무슨 일이 일어났는지 이해가 가지 않았다. '아내가 그냥 너무 지쳐서 아이들을 맡기고 잠시 쉬려는 걸까?' 하지만 공항에서 차를 얻어 타고 아이들과 함께 집에 도착했을 때 그제야 뒤통수라도 맞은 듯 상황이 이해됐다. 아내는 그를 떠난 것이었다. 아내의 물건들은 전부 사라졌고, 그의 물건들은 뒤죽박죽 어질러진 상태였다. 션은 이제 두 아이와 함께 어떻게 해야 하나 막막하기만 했다.

그 후 시간이 지나면서 상황이 점점 정리됐고 현실이 더욱 뼈아프게 다가왔다. 아내는 기지의 다른 남자를 만나기 시작했고 자신과는 연을 끊고 싶어 했다. 게다가 더 고통스러웠던 사실은 아내가 만나는 남자가 션도 아는 병사라는 점이었다.

앞으로 열흘 안에 션은 이라크로 복귀해야 했지만, 그의 삶은 엉망진창이었다. 아이들을 돌봐줄 사람이 아무도 없었다. 그의 차는 집 앞에 방치된 채 녹이 슬어 시동도 잘 걸리지 않았다. 그의 옷은 아내가 거의 다 내다 버린 상태였다. 션은 자신이 뭘 잘못했기에 이런 일을 겪어야 하는지 도저히 이해할 수 없었다. 아내와 그녀의 애인에 대한 분노가 머리끝까지 치밀었고, 이 일이 아이들과 자신의 경력에 어떤 영향을 미칠지 극도의 불안을 느꼈다. 그러면서도 한때 평생을 약속했던 사람을 잃은 슬픔이 사라지지 않았다.

션은 가까스로 군대에서 휴가를 연장받았으나, 막막하기는 마찬가지였다. 슬픔과 두려움의 파도가 더 거세게 몰아치면서 절망으로 변했고, 어두운 생각들이 떠오르기 시작했다. 지금까지 션은 살면서 이만큼의 감정적 폭풍을 겪어본 적이 없었고, 차라리 자신이 없어지는 게 모든 사람에게 더 낫지 않을까 하는 생각이 계속 들었다. 삶이 나락으로 떨어진 나날을 보내던 중 어머니에게서 전화가 걸려 왔다.

"션, 애들을 챙겨서 비행기를 타렴. 집으로 와." 션은 그러기로 했다.

션은 비행기를 타고 포트드럼에서 덴버까지 간 뒤, 차를 렌트해서 와이오밍주 캐스퍼까지 몰고 갔다. 어린 시절에 살았던 집에 들어서는 순간 향수, 상실감, 안전함, 안도감 등 갖가지 감정이 뒤섞여 한꺼번에 션을 덮쳤다. 그동안 너무 많은 일이 일어나는 바람에 지독하게 괴로웠는데, 행복했던 시절을 떠올리게 하는 이곳에 오니 지난 열흘간이 아득한 먼 옛날처럼 느껴졌다. 어머니는 아들을 따뜻하게 안아줬고 손주들에게 간식을 챙겨줬다. 션은 잠시 눈을 붙여야겠다는 생각에 웃옷을 벗었다. 그러고는 자신이 쓰던 낡은 트윈베드에 누워서 열다섯 시간이 넘도록 내리 잠만 잤다. 지난 열흘간 감정적 고통에 휩싸여 옴짝달싹 못 하던 몸에서 비로소 긴장이 풀렸다. 긴 잠에서 깨어나 마침내 눈을 떴을 때, 션은 자신의 옛 침실을 가득 채우고 있는 낡은 영화 포스터와 유소년리그 트로피 등을 둘러보면서 자신이 안전한 곳에 있다는 생각을 이렇게 오래 한 건 최근 들어 처음이라는 사실을 깨달았다.

그로부터 20년이 흘렀다. 지금도 션은 와이오밍주에서 보낸 닷새를 인생의 터닝포인트로 꼽는다. 어머니 맥은 션에게 꼭 필요한 안식처였고, 그 덕분에 션은 앞으로 나아가기 위해 필요한 심리적 안정감을 얻을 수 있었다. 션이 기나긴 잠에서 깨어났다고 문제들이 사라진 건 아니었다. 하지만 이제 션은 다른 관점에서 문제들을 보면서 긍정적인 면들도 찾아낼 수 있었다. 아내의 입장을 확실히 알았고 결혼 생활을 미련 없이 정리할 수 있을 테니 차라리 잘된 일인지도 몰랐다. 그리고 일을 처리하는 데 필요한 휴가도 군대에서 받아놓은 덕분에 그동안 이혼 서류에 서명하고, 양육권 문제를 합의하고, 다시 일을 시작할 수 있을 터였다.

그때부터 션의 삶은 서서히 제자리를 찾아가기 시작했다. 션은 결국 학교로 돌아갔고, 재혼도 했다. 박사 학위까지 취득해 지금은 교수로 재직 중이다. 하지만 이 모든 일이 시작된 건 기막힌 솜씨로 심금을 울린다고 알려진 장소, 바로 집에서부터였다.

물리적 환경이 감정에 미치는 직접적 영향을 생각할 때면 보통 가장 먼저 풍경을 떠올린다. 우리가 지금 있는 곳은 도시인가, 시골인가? 주변에서 들리는 소리는 자동차 소음인가, 파도 소리인가? 주변에 녹지가 있는가? 초목이 인간의 인지와 감정을 얼마나 크게 바꿔놓을 수 있는지는 전작인 『채터, 당신 안의 훼방꾼』에서도 소개한 적이 있다. 녹지가 집중력을 회복시키고, 기분을 좋게 하며, 경외감을 불러일으킨다[6]는 연구 결과들도 이미 많은 사람이 충분히 알고 있다. 그런데 감정과 환경에 대해 상대적으로 덜 알려졌지만 매우 중요한 요소가 하나 더 있다. 이는 션이 삶을 바꾸기 위해 자신도 미처 모르고 활용한 것이기도 한데, 바로 장소에 대한 개인적 애착이다.[7]

심지어 이 현상에는 '장소 애착place attachment'이라는 이름까지 붙었다. 장소 애착에서 중요한 건 그 장소가 특별한 성질을 가졌느냐가 아니라, 그곳이 개인에게 어떤 식으로 감정적 울림을 주느냐이다. 내가 친구들을 상대로 '자신만의 장소'가 있는지 즉석 설문조사를 해보니 메인주 연안의 외딴 해변, 미시간주 북부의 슬리핑 베어 모래언덕, 로스앤젤레스 해변이 내려다보이는 카페와 같은 답변이 돌아왔다. 이런 곳들을 '마음의 안식처', '정신적 고향' 같은 말로 부를 수 있지 않을까.[8] 그 이름이 무엇이건 누군가에게 만족감, 행복, 의미 같은 강렬한 느낌을 불러일으키는 곳이 이런 장소가 된다.

우리가 태어나서 처음으로 양육자와 맺는 애착 관계는 우리의 감정적 삶을 형성하고[9] 이후 우리가 얼마나 타인을 잘 믿는지, 얼마나 회피적이거나 개방적인지에 영향을 미친다. 장소 애착은 '대인 애착interpersonal attachment'만큼 인기 있는 주제는 아니지만(내 말을 못 믿겠으면 'Google 학술 검색' 사이트에서 애착 이론attachment theory을 검색해 보라. 관련 자료가 쏟아질 것이다.) 분명 더 알아볼 만한 가치가 있다. 이렇게 특별한 공간들은 우리에게 사랑 같은 감정이나, 행동으로 나서게 하는 책임감을 불러일으킨다. 자신의 특별한 장소가 있는 자연에 있는 사람들은 쓰레기를 줍거나, 환경 보호를 외치거나, 기후 정의 운동가로 활동하는 등 친환경적 행동을 할 가능성이 더 커진다.[10]

하지만 우리가 공간과 맺는 관계는 때로 복잡한 양상을 띠기도 한다. 가령 당신의 고향을 생각해 보라. 어떤 사람들은 자신이 나고 자란 곳에 돌아가면 귀향의 감정, 평화로움, 안전감을 느낀다. 하지만 모두가 어린 시절의 집과 전적으로 긍정적 관계만을 맺는 것은 아니다. 옛집으로 돌아가면 퇴행하는 것처럼 느끼는 사람들도 많고, 고향의 또 다른 장소들은 단박에 훨씬 더 부정적으로 다가오기도 한다. 약물 중독을 이겨내고 있는 이들의 경우에는 술집이나 친구들 집이 과거의 나쁜 경험을 연상시키며 부정적 감정을 불러올 수 있다.

긍정적 장소 애착이 반드시 어린 시절의 집이나 학창 시절 즐겨 가던 대학가에서만 생기는 것은 아니며, 굳이 먼 데여야 할 필요도 없다. 긍정적 장소 애착을 경험하겠다고 바리바리 이삿짐을 싸거나 기차를 타고 멀리 고향까지 갈 필요는 없다. 어쩌면 동네, 심지어 집 밖으로 나갈 필요도 없을지 모른다. 우리 집 아이들만 봐도 골이 나거나 불안해지면 자기 방에 들어가서 나오려 하지 않으니 말이다. 이처럼 특별한 공간의 초근거리 버전Hyper-local version은 거의 언제든 활용할 수 있다. 집 한구석의 아늑한 독서 공간이나 뒷마당의 커다란 참나무 아래도 특별한 공간이 될 수 있는데, 여기서 중요한 건 이런 장소가 회복 효과를 가진다는 사실이다.

다시 로리 산토스의 이야기로 돌아가자. 그녀를 정신적·신체적으로 무너뜨린 감정적 압박에서 벗어나게 해준 열쇠는 '공간을 전환하는 것'이었다. 로리가 마침내 한계에 다다른 날 그녀는 더는 선택의 여지가 없다고 판단했다. 떠나야만 했다. 하지만 로리처럼 명망 있는 자리(대학 학장)에 있는 사람이 계획에 없던 안식년 휴가를 갖는 일은 쉽사리 용납되지 않았다. 그랬다가는 향후 경력에 부정적 여파가 있지 않을까 걱정됐지만, 뭔가를 크게 바꿔야 한다는 점은 분명했다. 로리는 결심을 단호하게 밀어붙였고 무급 휴가를 가기로 했다.

로리와 남편은 어디로 떠나면 좋을지 논의에 들어갔다. 둘 사이에는 아이가 없었기에 이사 문제를 크게 고민할 필요가 없었다. 남편의 일은 유연 근무가 가능했고, 로리도 팟캐스트 방송은 어디서나 할 수 있었다. 마음만 먹으면 디지털 유목민으로 지낼 수도 있다는 이야기였다. 둘은 자신들이 살 만한 데를 세계 곳곳에서 물색하기 시작했다. 부에노스아이레스와 멕시코시티도 괜찮을 것 같았다. 그러다가 예전에 로리가 대학 시절에 들었던 영화 강의가 떠올랐다. 그 강의에서 교수님은 일명 '재결합 코미디remarriage comedies'라는 장르를 설명했었다. 이런 유형의 로맨틱 코메디는 두 주인공이 클라이맥스에서 한 차례 헤어지지만 결국에는 함께하게 된다는 것이 특징이다. 이런 영화들에는 등장인물 중 한 명이 영화의 주 무대를 떠나서 시골풍의 장소로 가는 패턴이 나온다(고전 영화들에서는 대체로 뉴욕주에서 코네티컷주로 떠난다). 그리고 이렇게 거리를 둔 끝에 진정한 안식처는 연인과 함께하는 곳이라는 깨달음을 얻는다. 당시 교수님은 이런 극적인 깨달음을 얻는 장소를 '그린 스페이스green space'라고 불렀지만, 그 공간이 반드시 푸른 자연일 필요는 없다고 하셨다. 그 사람에게 어떤 식으로든 그저 의미가 있고 쉬어 갈 수 있는 장소이기만 하면 됐다.

로리는 자신의 그린 스페이스에 대해 생각해 봤다. 그녀에게 나름의 의미가 있고 잠시 쉬어 갈 수 있는 정거장은 어디일지 찾아보니, 젊은 시절을 보냈고 남편을 만났던 도시인 매사추세츠주의 케임브리지가 떠올랐다. 남아메리카에 비하면 케임브리지는 예일 대학교에서 지척이었다. 하지만 케임브리지에서 지낼 때와 예일 대학교가 자리한 뉴헤이븐에 있을 때의 느낌을 비교하면 그 차이는 하늘과 땅만큼 컸다. 로리에게는 학교에서 멀어지는 것보다 새로운 장소, 즉 그린 스페이스가 자신에게 미칠 영향이 더 중요했다.

"어딘가로 떠나서 거리를 두려고 했던 목적은 바로 그거였어요. 단순히 멀어지려고 했던 게 아니에요. 피하려는 것도 아니었고요. 제 상황에 필요한 영향을 받는 게 목적이었어요."

뉴헤이븐을 떠난 뒤 그녀를 짓누르던 엄청난 양의 일은 분명

줄었다. 하지만 일과에서 학교 강의가 빠졌어도 하루하루 커나가는 팟캐스트 방송과 각종 인터뷰, 강연 일정을 소화하다 보면 온종일 일해야 하는 건 여전했다. 로리의 말에 따르면, 진짜 변화를 일으킨 건 환경의 변화였다. 환경이 바뀌면서 관점이 달라졌고, 나아가 감정까지 변화했다. 케임브리지에서 로리는 예전의 자신과 부분적으로나마 다시 연결될 수 있었고, 그렇게 함으로써 삶을 더 긴 여정 속에서 볼 수 있었다. 케임브리지에서 지내는 동안 3층의 조그만 방에서 아침을 맞이하며 창밖으로 나무 꼭대기를 바라보곤 했는데, 마치 새 둥지 안에 안전하게 몸을 튼 느낌이 들었다. 도시에서 흘러나오는 갖가지 냄새와 소리들은 그녀를 행복하고 자유로웠던 옛 시절, 미래가 온통 가능성으로 가득 차있던 그때로 데려가곤 했다. 그렇게 로리는 깨달았다. 지금도 자신의 미래는 가능성으로 가득했다. 애초에 예일 대학교에 발디뎠을 때 했던 선택들에 얽매여 있지 않았다. 그 삶을 계속 선택할 수도 있었고, 전혀 다른 삶을 선택할 수도 있었다.

로리가 보기에 뉴헤이븐은 온갖 가정에서 헤어나기 힘든 곳이었다. 늘 무엇이 중요한지, 무엇이 요구되는지, 일이 어떤 식으로 돌아가야 하는지를 미리 생각해 둬야 했다. 이런 생각들을 떨쳐내고 살기란 불가능했다. 마치 눈가리개를 한 채 앞만 보고 달려야 하는 말들처럼 말이다. 케임브리지로 이사하고 일주일도 되지 않아 로리는 계시를 받은 듯했다. 어쩌면 자신이 대학 학장직을 더는 맡고 싶지 않은 것일지도 몰랐다. 꼭 그 자리에 있을 필요는 없었다. 다른 선택지들이 있었다.

새로운 발견으로 상황을 명확하게 인식하게 되자, 로리는 사랑했던 역할에서 한발 물러나 일을 줄이는 것이 자신이 찾던 해결책이라는 사실을 깨달았다. 다만 원래 있던 공간에서는 그 사실이 보이지 않았을 뿐이었다. 감정 문제를 해결하고자 이사를 감행하고 안식년 휴가까지 얻은 일은 분명 힘들고 돈도 많이 드는 해결책이었지만, 로리에게는 이 과정이 꼭 필요했다. 그 덕에 안식년을 끝내고 예일 대학교로 돌아가 전 세계의 학생들을 가르치는 일을 다시 시작할 수 있었다. 션도 로리와 비슷한 전략을 쓰기는 했지만, 이만큼 극단적인 방식은 아니었다. 션의 경우에는 본인에게 울림이 있는 장소를 닷새간 방문한 일이 강력한 리셋 버튼이었다.

공간을 바꾸면 우리에게 들어오는 정보도 달라진다. 집 밖으로 걸어 나가 근처 숲이나 공원을 산책하다 보면 감각 경험이 전환되는 게 느껴질 것이다. 주의도 환기된다. 그에 따라 관점도 전환된다. 물론 힘든 일이 닥쳤을 때는 환경을 바꾸는 사치를 누리기가 어렵다. 설령 우리가 원하더라도 말이다. 방에 처박히거나 나만의 특별한 장소로 향할 만한 상황이 아닐 때도 있다. 형광등 불빛 아래의 사무실 칸막이에 앉아서 시간 안에 보고서를 마쳐야 할 때도 있다. 이렇듯 환경을 바꾸는 일에는 수많은 제약이 따르게 마련이지만, 공간에 대한 우리의 통제력도 우리가 생각하는 것보다는 훨씬 크다. 꼭 다른 공간으로 옮기는 것만이 답은 아니다. 인류는 지난 수천 년간 물리적 세계를 말 그대로 변형해 오지 않았던가. 다리를 놓고, 고속도로를 깔고, 초고층 건물을 세우고, 골프장을 건설하고, 굴 양식장을 만들고, 커뮤니티 정원을 가꾸면서 말이다. 인간은 주변 공간을 변화시키는 재주를 갖고 있다.

그러니 감정적 필요에 따라 공간을 바꿀 수도 있지 않겠는가.

의지력보다 강력한 가족사진의 효과

6장 집필을 시작하기 몇 주 전, 우리 부부는 몇몇 친구를 불러서 미식축구 시합을 함께 봤다. 몇 시간 동안 함께 텔레비전을 보며 한바탕 먹고 웃으며 소리를 지른 뒤 각자 집으로 돌아가려고 주섬주섬 짐을 챙기던 중이었다. 순간 머릿속에 중요한 사실이 퍼뜩 떠올랐다.

'피자!' 피자를 너무 많이 시킨 게 화근이었다. 아직 피자가 두 판이나 남아있었다. 앞으로 일주일 내내 점심과 저녁으로 피자를 먹을 생각을 하니 신이 나면서도 좀 겁이 났다. 최근 내게 좀 더 건강하게 먹으라고 경고했던 의사의 얼굴도 떠올랐다. 무언가 조치가 필요한 상황이었다. 그래서 나는 부리나케 부엌으로 달려가서 남은 피자를 잽싸게 봉투에 나눠 담았다. 현관문을 나서면서 다들 작별 선물은 괜찮다며 손사래를 쳤지만 나는 막무가내로 피자를 떠넘겼다. 거절이란 선택지에는 없었다. 그렇게 다들 우리 집을 떠났다. 친구들도, 동맥 경화를 일으키는 (맛있는!) 피자도 다 가버렸다.

감정 관리 이야기를 하다가 갑자기 웬 피자 이야기인가 싶을 것이다. 그렇다면 냉장고 문을 열 때마다 먹다 남은 피자가 나를 응시하고 있다고 상상해 보자. 그럼 이야기가 달라진다. 먹다 남은 피자가 감정적 위협이 된다. 내 공간 안에 있는 것들은 내 감정에 영향을 미칠 수 있다. 당시에 내가 피하고자 했던 감정 경험은 그날 밤이나 다음 날 아침, 아니 솔직히 말하면 깨어있는 내내 냉장고 속 차가운 피자를 보면서 느낄 강렬한 욕망이었다. 스틸컷 오트밀 대신 피자를 먹어버렸다며 죄책감과 부끄러움을 느낄지도 모르는 일이었다. 피자의 유혹에 굴복해 며칠간 대학생 시절처럼 먹어 치운다면 그런 감정들이 느껴질 테다.

여기서 핵심은 이것이다. 환경이 원치 않는 감정 반응을 유발한다면, '상황 수정situation modification'이라는 도구를 활용해[11] 환경을 변화시키는 방법을 쓸 수 있다.

우리는 감정을 전환하기 위해 주변 환경을 직접 조작하는 방법을 무수히 많이 알고 있다. 주변 환경에 약간의 변화를 줄 수도 있고, 대대적인 변화를 가할 수도 있다. 내 경우에는 공간에서 유혹적 요소(피자)를 제거하여 미래의 감정 상태를 미리 형성했다. 다음 날 나는 어땠을까? 피자와 샐러드 사이를 오가며 끊임없이 번민하지 않아도 됐다. 밤늦게 '딱 한 조각만 더'라면서 부엌으로 살금살금 기어드는 일도 없었다. 선제 대응으로 원치 않는 감정들을 사전에 차단한 덕분이었다.

펜실베이니아 대학교의 심리학자 앤절라 더크워스와 그녀의 동료들이 수행한 연구는 고등학생들이 어떻게 자신을 통제하는지[12]를 조사한 최초의 자연주의적 연구 naturalistic study(실험실이 아닌 자연적 환경에서 사람이나 동물의 행동을 관찰하고 분석하는 연구 방법 - 옮긴이) 중 하나였다. 연구팀은 학생들에게 자기 통제가 필요한 가상의 상황을 제시했는데, 이때 압도적으로 많은 수의 학생이 상황을 수정하는 것이 효과적이라고 답했다. 메신저 대화보다 공부를 우선시하기 위해 어떤 방법을 쓰느냐는 질문에 한 학생은 이렇게 답했다. "휴대전화를 꺼서 베개 밑에 두곤 해요. 그러면 휴대전화를 만지고 싶은 유혹을 떨칠 수 있거든요."

앤절라의 연구팀이 수행한 추가 연구에서도 실제로 학생들이 상황 수정 전략을 사용했을 때 실질적인 변화가 일어났다. 상황 수정 전략을 사용한 학생들은 1주일간 자신의 능력을 향상시켜 효과적으로 공부하고 학습 목표를 달성할 수 있었다. 이는 공부하고 싶지 않다는 마음을 의지력으로 극복하라는 말을 들은 학생들이나, 감정을 관리하는 방법에 관해 아무 지시도 받지 못한 학생들보다 훨씬 나은 결과였다. 또 다른 연구도 이를 뒷받침한다. 학업 성취가 높은 학생들은 학습적 필요에 맞춰서 자신의 공간에 변화를 주고, 주의를 산만하게 하는 유혹을 차단해서 집중력을 끌어올리는 경우가 많았다.

차가운 피자나 반짝반짝 빛나는 스마트폰을 내 공간에서 치워버리는 것처럼 환경을 살짝 조정하는 일이 언뜻 사소해 보일 수도 있다. 하지만 이것들은 절대 사소하지 않으며 오히려 엄청난 변화일 수 있다. 이런 식으로 생각해 보면 어떨까? 특정 종류의 음식을 정기적으로 먹으면 장기적으로 꽤 심각한 결과를 초래할 수도 있다. 더군다나 (나처럼) 더 건강한 식습관을 갖겠다고 개인적 목표를 세웠는데, 자신을 실패할 수밖에 없는 환경에 두는 바람에 번번이 실패하고 있다면, 그에 따른 감정적 파급 효과는 제법 클 수 있다.

일상적으로 자주 이용하는 공간에서 발생하는 누적 효과야말로 우리가 진정으로 알고 싶어 하는 부분이다. 나를 지치게 하고, 진이 빠지게 만들고, 유혹하고, 내가 하고자 하는 일이나 되고자 하는 모습에서 멀어지게 하는 것은 무엇일까? 내 환경에서 자신을 위해 설정한 목표를 방해하는 것은 무엇일까? 가령 침실에 둔 텔레비전은 숙면을 취하고 싶다는 바람과 어긋날 수 있다. 수납공간이 부족하고 잡동사니가 방치된 지하실은 운동하러 계단을 내려갈 때마다 운동 의지를 꺾고 주의를 분산시킬 수 있다. 45분간 오롯이 운동에 집중하는 대신, 사방에 나뒹구는 아이들의 미술용품을 정리하느라 운동 시간이 족히 20분은 줄어들 수 있다.

목표 달성은 우리의 감정적 삶과 깊이 얽혀있다. 더 건강해지겠다거나, 학교나 직장에서 성과를 내겠다는 목표를 세웠는데 그것을 이루지 못하면 좌절감이 든다. 자신에게 화가 나고 스스로가 부끄럽게 느껴진다. 미래에 대한 두려움에 휩싸인다. 상황을 바꾸지 못하는 자신의 무능력함에 서글픈 마음이 들기도 한다. 그러므로 공간을 잘 정리해서 주의를 흐트러뜨리는 유혹, 방해물, 욕구를 제거하면 향후 자신을 휩쓸어 버릴지도 모르는 감정적 쓰레기의 홍수를 사전에 차단하는 셈이 된다. 지금 있는 공간에서 우리의 주의를 분산시키는 방해물들은 언뜻 사소해 보일 수도 있지만, 삶에 실제로 영향을 미치는 심각한 과제이며, 영영 끝나지 않는 싸움을 거듭하게 만든다.

동서고금을 통틀어 역사상 가장 유명한 감정 조절 이야기는 무엇일까? 힌트. 지금까지 출간된 책 중 가장 널리 인쇄된 책에 기록된 이야기이다.

답은 『성경』이다. 『성경』은 유혹에 관한 이야기이다. 아담과 이브의 이야기는 '금단의 열매를 먹지 마라.'는 교훈을 전한다. 하지만 동시에 『성경』은 인간이 유혹에 저항하지 못하고 굴복하는 이야기이기도 하다. 수천 년이 지난 지금도 우리가 이 이야기를 찾는 이유는 그 속에 인간에 관한 중요한 진실이 담겨있기 때문이다. 인간은 종종 신체적으로든, 감정적으로든 최선이 아닌 것들에 끌린다는 점 말이다. 우리는 유혹과 맞서 싸울 능력을 지녔다. 이를 도와줄 도구들도 갖고 있다. 하지만 이런 방법도 있다. 아예 금단의 열매를 없애버리는 것이다.

강의 중에 학생들에게 종종 묻는 질문이 있다. 유혹에 저항할 필요조차 없게 내 공간에서 무언가를 없애버린다면 그것도 자기 통제라고 할 수 있을까? 보통 이 질문에 절반은 아니라고 답한다. 자신을 유혹하는 대상이 없다면 뭔가를 통제하려고 노력할 필요도 없다는 것이다. 그러면 나는 이렇게 응수한다. "그건 자기 통제에 대한 너무 협소한 (마음 같아서는 '잘못된') 관점이군요."[13]

물론 학생들이 이렇게 생각하는 데는 이유가 있다. 자기 통제는 그 이름처럼 내면의 힘, 즉 의지력의 일종이라는 잘못된 통념이 퍼져있기 때문이다. 애를 써서 힘을 발휘해야 하므로 자기 통제는 당연히 어려운 일일 수밖에 없다고 믿는다. 그런데 이건 잘못된 생각이다. 자기 통제는 충분히 쉬운 일이 될 수 있다. 이를 가능하게 하는 한 가지 방법이 일부러 애를 써서 내면의 힘을 발휘하기 전에 먼저 내 주변 환경을 통제하는 것이다. 이렇게 외부에서부터 감정 조절을 시작할 수 있다. 만약 지금 여러분이 그렇게 하고 있지 않다면(자신의 공간에서 유혹·방해 요소·트리거를 제거하지 않았다면), 효과적인 감정 조절 도구를 스스로 방치하는 셈이다.

이제 공간 수정의 다음 단계인 '추가하기'adding'로 넘어가자.

현재 자신이 머무르는 공간을 변화시키기 위해 택할 수 있는 두 가지 방법이 있다. 하나는 원치 않는 감정을 유발하는 환경에서 무언가를 제거하는 것이다. 그리고 다른 하나는 경험하고픈 감정을 키워주는 무언가를 환경에 추가하는 것이다.

그간의 연구에서 내가 고안했던 매우 단순한 개입법 하나를 여기에 소개한다. 한때 우리 연구팀은 감정적 고통을 관리하는 색다른 개입법을 탐구하는 데 관심을 가졌다.[14] 우리가 생각한 방법은 피실험자들에게 이별, 실패, 거절, 배신, 굴욕 등 매우 속상했던 경험을 떠올리게 하는 것이었다. 그리고 나서 피실험자들 절반에게는 그들의 어머니, 즉 그들이 애착을 가진 인물의 사진을 보여줬는데, 사진은 실험 전에 미리 받아뒀다. 이를 통해 부정적 경험에 빠져있던 사람들이 어머니 사진을 보면 감정적으로 더 잘 회복하는지를 알아보고자 했다. 나머지 절반의 피실험자들에게는 부정적 경험을 떠올리게 하기 전에 어머니 사진을 먼저 보여줬다. 이는 어머니 사진에 감정적 동요를 막아주는 완충 효과가 있는지를 알아보기 위해서였다.

실험 결과, 완충 효과는 존재하지 않았다. 하지만 회복 효과는 상당히 컸다. 나중에 어머니 사진을 본 피실험자들은 부정적 감정들로부터 훨씬 빠르게 회복했다. 단순히 피실험자들이 그렇게 느꼈을 뿐만 아니라 실제로 감정이 개선되는 효과가 있었다. 우리는 연인들을 대상으로 한 또 다른 연구에서 피실험자들에게 자리에 앉아 의식의 흐름대로 일기를 써보라고 했다. 그리고 이때 연인의 사진을 본 집단은 대조군에 비해 부정적인 생각에 덜 휘말린다는 사실을 발견했다. 이것은 무척 흥미로운 발견이었다. 사랑하는 사람의 사진을 힐끗 보는 것만으로도 감정 조절 능력이 향상된다는 뜻이었으니 말이다. 이 발견은 내 공간 구성 방식에도 영향을 미쳤다. 나는 연구가 끝나기 무섭게 마트로 달려가서 액자를 잔뜩 사 들고 돌아왔다. 지금 내 사무실은 아내와 아이들을 비롯해 친척과 친구들의 사진으로 도배돼 있다. 아내는 내 사무실을 처음 봤을 때 '이 사람 약간 정신이 나간 거 아닌가?'라는 생각까지 했다고 한다. 나는 아내에게 이렇게 말할 수밖에 없었다. "이건 다 과학적으로 증명된 거야."

오아시스는 어디에나 있다

우리는 살면서 집에서 상당히 많은 시간을 보낸다. 어떤 사람들에게는 집이 곧 일터이기도 하다. 그런 공간을 어떻게 설계하는지는 은밀하고도 중요한 방식으로 정서적 안녕에 영향을 미친다. 그러니 지금 당장 자신의 공간을 점검하는 '공간 감사 spaces audit'를 해보자. 감사라고 해서 거창한 준비가 필요하진 않다. 집, 사무실, 혹은 일과 상당 부분을 보내는 공간에 갔을 때 그저 주변을 한 번 둘러보면 된다. 그 공간이 자신에게 어떤 영향을 미치는지를 떠올리면서 다음 사항들을 생각해 본다.

- 감정 경험을 형성하는 자신의 공간에 약간 변화를 주기 위해서 오늘, 지금 당장 할 수 있는 일은 무엇인가?
- 스트레스나 불안 같은 감정 반응의 강도를 낮추기 위해 무엇을 제거할 수 있는가?
- 평온함과 즐거움 등 다른 감정을 강화하기 위해 무엇을 추가할 수 있는가?
- 근처에 있어 쉽게 갈 수 있는 공간 중에 자신만의 '감정적 오아시스'라고 할 만한 곳이 있는가? 어떻게 하면 그곳에 들르는 재충전 시간을 자신의 주간/일일 일정표에 끼워 넣을 수 있을까?

감정적 오아시스는 어디에나 있다. 지구 반대편 열대지방의 섬(멋지지 않은가!)에 있을 수도 있고, 도시 반대편, 길 건너편, 거실 너머 어딘가에 있을 수도 있다. 우리가 단지 그런 공간들을 중심으로 일과를 짜지 않을 뿐이다. 자신을 마라톤 경주에 나선 주자라고 생각해 보면 어떨까. 마라톤 코스를 달리다 보면 감정을 회복시켜주는 충전소가 중간중간 나온다. 여러분은 평소에 이런 공간을 얼마나 의식하고 있는가? 충전소를 이용하고 있기는 한가?

여러분이 처한 환경에서 어떤 경로를 택하느냐는 감정적으로 중요한 부수 효과를 불러일으키기도 한다. 나는 대학교 3학년 때 학교에서 약간 떨어진 웨스트필라델피아의 허름한 연립주택에서 지내고 있었다. 겨울의 초저녁, 학기 첫날 현관문을 닫고 집을 나서는데 예쁘장한 여자가 앞에서 걸어가는 모습이 눈에 띄었다. 강의실에 제때 도착하려면 여유가 거의 없던 터라, 그녀보다 약 3미터 뒤에서 속도를 맞춰 걷기 시작했다. 그때 내 머릿속은 일주일간 해야 할 일들로 가득 찼었는데, 어느 순간 내 앞의 여자가 모퉁이를 돌 때마다 나도 똑같이 돌고 있다는 사실을 알아차렸다. 그렇게 열 번쯤 똑같은 방향으로 모퉁이를 돌고 나자, 혹시 내가 그녀를 따라가는 이상한 사람처럼 보이지 않을지 걱정되기 시작했다. 얼마 지나지 않아 우리는 한 캠퍼스 건물에 발을 들였다. 둘 다 같은 심리학 강의를 수강했던 것이다. 강의가 끝난 뒤 나는 그녀에게 말을 걸었다. 알고 보니 그녀는 내가 사는 곳에서 두 채 떨어진 연립주택에서 살고 있었다. 그날 저녁 우리는 집까지 함께 걸어 갔고, 남은 학기 내내 함께 등하교하는 사이가 됐다.

세상에 이보다 더 평범한 첫만남이 있을까. 그로부터 24년이 지난 지금, 그 여자는 내 옆에서 모닝티를 홀짝이는 중이다. 나와 결혼을 해서 말이다.

내 아내 라라Lara를 만난 일이 내 감정적 삶을 얼마나 풍요롭게 만들었는지는 이루 다 말할 수 없을 정도이다. 건강한 인간관계는 행복을 예측하는 최고의 지표이기도 하다.[15] 그런데 내가 맺고 있는 인간관계는 내 주변 환경이 작용한 결과물일 때가 많다. 한 사람이 누구와 결혼하고, 누구와 친구가 될지를 결정할 때 막강한 영향력을 미치는 요소 중 하나가 바로 가까움proximity이다. 과학자들은 이런 현상을 '근접성 효과propinquity effect'라고 부른다.[16] 근접성 효과는 주변에 누가 사는지처럼 언뜻 우연으로 보이는 환경적 특징이 삶에서 가장 중요한 요소들에 큰 영향을 미친다는 사실을 분명하게 보여준다.

우리가 머무르는 공간들은 우리의 감정적 삶을 형성한다. 또한, 어떤 사람들을 만나고 그중 누구와 친밀한 관계를 맺을지를 결정하는 데도 큰 역할을 한다. 우리를 둘러싼 주변 환경이 우리를 끊임없이 변화시키는 만큼, 그 공간에 함께 머무르는 사람들 역시 우리를 추동한다. 가장 친밀한 사람들, 이따금 만나는 사람들, 심지어는 온라인 세상에서 만나는 사람들 모두 그렇다. 이어지는 7장에서 살펴보겠지만, 이런 상호작용들은 전혀 의식하지 못하는 사이에 우리의 감정적 삶에 깊은 영향을 미친다.

chapter 7

감정 조언자를 찾아라

도구 ⑤ 관계 전환

꼰대형 리더와
치어리더형 리더

"여러분은 꼰대가 돼주셨으면 합니다."

나는 서로를 존중하는 수업 분위기를 만드는 게 중요하다고 믿는 교수이다. 그런 만큼 내가 학생들에게 이런 지시를 내리며 수업을 시작하는 일은 별로 없다. 하지만 소규모의 경영자 과정 학생들을 대상으로 팀 내 감정 관리 워크숍을 진행했을 때 나는 정확히 이렇게 말했다. 수업에 들어가기 전 수강생 명단을 보니 탁월한 성취를 거둔 이들이 꽤 많았다. 특수부대 소속 군인, 금융계·자동차업계의 임원 등 차세대 리더로 불릴 만한 인물들이었다. 이들은 리더 역할에 걸맞도록 한창 다듬어지는 중이었고, 해당 분야에서 요구하는 자질을 어느 정도 갖춘 편이기도 했다. 수강생들은 나름의 포부를 품고 논리적으로 사고하며 협동의 필요성을 누구보다 잘 인식하고 있었다. 내가 강의실에 들어가 자기소개도 없이 곧바로 조별 활동을 이끌 자원자들을 모집했을 때, 수강생들이 너도나도 번쩍 손을 든 것은 그리 놀랄 일이 아니었다.

나는 운 좋게 조장으로 낙점된 이들을 본강의실에서 약간 떨어진 소회의실로 데려갔다. 거기서 조장들을 일렬로 죽 세우고 1-2, 1-2, 1-2 하는 식으로 번갈아 가며 그들에게 번호를 붙였다. 그러고는 조장들에게 지시 사항을 전달했다. 1번 조장들에게는 '치어리더' 역할을 맡아달라고 했고, 2번 조장들에게는 '꼰대' 역할을 맡아달라고 했다.

긴장 어린 웃음이 잠시 좌중을 훑고 지나간 뒤, 나는 이 활동에 대한 설명을 이어갔다. 본강의실에 앉아있는 사람들은 5분 안에 어려운 논리 퍼즐을 푸는 조별 과제를 받을 예정이었다. 조장들이 자기 조로 돌아가서 할 일은 간단했다. 아카데미상 수상자 뺨칠 정도로 기가 막힌 연기를 선보이는 것이었다. 치어리더 역할을 맡은 조장들은 활동 내내 조원들을 열심히 격려해야 했다. 지나치다 싶을 만큼 긍정적 피드백을 많이 해주며 조원들이 끝까지 과제에 높은 열의를 보이도록 만들어야 했다. 1번 조장들이 고개를 끄덕였다. 리더 자리에 포부를 둔 사람들에게 이쯤은 식은 죽 먹기였다.

2번 조장들을 향해서는 쉽지 않겠지만 꼰대가 돼달라고 했다. 최대한 엄격한 모습을 유지하면서 감정을 자제하고 긍정적 피드백은 전혀 주지 않는 것이 그들의 임무였다. 조원이 질문을 던지거나 제안을 내놓으면 언짢은 듯 노려보거나 눈을 치켜떠야 했다. 꼰대 역할에 대한 설명이 채 끝나기도 전에 벌써 조장들의 얼굴에 수심이 어리는 게 보였다. 이제 막 조원들과 서로를 알아가던 상황에서 사람들 틈에 껴서 호의를 얻고 싶다는 열망이 감정 반응을 유발하고 있었다.[1] 그도 그럴 것이, 나는 새롭게 인간관계를 맺는 순간에 보통 사람들이 피하려고 하는 일들을 그들에게 시키고 있었다. 내가 꼰대 조장들이 따라야 할 규칙을 하나하나 나열하자 그들의 얼굴은 점점 굳어졌다. 당혹스러운 표정으로 한숨을 내쉬고 짝다리를 번갈아 짚는 등 불편한 기색이 역력했다. 수업이 끝날 즈음 사전에 어떤 협의가 있었는지 바로 밝히겠다며 그들을 안심시키자 그제야 지시에 따르겠다며 본강의실로 돌아갔다.

불과 몇 초도 지나지 않아 두 집단 사이에 현격한 차이가 나타났다. 치어리더형 조장이 이끄는 조들은 시끌벅적했다. 조원들은 웃고 떠들며 이런저런 제안을 주고받았고 테이블을 가운데 두고 분주하게 움직였다. 누군가가 창의적인 아이디어를 내면 자발적으로 칭찬했고, 말 그대로 서로의 등을 토닥이며 과제를 해결해 나갔다. 한편 꼰대형 조장이 이끄는 조의 분위기는 강제수용소에서 돌덩이라도 깨는 듯했다. 다들 고개를 떨군 채 얼굴이 딱딱하게 굳어있었다. 아무도 입을 열지 않았다. 간혹 누군가가 우물우물 제안을 내놓았지만, 말이 끝나기가 무섭게 다시 침묵이 이어졌다. 아무도 다른 사람과 시선을 마주치지 않았고, 과제에는 전혀 진전이 없었다. 꼰대형 조장이 이끄는 조들은 어느 한 곳도 퍼즐을 풀지 못했다.

나중에 몇몇 수강생은 나흘간의 워크숍 중 이 활동이 제일 좋았다고 내게 이야기해 줬다. 이 차세대 리더들은 잠시 사회적으로 불편함을 느끼긴 했지만, 이 활동이 머리로만 알던 무언가를 본능적으로 받아들이게 한다고 느꼈다. 바로 감정이 순식간에 사람들 사이로 전염된다는 사실 말이다.

감정이 마치 바이러스처럼

순식간에 이뤄지는 감정 전파는 우리 주변 사람들이 느끼고, 생각하고, 행동하는 방식을 바꿀 수 있다.[2] 내가 공들여서 준비한 강의안이 태도가 불량한 학생 하나 때문에 완전히 어그러지는 것도 그래서이다. 잘 굴러가던 프로젝트가 문제적 팀원 하나 때문에 중간에 멈춰 서는 것도 마찬가지이다. 긍정적 감정의 전염성도 그에 못지않게 강력하다.[3] 회사 워크숍에서 음악을 틀고 파티 분위기를 조성해 단번에 주변의 흥을 돋우는 직원이 있지 않던가. 사고 현장에 도착해 차분하고 자신감 있는 태도로 일거에 상황을 반전시키는 구급대원도 있다. 그 조처 덕에 일촉즉발의 위기가 충분히 헤쳐나갈 만한 도전으로 순식간에 바뀐다.

감정 전염emotional contagion은 마치 재빠르게 전파되는 바이러스와 같다. 감정이 옮겨 가는 이 현상을[4] 인류는 먼 옛날부터 (그로 인해 고통도 받으면서) 매우 유용하게 활용해 왔다.[5] 감정 전염이라는 복잡한 작용을 심리학적·신경생물학적 측면에서 설명하기란 무척 까다롭지만 그 시작은 무척 단순하다. 바로 '흉내mimicry'이다. 갓난아기를 보고 웃자 그 아기도 따라서 방긋 웃은 적이 있다면, 이 말이 무슨 뜻인지 바로 이해가 갈 것이다.[6] 당신의 말투, 표정, 고개를 갸웃하는 행동 등을 주변 사람들이 무의식적으로 알아차리면, 정도의 차이는 있겠지만 그들도 이내 그것을 흉내 내며 반응한다.[7] 이런 식으로 우리도 타인을 흉내 내다 보면 어느새 그 사람과 비슷한 방식으로 느끼게 될 때가 많다.[8] 그 순간에는 이 사실을 전혀 의식하지 못할 가능성이 크지만[9] 우리가 따라 하는 신체적 움직임이 신경계에 이런저런 신호를 보내면 감정 반응이 쏟아지기 시작한다.[10]

감정 전염이 지금 하는 일을 어떻게 느끼는지(헌신, 만족, 공감 능력, 번아웃에 대한 취약함[11])에도 영향을 미친다는 사실이 수많은 연구에서 확인되고 있다. 감정 전염은 갈등을 다루거나 집단 구성원들과 협력하는 방식, 협상이 얼마나 잘 진행될지도 결정짓는다.[12] 매일 반복되는 일상생활에서 감정 전염은 중요한 역할을 하며, 이는 우리가 디지털 세상에서 긴 시간을 보낼 때도 마찬가지이다. 디지털 세상에는 내가 다른 사람을 변화시키고, 나도 다른 사람에게서 영향을 받아 변화할 기회가 훨씬 많다.

소셜 미디어를 통해 감정이 전례 없는 속도와 범위로 순식간에 퍼지는 방식을 생각해 보자. 소셜 미디어에 어떤 동영상이 게시된다. 그 내용이 반향을 일으킨다. 공유 횟수가 1, 4, 16, 256회로 점점 늘어가며 확산세가 멈출 줄을 모른다. 12일 후, 이 영상은 관련 영상들과 함께 무려 14억 회라는 조회 수를 기록한다. 그리고 오늘날까지 계속되고 있는 사회운동을 탄생시킨다. 이는 전 세계에 공분을 일으켰던 조지 플로이드George Floyd 살해 현장을 촬영한 휴대폰 동영상 이야기이다. 아랍의 봄Arab Spring, 흑인의 생명은 소중하다Black Lives Matter, 미투 운동Me Too Movement 등 강력한 영향력을 발휘했던 소셜 미디어 운동을 몇 가지만 떠올려 봐도 감정 전염이 한번 기세를 타면 얼마나 빠르게 퍼져 나가는지를 알 수 있다.

우리는 감정 전염의 영향을 쉽게 간과하곤 한다. 대체로 우리가 의식하지 못하는 심리적 힘들을 통해 그야말로 순식간에 작용하기 때문이다. 게다가 우리가 자신의 감정을 사적 경험으로 치부하는 바람에 다른 사람의 감정이 우리 마음을 쉽게 침투한다는 사실을 놓치기도 한다. 감정은 안에서 밖으로, 그리고 밖에서 안으로 흐른다. 우리 안에 갇혀있기는커녕 매우 강한 사회성을 지니고 있다. 다른 사람들은 얼마든지 내 감정을 움직일 수 있으며 실제로 그런 일이 일어나고 있다. 다른 사람들에 의해 내 감정이 활성화되거나 비활성화되기도 하고, 감정의 강도가 강해지거나 약해지며, 감정 경험이 완전히 달라지기도 한다. 연인·자녀·친한 친구 같은 가까운 관계는 물론이고, 일상을 스쳐 가는 사람들, 같은 공동체 구성원이나 소셜 미디어 피드에서 스크롤로 만나는 사람들 모두가 내 감정에 영향을 미친다.

인간은 매우 사회적인 종이다. 감정을 전환하려 할 때도 우리는 다른 사람들에게 일상적으로 의지한다. 때로는 절친한 사람과 대화를 나누는 친밀한 방식을 쓰기도 하고, 때로는 거리를 두고 다른 사람들의 삶과 고충을 들여다보며 자신의 삶을 평가하기도 하면서 말이다. 그리고 이때 어떤 방식을 택하는지에 따라 감정적으로 힘든 시기에 타인과의 상호작용이 도움이 될지 해가 될지가 결정된다. 다른 사람들과 무슨 대화를 어떻게 나누느냐에 따라 문제를 곱씹다가 끝내 회피하는 해로운 결과를 초래하기도 하고, 상황을 재구성하고 긍정적인 방향으로 시선을 돌린 덕에 신경계가 안정되는 이로운 결과를 낳기도 한다. 이런 일들은 종종 감정 전염, 즉 다른 사람들의 감정 상태가 우리에게 스며들면서 시작되는데, 그 영향력은 여기서 그치지 않는다. 우리가 무엇을 어떻게 말하는지, 그리고 주변 사람들에 대해 어떻게 생각하고 그들과 상호작용하는지에 따라 우리는 얼마든지 변화할 수 있다. 이러한 요소들을 꼭 운에 맡길 필요는 없다. 우리 곁에는 광활한 인간의 바다가 펼쳐져 있으며(그중에는 가까운 사람도 있고, 디지털 세상에서만 아는 이도 있을 것이다) 사람들이 어떤 식으로 우리에게 영향을 미칠지는 우리 스스로 결정할 수 있다.

물론 타인과의 교류가 우리의 감정을 변화시키는 방법은 무수히 많다. 이제부터 소개할 세 가지 방법이 그중에서도 특히 가성비가 높은 편이다. 강력한 감정적 한 방이 있다고나 할까. 지금부터는 사람들과의 관계 속에서 우리를 툭하면 엉뚱한 길로 이끄는 특정 레버들에 주목하고, 올바른 방향으로 나아가려면 그것들을 어떻게 사용해야 할지를 살펴보겠다.

건강한 감정 조언자, "나한테 말해봐"

힘든 시기를 이겨내도록 서로 돕는 일이야말로 우리가 할 수 있는 최선의 행동 중 하나일 테다. 하지만 이 일이 항상 좋은 방향으로만 풀리는 것은 아니다. 때로는 감정 문제를 해결하려고 다른 사람을 찾아갔다가 도움은커녕 상처만 입고 돌아올 수도 있다.

나는 『채터, 당신 안의 훼방꾼』에서 한 챕터를 할애해 부정적 자기 대화의 악순환에 갇혀서 머릿속에서 계속 생각을 곱씹을 때 다른 사람들이 어떤 역할을 하는지를 설명했다. 다양한 문화권의 사람들이 고난에 빠졌을 때 타인에게 어떻게 도움을 구하는지에 관한 연구도 살펴봤다. 어려운 일이 있을 때 우리가 서로를 필요로 한다는 것은 분명한 사실이지만, 이는 무척 어려운 문제이기도 하다. 이미 많은 사람이 경험했겠지만, 타인이 정말 도움이 될 때도 있다. 하지만 다른 사람과 이야기를 나눈 뒤에도 기분이 똑같이 엉망일 때도 있고, 심지어 울화가 머리끝까지 치밀 때도 너무 많다. 결국 타인과의 대화는 우리를 두 갈래 길로 이끈다고 볼 수 있다. 우리가 어떻게 하느냐에 따라 유익한 통찰의 길을 걸을 수도 있고, 비생산적인 반추의 길을 걸을 수도 있다.[13]

정서적 지지가 필요해 다른 사람들을 찾아갈 때, 그들이 우리를 돕는 방법은 크게 두 가지가 있다. 공감과 인정에 대한 근본적인 욕구를 충족시켜 주거나, 우리가 관점을 전환하도록 돕는다. 그런데 우리는 걸핏하면 이 공식을 잘못 적용해서 균형잡기에 실패한다. 두 핵심 요소 사이의 균형을 제대로 맞추지 못하기 때문이다.

사람들은 타인과의 대화에서 본인의 감정에 관해 말할 때 대부분 자신이 느낀 바를 반복해서 풀어놓곤 한다.[14] 자신의 이야기를 기꺼이 들어줄 누군가에게 속내를 전부 털어놓는 것이 올바른 정서적 지지의 시작이자 끝이라고 여기는 이들이 그만큼 많다는 뜻이다. 그런데 연구 결과에 의하면 그렇지가 않다. 어떤 문제를 되풀이해서 이야기하는 데 너무 많은 시간을 쓰는 일을 '발산venting' 혹은 '공동반추co-ruminating'라고 하는데, 이러한 행동은 상황을 오히려 악화시키기도 한다. 가령 선의를 가진 친구가 내 관점을 지나치게 정당화하는 바람에, 나를 불행하게 만들 시각으로 더 깊이 매몰되는 경우가 그렇다. "정말 나쁜 놈이네. 네가 화내는 게 당연해. 나라면 그 자식에게 당장 꺼지라고 했을 거야." 그런가 하면 마치 심문이라도 하듯이 세세한 부분을 꼬치꼬치 캐묻는 친구도 있는데, 그러다 보면 처음에 나를 힘들게 했던 감정들이 되살아난다.

감정을 발산하고 타인에게 인정을 받으면 인간관계를 탄탄히 다지는 데는 좋을 수 있다. 시간을 들여서 기꺼이 내 이야기를 들어주는 사람이 있다는 것은 감사한 일이고, 누군가에게 시원하게 속을 터놓는 일이 당장은 기분 좋게 느껴지기도 한다. 우리가 왜 이렇게 행동하는지를 밝힌 연구에 따르면, 인간은 위협을 받는 상황에 처했을 때 유년의 애착 본능이 활성화되면서 자신을 지지해주는 사람들을 찾아가게 된다고 한다.[15] 곁에서 자신에게 신경을 써주는 사람들을 찾아가서 사회적·정서적 지지를 받는 것이다. 다른 사람들과 함께 있을 때 더 강해진다는 생각은 우리 안에 깊숙이 뿌리내리고 있는 심리이다. 이것은 인류가 태곳적부터 지녔던 본능이기도 하다. 어떻게 보면 우리는 사람들을 모두 자기편으로 만들려고 하는지도 모른다.

다른 사람에게 자신에 관한 이야기를 털어놓는 것은 기분 좋은 일이기도 하다. 2012년, 하버드 대학교의 사회신경과학자 다이애나 타미르Diana Tamir와 제이슨 미첼Jason Mitchell이 기념비적인 논문을 발표했다. 이들은 사람들이 자신의 감정과 생각을 겉으로 드러내는 일을 매우 중요하게 여긴다는 사실을 연구 결과로 입증했다. 감정과 생각을 드러내면 뇌의 보상 회로가 지속적으로 활성화됐다. 아이스크림을 먹거나 섹스처럼 쾌락적 경험과 연관된 '기분 좋은' 도파민 경로가 자신의 이야기를 하는 순간에도 똑같이 활성화됐다. 심지어는 돈을 포기하면서까지 자신의 이야기를 하려는 사람들도 있었다. 이들에게는 자신에 대해 털어놓는 일이 돈을 받는 것보다 더 큰 보상이었다.[16]

자기표현에 대한 동기는 우리 안에 깊숙이 자리하고 있다. 하지만 이것만으로는 충분하지 않다. 대화 중에 그저 자기 이야기만 한다면, 털어놓고 있는 상처가 치유되기는커녕 더욱 심하게 곪을 수도 있다. 일단은 감정에서 빠져나온 뒤 문제를 더욱 폭넓은 관점에서 바라보는 것, 즉 다른 사람의 관점을 취해 새롭게 바라보는 것이 더 나은 전략이다. 어떤 감정에 갇히면 순식간에 시야가 좁아지곤 한다. 문제를 일으킨 원인이나 내가 겪는 괴로움밖에 안 보인다. 이런 일이 벌어졌을 때 내 시야를 가리는 눈가리개를 벗어던지게끔 도와주는 것이 다른 사람들의 존재이다. 앞서 5장에서 이야기한 대로, 관점 전환은 이미 우리 안에 있는 감정 전환 도구이지만 감정적으로 격앙된 순간에 다른 관점을 취한다는 게 그리 쉬운 일은 아니다. 이럴 때 내가 신뢰하는 타인이 외부에서 레버를 살짝 움직여 주면 그것이 결정적 계기로 작용할 수도 있다.

물론 경청자에게도 나름의 기술이 필요하다. 무엇보다 일의 순서를 잘 생각해야 한다. 상대방을 감정에서 빠져나오게 하는 것이 먼저이고, 문제를 다른 식으로 생각하도록 돕는 것이 나중이다. 게다가 감정이 강렬할수록[17] 당사자가 문제를 바라보는 시야를 확장해야겠다고 마음먹기까지 시간이 더 오래 걸린다. 사람들은 화가 났을 때 타인이 자신의 이야기를 들어주고 이해해 주고 인정해 주기를 바란다. 이건 절대 빠질 수 없는 부분이다. 하지만 친구, 동료, 사랑하는 사람이 이 단계에서 멈춘다면 퍼즐의 핵심 조각을 놓치는 셈이다. 건강한 관점 전환은 인지적 지지가 함께할 때만 가능한데, 이는 곁에서 위로하는 데 그치지 않고 상대방이 상황을 헤쳐나가도록 돕는 일까지 포함한다. 경청자는 잠재적 해결책을 제시하거나 상대방이 관점을 전환하여 문제를 다른 각도에서 바라보도록 도울 수 있다. 여기서 핵심은 상대방에게 공감하면서 그 사람이 폭넓은 관점에서 자신의 문제를 면밀하게 생각해 보도록 도와줘야 한다는 것이다.[18]

이는 내가 도움이 필요한 때 사람들과 이야기를 나누면서 그들에게 무엇을 부탁할까 하는 문제에도 똑같이 적용된다. 만일 대화가 너무 공동반추 쪽으로 흐른다고 느껴진다면, 대화의 주도권을 잡고 구체적인 도움을 받을 수 있는 방향으로 끌고 가면 된다. 대화 상대에게 당신이 내 상황이라면 어떻게 할 것 같은지, 외부에서는 이 상황을 어떻게 볼 것 같은지를 물어보는 식으로 말이다. 이것들은 전문 치료사들이 환자를 치료할 때 사용하는 방법으로, 경험적으로 입증된 특정한 유형의 개입법이다. 하지만 우리를 괴롭히는 모든 문제에 전문 치료사의 개입이 필요하진 않으며, 이 방법들이 모두에게 효과가 있거나 이용 가능한 것도 아니다. 여기서 핵심은 전문가와의 상담보다 친구와의 수다가 더 효과적이라는 것이 아니라, 상담 치료와 관계없이 필요하다면 누구나 이 기본적인 감정 변화의 원리들을 훨씬 효과적으로 활용할 수 있다는 것이다. 타인의 감정을 기민하게 파악하며 대화하다 보면 발밑에 온 신경을 집중하고 지뢰밭을 빠져나가는 느낌이 들 수도 있다. 대화를 똑바로 이끌어 가려면 다음과 같이 간단한 두 가지 지침을 유념해야 한다.

만약 여러분이 누군가의 '감정 조언자 emotional adviser' 역할을 맡게 된다면, 경청하고 공감하며 인정하고 정상화 normalize하는 일부터 시작하라. 상대방에게 이렇게 말해보자. "그 일에 대해 좀 더 이야기해 줘. 힘들 수밖에 없었겠네. 그래서 어떤 생각이 들었어? 그렇게 느끼는 게 당연해." 그러면서 대화가 공동반추에 빠질 기미는 없는지도 예의 주시해야 한다. 나까지 상대방만큼 흥분해 버리거나, 분노와 슬픔에 몰입해서 그 감정들을 증폭시키기까지 하는 일은 없어야 한다.

상대방의 마음이 열렸다 싶으면, 프레임을 뒤로 옮겨 시야를 조금씩 넓히면서 상대방이 어떻게 반응하는지를 살핀다. 아직 상대방이 영 준비가 안 됐다 싶으면, 다시 경청자 모드로 돌아가면 된다. 긴가민가할 때는 이렇게 물어보면 된다! "이 문제에 대해 나도 좀 생각해 봤는데, 내 의견을 말해도 괜찮을까?" 그러면 상대방이 들어보겠다고 할 수도 있다. 만약 듣고 싶지 않다고 한다면, 그저 이야기를 들어주길 바라는 것일 수도 있다. 그래도 괜찮다. 모든 감정적 대화가 해결책을 내놓고 마무리되지는 않는다. 그저 그 순간에 상대방의 곁에 있으면서 이야기를 들어주는 것으로 충분한 때도 있다. 보통은 나중에 다시 상대방을 만나서 대화를 이어갈 수 있으며, 그때 다시 줌아웃을 할 기회를 마련하면 된다.

내가 정서적 지지가 필요한 당사자일 때는 누구를 찾아갈지를 아는 일이 무엇보다 중요하다. 진정으로 도움이 필요한 상황이라면, 앞에서 소개한 두 가지를 해줄 누군가가 필요하다. 먼저 들어주고 이해해 주고 공감해 주다가, 내가 관점을 전환할 수 있도록 이끌어 주는 사람 말이다. 당연히 모든 사람이 이 일을 할 수 있진 않다. 지금 여러분 곁에는 누구보다 여러분을 사랑하고 진심으로 소중히 여기며 필요한 시간에 언제든 찾아갈 수 있는 이들이 많을 거라고 확신한다. 하지만 아쉽게도 이런 이들이 모두 여러분의 감정 조언자가 돼주지는 못한다.

강의나 워크숍에서 이 대목에 이르면, 나는 수강생들에게 누가 자신의 감정 조언자가 돼줄 수 있는지를 찾아보라고 한다. 괜찮다면 여러분도 지금 당장 해보기를 권한다.

종이를 한 장 준비한 뒤 두 칸으로 나누고 '사적인 관계'와 '업무상 관계'라고 각각 이름을 붙인다. 그러고 나서 문제가 생겼을 때 내가 연락하는 사람들의 이름을 각각의 칸에 적는다. 두 칸 모두에 들어가는 이름도 있고, 어느 한 칸에만 들어가는 이름도 있을 것이다. 명단이 아주 길 수도, 아주 짧을 수도 있다. 어느 쪽이든 괜찮다. 지금 우리는 자신의 정서적 지지 네트워크가 어떤 모습인지 대략적으로 파악하는 중이며, 그게 몇 명이든 인원수는 상관없다.

다음 단계는 '감정 분출'과 '줌아웃하기'의 균형에 대해 생각해보는 것이다. 여러분의 조언자 목록에는 편하게 속마음을 쏟아낼 수 있는 사람들이 있을 테다. 감정 분출도 관계를 돈독히 하고 유대감을 형성하는 훌륭한 방법이다. 실질적인 문제 해결에는 그다지 도움이 안 되겠지만 말이다. 반면, 처음부터 바로 조언을 해주기에 급급한 사람들과는 대화가 힘들 수도 있다. 이런 태도는 대인관계에 좋지 않은 영향을 미친다. 최근 한 워크숍에서 나는 참가자들에게 간단한 설문조사를 하면서 이런 질문을 던졌다. "상대방에게 무슨 일이 있는지를 먼저 듣고서 사정을 파악하지 않고 당장 조언부터 하려는 사람들을 여러분은 뭐라고 부르나요?" 가장 많이 나온 대답은 "무개념 인간!"이었다. 강의실 뒤편에서 큰소리로 이렇게 외친 사람도 있었다. "남편!" 나도 한 사람의 남편으로서 뜨끔했다!

마지막 단계에서는 명단을 죽 훑으며 나를 위해서 두 가지 전부를 해주는 사람들의 이름에 동그라미를 친다. 내 이야기를 들어주면서 관점까지 넓혀주는 사람을 찾는 것이다. 바로 이들이 나의 감정 조언자이다. 그렇다면 네트워크의 나머지 사람들은? 누구나 내게 모든 것을 해줄 수 있진 않다. 그래도 괜찮다. 내가 감정을 전환할 때 도움을 줄 수 있는 사람만 내 세계에 들어올 수 있는 건 아니니까.

또 다른 방법은 없을까? 주변 사람들을 변화시키면 된다. 만일 상대방이 공동반추에 빠지기 쉬운 성향이라면, 이런 연구 결과를 말해주며 넌지시 운을 띄울 수 있다. "장기적으로 보면 감정 분출이 실제로 도움이 안 된다는 연구가 있더라. 나도 몰랐네!" 상대방이 일단 조언부터 하고 보는 유형이라면 사전에 이렇게 분위기를 조성할 수도 있다. "이 문제에 대해 잠깐 내 마음을 털어놓은 뒤에 네 생각을 들어봐도 될까?"

스타트업에서 신뢰할 만한 고문을 선정하기 위해 치밀하게 심사하듯이, 우리도 함께 감정을 조절해 줄 조언자를 선택할 때 꼼꼼하게 따져봐야 한다. 그러니 앞으로는 다음과 같은 사항들을 염두에 두자.

- 도움을 구할 때 내가 감정을 표현하게 잘 도와주되 그 시간이 너무 길지는 않은가?
- 필요할 때 솔직하게 말해주는 것을 두려워하지 않는가?
- 혼자서 미처 생각하지 못했던 관점을 자주 제시해 주는가?

이 질문들에 답하다 보면 내 주변에서 누가 가장 현명하게 변화를 끌어낼지 정확히 파악할 수 있다. 설령 이 기준에 미치지 못하는 친구들이 있다고 해도 그들과 연을 끊을 필요는 없다. 여러분은 단지 그들의 강점과 약점을 더 잘 알게 됐을 뿐이다. 성공하는 기업은 자문 위원단을 구성할 때 오랜 시간을 고심한다. 우리도 그래야 한다.

마지막으로, 이런 식의 '감정 조언' 대화만이 누군가를 변화시키거나 나 자신의 변화를 위해서 의지할 수 있는 유일한 방법은 아니라는 사실을 명심하자. 다른 사람을 긍정적인 방향으로 이끄는 일은 상대방이 의식하든 못 하든 얼마든지 가능하다. 상대방의 주의를 끌거나 감각을 활성화하는 것만으로도 그 사람을 변화시킬 수 있다. 이 방법은 조금 까다로운 상황, 즉 상대방이 도와달라고 하지 않았는데도 그 사람의 문제에 관해 말하려고 할 때 상대방이 반발하거나 방어적인 태도를 보이는 상황에서 매우 유용할 수 있다. 영화라도 한 편 보면서 감정을 추스를 시간을 가지라고 권하든, 우리가 소중히 여기는 사람의 감각을 자극해서 기분 전환을 유도하든, 우리 모두는 다른 사람들의 주의와 감각을 변화시키는 전환 도구들을 활성화할 수 있는 능력을 갖고 있다. 내 딸이 축구 시합 전 안 좋은 기분에서 벗어나지 못했을 때 내가 저니의 노래를 틀었던 것처럼 말이다. 그 노래가 딸아이 안의 감각 전환 도구를 활성화해 줬다. 플레이 버튼은 내가 눌렀지만, 딸이 그 노래에 귀를 기울인 덕이었다.

다른 사람들이 우리의 감정을 변화시키는 방법은 또 있다. 그들은 종종 어떤 의도도 없이 의식도 하지 못한 채 그저 존재함으로써 우리의 감정을 전환한다. 그들의 존재에 어떻게 응하느냐에 따라 우리는 절망의 수렁으로 빠지기도 하고 거기서 벗어날 수 있는 절호의 기회를 얻기도 한다.

비교라는
기쁨 도둑 이용하기

어느 추운 겨울날 밤, 미국 어딘가에 스마트폰 사용 시간을 늘려 달라고 조르는 10대 소녀와 그럴 수 없다며 맞서는 부모가 있었다. 문제의 소녀는 밤에 30분 더 스마트폰을 쓸 권리를 소리 높여 주장하고 있었다. 문제의 부모는 딸 친구들의 부모 모두가 밤 9시 이후에는 아이들이 집에서 스마트폰을 쓰지 못하게 한다는 사실을 내세우며 맞섰다.

"우리 집에서는 다른 사람들이랑 비교 같은 건 안 하는 줄 알았는데요?" 10대 소녀가 대꾸했다.

문제의 부모는 바로 나였다. 딸에게 제대로 한 방 먹은 느낌이었다. 딸의 말이 사실이었기 때문이다. 나는 아이들이 어렸을 때부터 남들과 자신을 비교하지 말라고 누누이 말해왔다. 비교는 '기쁨 도둑'이라는 게 내 지론이었다. 비교는 스스로를 틀 안에 가두고 자신의 열망과 창의력을 타인의 기준에 맞춰 제한한다.

결국 내 딸은 스마트폰 사용 시간을 늘려달라는 요구를 관철하지 못했지만, 아버지의 논리가 얼마나 허술한지를 드러내는 데는 성공했다. 굳이 변명하자면, 나는 사람들이 전부터 해왔던 일을 반복했을 뿐이었다. 뉘앙스에 대한 고민 없이 사회적 통념을 되풀이한 것이다. 하지만 잘못이 있다면 이제는 바로잡아야 할 때이며, 그 작업은 모든 사회적 비교는 해롭다는 통념을 파고드는 데서 시작된다(스포일러 주의: 그렇지는 않다).

물론 사람들이 비교를 경계하는 데는 그만한 이유가 있다. 인스타그램 인플루언서들만 봐도 알 수 있듯이 사회적 비교는 분명 해로울 수 있다. 2010년대 초반, 나는 각종 소셜 미디어를 분석하는 연구에 참여하고 있었는데 페이스북에서의 교류가 행복에 부정적 영향을 끼친다는 결과가 나왔다(당시는 페이스북이 대세 플랫폼이었다). 그건 당연한 결과였다. 페이스북을 사용하는 시간이 길어질수록 긍정적 감정이 줄어들었으니까 말이다.[19] 우리 연구팀은 후속 연구들까지 진행한 뒤에야 이러한 현상이 나타나는 이유를 이해할 수 있었다. 사람들은 페이스북 화면을 더 오래 스크롤할수록 더 큰 질투심을 느꼈고, 이것이 행복의 감소를 예측하는 지표가 됐다.[20]

그로부터 5년쯤 지났을 무렵, 소셜 미디어와 사회적 비교에 관한 대규모 연구가 진행됐다. 페이스북 출신의 연구자들이 모여서 위의 내용을 입증하고 확장하는 연구 결과를 내놓은 것이다. 총 3만 7,729명이 참가한 연구에서 최근 2주 동안 페이스북을 보고 자신을 남들과 비교하는 바람에 기분이 나빠지는 경험을 한 이들이 22퍼센트에 이르는 것으로 나타났다. 그중 3분의 1 이상은 이러한 부정적 감정이 하루 이상 지속됐다고 했다. 이 연구 결과를 토대로 추론하면, 페이스북 같은 소셜 미디어 플랫폼을 이용하는 사람들이 30억 명 이상이므로[21] 매일 디지털 세상에서의 사회적 비교 때문에[22] 기분이 나쁜 사람들이 수억 명에 이른다는 계산이 나온다.

이 사실은 사회적 비교를 둘러싼 현재의 담론을 상당 부분 설명해 준다. 대부분의 사람들이 소셜 미디어에서 많은 시간(하루에 약 2시간 30분)을 보내기 때문에, 소셜 미디어가 쓸데없는 비교의 온상이 되는 건 당연하다.[23] 게다가 부정적 경험은 긍정적 경험보다 마음에 더 큰 잔상을 남기기 때문에[24] 이러한 유형의 사회적 비교가 해롭다면 모든 사회적 비교가 해롭다고 생각하며 함정에 빠지는 이유를 쉽게 이해할 수 있다. 게다가 때로는 더 제대로 알아야 하는 전문가들조차 이 함정에 빠지곤 한다(에헴).[25]

그러나 사회적 비교가 원래 해롭다고 단정 짓기 전에, 그것이 인간이 가진 심리의 보편적 특징이라는 사실을 유념하도록 하자. 인간은 자신을 남들과 비교할 수밖에 없다. 이는 처음부터 우리 두뇌에 깊이 박혀있는 행동이다.[26] 우리는 유치원에 다닐 무렵부터 사회적 비교를 시작해서 이후 끊임없이 계속한다. 이것은 소득 수준이나 문화와도 상관이 없다.[27] 인간은 사회적 비교를 피할 수 없으며, 자신이 남에 비해 어떤지를 늘 따지고 잰다.[28] 별생각 없이 인스타그램 피드를 스크롤하면서 자발적으로 남들과 비교를 하는가 하면, 때로는 동문회지의 소식란을 훑으며 자신과 동기들을 의도적으로 비교하기도 한다.[29]

사회적 비교는 무척 단순한 이유에서 출발할 때가 많다. 그것이 자신을 이해하는 데 도움이 되기 때문이다. 우리의 자부심은 단지 스포츠 시합에서 객관적으로 얼마나 뛰어난 기량을 발휘하고, 학교에서 A 학점을 얼마나 많이 받느냐로만 결정되지 않는다. 우리가 남들에 비해 얼마나 잘 해내고 있느냐도 중요하다. 나는 충분히 똑똑한가? 내 외모는 충분히 괜찮은가? 나는 사회성을 충분히 갖추고 있는가? 명확하고 객관적인 기준들을 찾을 수 없는 이런 문제들 앞에서 우리는 다른 사람들을 보면서 의견을 형성하

고 행동을 바로잡게 마련이다.³⁰

여기서 분명히 해둘 점이 있다. 사회적 비교는 하나의 기준만 갖고 누가 나보다 위에 있거나 아래에 있는지를 정하는 엉성한 지위 사다리가 아니라는 점이다. 자신을 남과 비교할 때, 이런 면에서는 내가 더 낫지만 다른 면에서는 내가 부족하다는 이중적 생각을 품을 수 있다. 내게 결핍된 특정 자원들을 남들은 갖고 있거나, 내가 가진 걸 남들은 못 갖고 있을 수 있다. 내가 평생 이룰 수 없을 커다란 성공을 거둔 사람들이 인간관계나 가정생활에서는 나보다 못할 수도 있다. 사회적 비교는 우리의 목표, 가치관, 자아감을 구체화하고 차별화하는 무척 미묘한 심리 장치이다.

평상시에 우리는 사회적 비교를 별생각 없이 사용한다. 하지만 인스타그램에서의 경험이나 수많은 사례가 보여주듯이 사회적 비교는 종종 우리를 곤경에 빠뜨린다. 사회적 비교에 관한 대규모 분석 중 이 주제에 대해 60년 이상 축적된 연구 결과들을 검토한 작업이 있는데, 그에 따르면 대부분의 사람들은 어떤 면에서 자기보다 뛰어난 이들을 상대로 비교하는 경향이 있었고, 그 뒤 일반적으로 기분이 나빠지는 결과가 빚어졌다.³¹

그런데 우리가 사회적 비교에 관해 종종 간과하는 사실이 있다. 작동 원리만 제대로 이해하면 우리가 더 나은 사람이 되는 데 사회적 비교를 활용할 수 있다는 점이다. 일전에 나는 미카엘라 로드리게스, 오즈렘 에이덕Ozlem Ayduk과 함께 진행한 연구에서 곤경에 빠진 피실험자들에게 본인보다 열악한 처지에 있는 사람을 떠올리도록 요청했다. 그 결과, 상당수의 피실험자가 이러한 비교에서 위안과 힘을 얻는다는 사실을 알 수 있었다. 자신의 문제를 그저 곰곰이 생각하기만 했던 피실험자들에 비해 이들이 더 낙관적이고[32] 덜 비관적으로 느꼈다. 한 학생은 슬프고 괴로운 상황에서도 아침에 일어나서 일과를 시작해야 하는 자신의 가족을 떠올렸다. 이 비교를 통해 그 학생은 자신이 실제로 꽤 운이 좋다는 사실을 깨달았고 덕분에 마음속에서 의욕이 샘솟았다. '다들 문제들을 떠안고도 매일 나가서 할 일을 해내는데, 나라고 못 할 게 뭐 있겠어.'

긍정적 감정과 부정적 감정이 우리의 행복과 성공에 기여하듯이, 자신을 좋게도 나쁘게도 느끼게 만드는 사회적 비교는 우리가 이 세상을 살아나가는 데 매우 중요하다. 그러므로 먼저, 사회적 비교가 전부 나쁘다는 통념부터 버리도록 하자. 이러한 인식 자체가 부정적 경험을 계속 쌓는 결과를 낳을 수도 있다. 나는 아직도 목표를 이루려고 아등바등하는데 이미 그 목표를 이룬 친구를 보고 불안하고 질투가 난다고 해서, 친구와 비교하는 자신을 깎아내리며 우울한 기분에 젖을 필요는 없다. 그런 비현실적인 기대는 떨쳐버리고, 침입성 사고나 채터처럼 사회적 비교도 자연스러운 행동임을 이해해야 한다. 부지불식간에 이미 자동적으로 하고 있는 행동을 감정 조절의 관점에서 자신에게 유리한 방향으로 십분 활용하는 것이 진정한 프로의 전략이다.

지금부터 매우 간단하면서도 과학적인 커닝페이퍼를 하나 소개할 테니, 이를 토대로 주변 사람들을 움직여서 자신이 원하는 방향으로 전환을 이루어 내길 바란다. 이것을 알고 나면 '유용한 비교'는 더욱 잘 활용하고 '쓸모없는 비교'는 과감히 버릴 수 있을 것이다.

나보다 능력이 뛰어난 사람을 상대로 비교하면서 나는 없고 남이 가진 것에 초점을 맞추면 질투를 느끼고 낙담할 수 있다. 하지만 이 비교를 동기 부여의 원천으로 삼으면 오히려 에너지와 영감을 얻을 수 있다. '저 사람이 해냈으니 나도 할 수 있어.'라는 식으로 말이다.

나보다 나쁜 상황의 사람을 상대로 비교하면 나도 비슷한 상황에 빠질 수 있다는 두려움과 걱정이 들 수 있다. '저 사람에게 그런 일이 생기다니. 나한테도 비슷한 일이 생길 수 있겠네.'라면서 말이다. 하지만 이 비교를 관점을 넓히는 데 활용하면 오히려 진정으로 감사하는 마음이 느껴질 수도 있다. '와, 훨씬 나쁜 상황일 수도 있었잖아. 나 정도면 정말 괜찮은 거야.'라는 식으로 말이다.

이런 식으로 사회적 비교를 활용하는 일은 정신적 시간 여행을 활용하는 일과 비슷하다. 사회적 비교를 그냥 내버려 두면 나를 전혀 원치 않는 곳으로 끌고 갈 수 있다. 하지만 사회적 비교를 능숙하게 다룰 수만 있다면 뇌가 설정값에 따라 자동으로 수행하던 일을 가로채서 자산으로 탈바꿈할 수 있다.

내가 딸들에게 더 일찍 가르쳐 주고 싶었던 것이 바로 이 미묘한 차이다.[33] 내가 자신을 어떻게 느끼는지는 단지 자신을 누구와 비교하는지만이 아니라 그 비교를 내가 어떻게 생각하는지에도 달려있다. 나는 요즘 딸들에게 다음과 같은 사실을 일깨워 주는 중이다. 비교는 우리가 어떤 사람이고, 무엇을 얼마나 잘하는지를 깨닫게 해주는 하나의 방법이다. 비교를 어떻게 활용하느냐에 따라 그것은 오해를 불러일으키거나 해를 끼칠 수 있다. 그리고 빈도에 대해서도 이야기한다.[34] 만일 자기보다 더 뛰어나다고 생각하는 사람들과 끊임없이 비교하다 보면, 그 생각이 행복을 갉아먹을 수도 있다. 그럴 때는 잠시 시선을 뗐다가 관점 전환을 위해 필요할 때만 다시 비교에 집중하는 게 현명한 방법이다. 마지막으로, 비교를 통해 얻는 정보는 그저 하나의 데이터에 불과하다는 사실도 가르치려고 한다. 비교 결과는 구체적 맥락에 따라 상당히 달라진다. 우리는 수많은 사람에게 각각 다른 존재로 인식된다. 다른 사람들이 우리를 보고 그들 자신과 비교하는 방식을 알면 우리 역시 깜짝 놀라거나 충격을 받을지도 모른다. 감정을 어떻게 바꾸고 싶은지에 따라 삶 속에서 다양한 맥락과 사람들을 떠올릴 수 있다.

사회적 비교를 도구처럼 활용하는 일이 아직도 망설여진다면, 바로 이것이 인간이 작동하는 방식이라는 사실을 기억하자. 인간은 위계를 따르는 종이다. 사회적 위계는 분명히 존재하며, 우리는 그 안에 존재한다. 남과 비교해서 기분이 좋아지는 일이 여전히 꺼려진다면, 이를 해결하기 위해 할 수 있는 일이 있다.

배려의 전염성이 더 강하다

2008년, 심리학 역사상 가장 흥미로운 실험으로 꼽힐 만한 실험이 있었다. 리즈 던Liz Dunn은 동료들과 함께 브리티시컬럼비아 대학교의 캠퍼스를 돌아다니며 사람들에게 현금이 든 봉투를 나눠줬다.[35] 연구팀은 사람들이 봉투 안의 금액을 확인하기 전에 현재의 행복도를 먼저 평가해 달라고 요청했다. 이 절차를 끝낸 행운의 피실험자들은 '개인적 지출 집단'과 '친사회적 지출 집단' 중 하나에 임의로 배정됐다.

'개인적 지출 집단'에 배정된 사람들은 연구팀에게서 받은 돈을 그날 저녁까지 자신을 위해 써야 했다. 자신에게 이익이 되는 일이라면 그 돈으로 뭘 해도 상관없었다. 아이스크림을 사 먹을 수도 있었고, 도서관에 연체료를 낼 수도 있었으며, 영화를 보러 갈 수도 있었다. 반면, '친사회적 지출 집단'에 배정된 사람들은 그 돈을 다른 누군가를 위해 써야 했다. 자선단체에 기부하든, 사랑하는 사람에게 커피를 사주든 원하는 일은 무엇이든 할 수 있었다. 각 봉투에는 5달러 혹은 20달러 지폐가 들어있었다. 그날 오후 5시가 지났을 무렵, 연구팀은 두 집단의 피실험자들을 다시 만나서 행복도를 한 번 더 평가해 달라고 했다.

돈과 행복은 우리가 살면서 가장 중요하게 생각하는 부분이다. 이 주제에 관해서는 눈길을 끄는 제목을 단 연구가 수없이 많지만, 대부분 우리가 행복해지려면 얼마나 많은 돈이 필요한지를 탐구한다.[36] 그러나 리즈의 연구에서 흥미로웠던 대목은 연구팀이 행복의 린치핀linchpin으로 돈의 양에 주목하지 않았다는 점이었다. 그 대신 그들은 사람들의 직관적인 믿음에 질문을 던졌다. 타인에게 돈을 쓸 때보다 자신에게 돈을 쓸 때 더 기분이 좋다는 믿음 말이다.

하지만 막상 실험해 보니 통념과는 정반대의 결과가 나왔다. 데이터 수치를 분석한 끝에, 연구팀은 금액과 상관없이 자신에게 돈을 쓴 사람보다 타인에게 돈을 쓴 사람들이 더 큰 행복을 경험했다는 사실을 발견했다.

골드러시 시절 금광을 좇아서 시에라네바다산맥으로 구름같이 몰려들었던 사람들처럼 다른 과학자들도 속속 이 주제에 달려들었고, 리즈의 연구팀이 발견한 결과를 토대로 누구에게 돈을 쓰는지가 행복을 예측하는 주요 지표라는 사실을 입증하고자 했다.[37]

이와 관련해 제기된 질문 중 하나는 '이 결과가 선진국에서 경제적으로 여유가 있는 대학생이라는 소규모 집단에서만 유효한 사실은 아닐까?' 하는 것이었다. 하지만 연구 결과에 따르면 타인에게 베풀려는 충동은 훨씬 원초적인 감정으로 밝혀졌다. 아울러 후속 연구에서 대규모의 피실험자들을 '부유한 집단'과 '빈곤한 집단'으로 나눠서 실험을 진행했을 때도 이 원리가 작동한다는 사실이 확인됐다.[38]

개인적 이해관계가 커지면 자신을 위하는 경향이 더 강해지지 않을까 생각할 수도 있다. 하지만 연구 결과에 따르면 그렇지 않았다. 코로나19 팬데믹 시기는 개인의 안위에 대한 걱정이 어느 때보다 높았는데, 이 시기에 진행된 연구에서도 비슷한 결과가 나왔다.[39] 어떤 경우가 됐든 피실험자들은 자신보다 타인을 위해 돈을 쓸 때 더 행복해했다. 이 결과들을 종합하면 타인에게 베푸는 일이 얼마나 강력한 행복의 원천인지를 알 수 있다.

여러모로 정말 뜻밖의 결과이다. 과학자들과 철학자들은 오랫동안 인간을 이기적 존재로 묘사해 왔으며, 타인의 필요보다 자신의 욕구를 우선시한다고 봤다.[40] 하지만 곰곰이 생각해 보면 인간은 집단을 이루고 살아오는 동안, 즉 세상에 돈이 출현하기 훨씬 전부터 서로를 보살피며 챙겨왔다.[41] 심지어 사회가 나서서 그런 일을 요구하거나 권장하지 않던 시절에도 말이다. 때때로 우리는 타인을 돕기 위해 자신이 가진 것을 내주며[42] 위험을 무릅쓰기도 한다. 홍수나 산불 같은 자연재해가 닥쳤을 때 이웃 덕에 목숨을 건졌다는 미담이 뉴스에도 자주 나오지 않던가. 어딘가에서 착한 사마리아인이 나타나서 사람들을 집 밖으로 탈출시키고 구호품을 가져다줬다고 말이다. 그렇다면 왜 세상에는 낯선 이에게 5달러를 쥐여주는 단순한 행동을 넘어서 타인을 도우려고 위험까지 무릅쓰는 사람들이 그렇게 많은 것일까?

그 이유는 베푸는 행위가 우리에게 실제로 이익을 안겨주기 때문이다.[43] 우리가 타인을 챙기는 행동을 하면, 이는 사회적 유대를 단단히 다지는 동시에 훗날 누군가에게서 도움을 받을 가능성을 높인다. 아울러 친절은 사회적 선으로 인식되므로, 타인에게 친절을 베풀면 (선한 사람으로 보이게 하면서) 우리의 지위도 올라간다. 그러면 사회적 관계망 속에서 친구와 연인을 사귀고 관계를 이어가는 데 도움이 된다.[44] 이런 이유들로 인해 타인을 도우면 행복을 느끼게 된다.[45] 진화는 우리가 타인을 도울 때마다 작은 기쁨을 느끼게 했으니[46] 그것이 궁극적으로 인류의 영속을 돕는 길이기 때문이다.

타인을 위해 좋은 일을 할 때 기분이 더 좋아지는 현상을 뒷받침하는 연구들은 계속 이어지고 있다. 친절한 행동의 효과에 대한 27건의 실험과 4,000명 이상의 사람들을 다룬 메타 분석 결과, 타인에게 친절을 베풀면 기분이 상당히 좋아지는 것으로 밝혀졌다. 이는 마음챙김이나 감사훈련만큼 효과적인 개입법이었다.[47] 이러한 효과는 나이, 성별, 사회적 불안을 느끼는 성향에 상관없이 모든 사람에게서 나타났다.

타인을 돕는 행위에서 비롯하는 감정적 이점을 누리기 위해 굳이 무료 급식소에서 자원봉사를 하거나 자선 활동을 시작할 필요는 없다(물론 전부 훌륭한 일이지만 말이다!). 언제 사람들에게 정서적 지지가 필요한지를 인식하고, 주변에 있는 사람들을 둘러보는 것만으로도 충분하다. 예를 들어 당신의 배우자가 다혈질인 편인데 지금 괜히 까칠하게 군다고 해보자. 당신은 배우자가 자신에게 화풀이한다는 생각에 답답할 수도 있겠지만, 배우자의 일정이 너무 빽빽하다는 사실을 눈치채고 대신 점심을 싸줄 수도 있다. 이렇게 하면 두 사람 모두 기분이 나아지게 된다. 혹은 당신의 이웃 중에 나이가 지긋한 노인이 최근 우울함에 빠져 집에만 틀어박혀 지내는 듯이 보인다고 해보자. 밖을 내다보니 그 집 주변만 잔디가 무성한데 아무도 돌보지 않는 것 같다. 당신의 마당을 손질하면서 이웃집의 잔디도 함께 정리하고 나니 이웃의 하루를 조금이라도 나아지게 만들었다는 생각에 마음이 뿌듯해진다. 이렇게 사소한 행동을 실천함으로써 우리는 수천 년을 이어온 인류의 상부상조 전통에 동참한 셈이 된다. 서로 의지하여 이득을 얻는다는 이 개념은 그 자체로 감정을 전환하는 효과가 있는 소속감과 목적의식을 불어넣어 준다.

관계의 직조물 속에서
살아가다

인간관계는 감정적 삶의 심연에서 흐르는 물줄기와도 같다. 우리가 이해하든 그렇지 못하든 우리는 그 물줄기를 따라 이리저리 움직인다. 하지만 우리가 확실히 아는 사실들도 있다. 감정은 독감처럼 전염될 수 있다는 것, 타인은 우리의 고통에 강력한 영향력을 발휘할 수 있으며, 모든 사회적 비교가 해롭진 않다는 것, 그리고 타인을 도우면 결국 자신을 돕게 된다는 것 말이다. 이런 지식은 알고 있으면 감정의 레버들을 자유자재로 움직일 수 있기 때문에 매우 중요하다.

일자리를 소개받고서 사무실을 돌아보던 중 직원들에게서 부정적 감정을 감지했다고 하자. 이는 그곳에서 일하면 매일 접하게 될 감정 전염을 미리 알려주는 귀중한 정보이다. 또한, 조언을 구하려 누군가를 찾아갔을 때는 내가 가진 도구들을 제대로 평가해야 한다. '이 대화가 내게 도움이 되고 있나?' 하고 확인하면서 말이다. 설령 그렇지 않더라도 이제 우리는 어떻게 해야 그 대화를 정상 궤도에 올릴 수 있을지, 혹은 언제 자리에서 일어나 다른 감정 조언자를 찾아가야 할지를 잘 안다. 사회적 비교를 긍정적으로 활용할 수 있다는 사실을 알면, 나보다 뛰어난 사람과의 비교를 피할 수 없을 때 떠오르는 부정적 생각들을 재구성할 기회가 생긴다. 타인을 돕는 일이 내 기분을 좋게 만든다는 사실을 알면, 공동체에 이바지할 갖가지 방법을 미리 생각해 둘 수도 있다. 감정과 인간관계에 관한 지식이 중요한 이유는 그것이 단지 내게만 도움이 되는 선에서 그치지 않기 때문이다. 이 지식은 내가 자녀, 배우자, 룸메이트, 동료, 형제자매 등 주변 사람들에게 훌륭한 감정 조절 파트너가 될 수 있도록 도와준다.

우리 한 명 한 명이 한 가닥 실이고, 우리가 맺은 인간관계가 하나의 실타래라고 하면, 그다음 단계로 더 커다란 직조물을 생각하는 것이 논리적 수순일 테다. 우리는 저마다 따로 뒤얽힌 관계들로 이루어진 세상에서 살지 않는다. 그 대신 문화라고 불리는, 수많은 관계가 뒤얽힌 복잡한 직조물 속에서 살아간다. 문화를 각각의 조각이 한데 모여서 독특한 감정의 패턴을 이루는 거대한 태피스트리라고 생각해 보자. 이 거대한 태피스트리는 우리 삶의 뒤편에 늘 배경처럼 드리워져 있다. 이러한 폭넓은 맥락 속에서 우리의 감정과 그에 대한 반응 등 모든 일이 일어난다.

문화처럼 항시 존재하며 우리를 사로잡는 것은 원래 눈으로 식별이 잘 안 되는 법이다. 그 속에 푹 잠겨 살다 보니 어느덧 우리 눈에 보이지 않게 됐다. 하지만 다음 장에서 확인하게 되듯이 궁극적으로는 문화가 이 책에서 다루는 어떤 감정적 힘보다 막강한 영향력을 지닐 수도 있다.

chapter 8

마음을 움직이는 마스터 스위치

도구⑥ 문화 전환

해고당한 알코올중독자

술을 한 방울도 입에 안 댄 지 5년째에 접어들었던 어느 금요일 아침, 홀리스^{Hollis}는 사무실에 출근했다가 난데없이 봉변을 당했다.[1] 그녀가 한 손에는 모카커피, 다른 손에는 노트북 가방을 들고 사무실에 도착한 시간은 오전 9시였다. 하지만 오전 9시 30분 무렵, 커피도 그녀의 일자리도 전부 사라지고 말았다. 잠시 뒤, 홀리스는 자신의 물건을 모조리 담은 상자를 안고 터벅터벅 집의 계단을 오르고 있었다. 생각지도 못한 해고에 완전히 넋이 나간 채로.

그때까지만 해도 홀리스는 자신이 다니던 테크 기업이 구조조정 중이라는 걸 꿈에도 몰랐다. 게다가 짐이 든 상자를 안고 어두운 낯빛으로 회사를 나서는 다른 사람들을 보지 못했기 때문에 구조조정은 그녀가 충격을 덜 받게끔 둘러댄 핑계가 아닌가 싶었다. '정리해고인가?' 어쩌면 홀리스는 구조조정 때문이 아니라 그냥 해고를 당한 건지도 몰랐다. 홀리스 안의 비판자는 벌써 자기혐오 기계의 시동을 걸고는 신랄한 독설을 쏟아내고 있었다. '당연히 해고지! 내 능력이 얼마나 부족한지를 회사에서 이렇게 오랫동안 몰랐다는 게 놀라울 뿐이야. 도대체 나는 날 뭐라고 생각했던 걸까. 갖가지 복지에, 끗발 날리는 사람들이 있는 이런 일자리가 내게 가당키나 해? 하!'

부엌으로 들어선 순간 주택담보대출 납입금과 공과금 청구서 등 어제 받은 우편물들이 눈에 들어왔다. 순식간에 심장박동이 빨라지고 손바닥에서 땀이 나기 시작했다. 불과 한 달 전에 집을 산 참이었는데, 이는 부모님 집에 얹혀살면서 병원을 들락날락하고 고주망태가 되도록 술을 퍼마시기 일쑤였던 몇 년 전에는 상상도 못 한 일이었다. 옥죄어 오는 공포에 몸이 굳어버린 홀리스는 부엌 바닥에 주저앉아서 노숙자가 되는 상상을 했다. 친구와 가족에게 이 이야기를 해야 한다는 생각만으로도 대마초 한 개비와 버번위스키 한 병을 들고 욕조로 기어들고 싶은 마음이 간절해졌다. 두려움에 숨을 쉬는 것조차 힘들었고, 온몸이 수치심으로 따끔거리는 듯했다. 술을 끊고 나서 이렇게까지 감정에 휘둘린 적은 없었던 것 같았다. 그리고 그게 더 무서웠다.

"대응해야 해. 반응하지 말고."

홀리스의 머릿속에 이 생각이 맴돌았다. 그녀의 멘토인 레이^{Ray}가 늘 하던 말이었다.

거의 한 시간 동안 홀리스는 부엌 바닥에 앉아서 흐느끼며 숨을 몰아쉬었지만, 레이의 말을 떠올린 덕분에 차차 마음을 가라앉힐 수 있었다. 그러고 나서는 자신이 알고 있는 사실들을 떠올리려고 노력했다. 대응^{response}은 의도적이고 건설적인 반면, 반응^{reaction}은 자동 반사적이고 감정에 휘둘리는 행위이기 때문에 이것이 종종 자신을 나락까지 몰고 간다는 사실을 홀리스는 이미 잘 알고 있었다. 홀리스는 대신 뭘 해야 하는지도 알았다. 작년에 친구 한 명이 스스로 목숨을 끊었을 때 홀리스는 하늘이 무너진 것 같았다. 그때 홀리스는 레이에게 전화를 걸었다. 그다음에 제넬^{Genelle}, 아서^{Arthur}, 수전^{Susan}, 카를라^{Carla}, 프래니^{Franny}, 타일러^{Tyler}에게 차례로 전화를 걸었고, 마침내 존^{John}까지 전화를 받았다. 홀리스의 휴대전화 연락처에서 1번부터 10번까지는 전부 '익명의 알코올 중독자들$^{AA:\ Alcoholics\ Anonymous}$' 모임에서 만난 사람들이었고, 이들의 이름 뒤에 소문자 a를 붙여서 같은 그룹으로 뜨게 했다.

또다시 감정의 소용돌이에 휘말려서 바닥에 주저앉아 있던 홀리스는 휴대전화 목록을 내려가면서 차례로 전화를 걸기 시작했다. 그날은 네 명의 친구와 연락이 닿았고 오후 늦게까지 바닥에 앉아서 계속 통화했다. 친구들은 홀리스가 그날 하루를 술 없이 맨정신으로 보내기 위해 해야 할 일들을 각자의 방식대로 알려줬다. 홀리스가 가장 먼저 AA 모임의 친구들에게 전화를 건 이유 중 하나는 그들이 같은 언어와 경험을 공유하고 있기 때문이었다. AA 친구들 모두가 무슨 말을 해야 할지, 홀리스가 지금 어떤 상태인지를 잘 알았고, 다른 사람들은 할 수 없는 자기들만의 방식으로 그녀를 도울 수 있었다. 홀리스는 레이와의 통화 중에 그날 저녁 어떤 모임에 나갈지를 계획했다. 제넬과 통화가 끝나갈 무렵에는 AA 모임의 「평온을 위한 기도Serenity Prayer」를 읊으며 전화를 끊고 10분간 명상을 하겠다고 약속했다. 타일러는 홀리스의 전화를 받고 AA 모임의 명언을 그녀에게 상기시켰다. "술 때문에 왔지만, 생각 때문에 남았다I came for my drinking, but stayed for my thinking." 그 덕분에 홀리스는 쓸데없는 감정들을 쳐내는 데 집중할 수 있었다.

예전부터 홀리스도 귀에 못이 박히도록 들은 말이지만, 사람들이 AA를 찾는 이유는 술이 문제여서가 아니라 술을 해결책으로 삼기 때문이다. 홀리스가 문제를 다른 식으로 해결하고 싶다면 다른 식으로 생각할 필요가 있었다. 카를라는 통화 중 홀리스에게 AA의 두 가지 핵심 단계를 상기시켰다. '운전대는 하느님께 맡기고, 홀리스는 손을 뗀다.' 미래를 생각하면 지레 겁부터 먹는 홀리스의 성격은 늘 지적받는 부분이었다. 홀리스가 굴다리 밑에서 텐트를 치고 살아야 하는 처지가 되면 어쩌냐며 두려워하자 카를라가 이렇게 말했다. "지금 네 양발은 어디에 놓여있어?" 홀리스는 처음에 무슨 말인가 싶었지만 이내 그 뜻을 알아차렸다. 아직 자신은 여기에 있었다. 굳이 사서 걱정할 필요가 없었다.

홀리스는 그날 사람들에게 전화를 걸 수 있었다는 사실 자체가 작은 기적처럼 느껴졌다. AA 사람들이 이를 두고 1,000파운드짜리 통화라고 하는 데는 다 이유가 있었다. 괴로움에 빠진 상태에서 수치감에 시달리다 보면 다른 사람들에게 도움을 요청하는 일이 불가능하게 여겨지기도 하기 때문이다. 하지만 그간 홀리스는 AA의 지침들을 하나하나 익히면서 실천했고, 선배 회원들의 강력한 권유에 따라 모임에 나갈 때마다 세 명의 전화번호를 받아서 그들과 통화하는 연습을 해둔 참이었다. 상태가 괜찮을 때 미리 연습해 두면 스트레스를 받거나 도움이 필요한 상황에서 연습대로 행동할 가능성이 커지리라는 생각에서였다.

그날 하루가 끝나갈 무렵, 홀리스의 마음은 어느 정도 홀가분해진 상태였다. 모임에 다녀왔고 형편없는 맛의 배달 음식을 시켜 먹었으며 고양이를 부둥켜안고 울었지만 술은 한 잔도 입에 대지 않았다. 그렇게 하루를 견뎠고, 다음 날, 그다음 날도 견뎌냈다. 홀리스는 다른 일자리를 구했다. 감정의 소용돌이 속에서도 집과 금주 생활을 무사히 지켜냈다. 홀리스는 당시를 회상하면서 모든 것은 AA의 굳건한 '문화' 덕분이었다고 했다. "그 문화가 제 삶을 구했어요."

문화는 우리가 호흡하는 공기와 같다고 많이들 이야기한다. 그리고 문화는 우리의 감정적 삶에서 가장 심오하고 근원적인 힘이기도 하다. 이 책에서 문화를 맨 마지막에 다루는 것도 그래서다.

앞에서 소개한 감정 전환 도구들과 문화가 어떻게 맞물리는지를 생각하다 보니, 몇 년 전에 어머니가 유럽 여행에서 사다 주신 아름다운 러시아 인형 세트가 머릿속에 떠오른다. 첫 번째 인형을 열었는데 그 안에 세심하게 세공된 더 작은 인형이 또 들어있는 모습을 보고 무척 신기해했던 기억이 아직도 생생하다. 이 책에서 이야기한 감정 전환 도구들은 이 인형 세트와 아주 비슷하다. 감정 전환 도구들도 우리 안에 층층이 쌓인 채 서로를 의지하며 우리의 감정적 삶에 영향을 미친다.

우리는 내면의 가장 깊숙한 층을 들여다보며 이 책을 시작했다. 감각, 주의력, 관점이 어떻게 감정을 전환하는지를 먼저 살펴봤고, 우리가 살아가는 공간으로 넘어가서 공간이 내면의 감정 전환 도구들에 어떤 영향을 미치는지를 알아봤다. 그다음에는 주변 사람들, 그리고 그들과의 관계가 우리의 감정을 어떻게 움직이는지로 논의를 확장했다.

문화의 영향은 내면의 모든 층위로 스며들면서, 우리가 미처 의식하지 못하는 방식으로 감정 전환 도구들에 영향을 미친다.

문화의 영향력은 우리가 듣는 음악, 우리가 먹는 음식에서도 찾을 수 있다. 어떤 감정을 느껴야 하고 억눌러야 하는지에 관한 철학[2]과 삶을 어떤 식으로 이해할지도 문화의 영향을 받는다. 아울러 도시 설계부터 집을 짓고 꾸미는 방식에 이르기까지, 문화는 우리가 존재하는 공간에도 막대한 영향을 미친다. 주변 사람들과 어떻게 상호작용 해야 하는가의 문제, 즉 사람들과 어떤 식으로 친밀한 관계를 맺고, 어떤 상황에서 함께 시간을 보내고, 관계에서 무엇을 기대할지에 대한 지침도 문화의 영향을 받는다. 이는 단순히 우리의 삶이 서로 연결돼 있다는 소리가 아니다. 감정 조절을 염두에 두고 우리가 속한 문화적 틀을 잘 활용하게 된다면, 자신만이 아니라 다른 사람들을 위해서도 우리의 감정의 경로를 바꿔 나갈 수 있다는 의미이다.

그런데 앞에서 살펴봤던 다양한 감정 전환 도구들과 마찬가지로, 여기에도 함정은 있다. 바로 문화가 감정 경험에 미치는 영향이 두 갈래의 정반대 방향으로 완전히 갈릴 수 있다는 점이다. 문화는 공기와 같은 존재이기 때문에 감정적 행복의 토대가 되기도 하지만 끊임없는 번민의 이유가 되기도 한다. 강력한 문화가 있을 때 가장 먼저 해야 할 일은 그 문화를 이루는 핵심 가치 중 어떤 것이 우리에게 도움이 되는지를 이해하는 것이다. 그리고 우리가 겪는 고통의 근본 원인이 문화적 틀에 있을 때는 바로 그 핵심 가치를 레버로 삼아서 문화를 바꾸어 나가면 된다. 그러므로 이번 장에서는 다음의 두 가지 측면을 살펴보려고 한다. 문화가 건강할 때는 거기에 어떻게 의지해야 하고, 건강하지 못할 때는 어떻게 대응해야 할까.

마음을 움직이는 문화의 힘

'문화'라는 말을 들으면 흔히 우리는 미술, 음악, 패션, 라이프스타일, 웰빙의 시시각각 바뀌는 유행을 떠올린다. 테일러 스위프트Taylor Swift의 에라스 투어The Eras Tour, 크립토브로스Cryptobros, 카다시안 패밀리Kardashians, 육식 다이어트carnivore diet, 아저씨 체형dad bod, 최신 틱톡 댄스, 초소형 주택, 인박스제로Inbox Zero 같은 것들 말이다. 이 원고를 쓰고 있는 지금은 영화 〈바비Barbie〉가 한창 유행 중이다(이 책이 출간될 즈음에는 유행이 한물간 상태일 테지만 말이다). 그런가 하면 문화를 북아메리카 원주민이나 기독교 공동체 아미시Amish와 같은 특정 집단을 규정하는 요소로 보는 시각도 있는데, 그 문화를 존중하는 차원에서 그들의 전통 복장이나 의례를 함부로 도용하지 않으려고 신경을 쓰기도 한다. 문화는 먹고 말하고 축하하고 애도하는 등 여러 방면에서 중요한 역할을 한다. 문화의 절반은 과거의 유산이며, 절반은 살아있는 생명체이다.

우리가 살면서 가장 먼저 접하는 문화는 자신이 태어난 가족의 문화로, 그 안에는 고유한 종교적·민족적·국가적 특성이 담겨있다. 그다음으로 보통은 학교의 문화, 그리고 우리가 택한 또래집단의 문화를 접하게 된다. 그 뒤 개인의 선택에 따라 스포츠팀이나 방과 후 동아리 문화를 경험하게 되고, 마지막으로 성인이 돼서는 대학과 직장에 들어가서 그곳의 문화를 경험한다. 물론 문화는 이보다 훨씬 다양한 수준에서 존재한다. 로터리 클럽부터 특정 지역 전체에 이르기까지, 사람들이 지속적으로 모이는 곳에서는 어김없이 문화가 형성된다.[3] 그리고 부족, 가족, 조직, 이웃 등 다양한 집단의 감정 지형을 면밀하게 비교해 보면 매우 확연한 차이가 드러난다.

단적인 예로 기업 문화를 보자. 속도전과 행동력을 중시하는 스타트업에서는 불안과 스트레스를 당연히 감수해야 할 감정 경험으로 여기는 문화가 형성될 수 있다. 반면, 탄탄한 재무 구조가 뒷받침하는 수십 년 전통의 기업에서는 퇴사율을 낮추는 데 주력하며, 직원들에게 일과 삶의 균형 및 스트레스 관리를 강조할 수도 있다. 이처럼 어떤 기업 문화에 몸담느냐에 따라 스트레스와 불안에 대해 느끼는 감정은 크게 달라질 수 있다. 그것도 천지 차이로 말이다. 나아가 우리가 감정을 어떻게 느끼는지는 감정을 조절하는 방식, 혹은 그 시도 자체에 영향을 미친다.

우리 중 상당수가 감정을 억누르거나 회피하는 방식으로 감정을 통제한다. 앞에서 살펴봤듯이, 미국에는 이런 전략을 부정적으로 보면서 감정 표현을 무척 중시하는 분위기가 있다. 하지만 어디나 그런 건 아니다. (일본인에게서 보이는) 집단주의 문화에서는 사회적 조화가 중요하고 개인보다 집단을 우선시하는 경향이 있다. 따라서 개인이 감정을 억누를 때가 더 많으며, 그런 행동을 긍정적으로 보기까지 한다.⁴ 반면, (유럽계 미국인에게서 보이는) 개인주의 문화에서는 사회적 조화가 후순위로 밀린다. 따라서 사람들이 자신을 더 많이 표현하는 경향이 있다.

어떤 집단에 속했든 우리는 세상을 헤쳐나가며 그 속에서 자신의 위치를 파악할 때도 문화의 힘을 빌린다. 다양한 기대치, 어휘, 상호작용 방식 등을 문화에서 얻는 것이다. 문화를 이루는 구성 요소들은 우리가 속한 집단의 특정한 요구에 맞춰 오랫동안 진화해 왔기 때문에, 이 세상에 수많은 상황·세대·환경이 있는 만큼 다양한 문화적 차이가 존재하는 것도 당연한 일이다. 더구나 문화의 다양성은 이 세상만이 아니라 내 삶 속에도 존재한다. 가족과 아침을 먹을 때 내가 몸담고 있는 문화와 대학 회의에 참석할 때 내가 몸담고 있는 문화는 분명 다르다. 어떤 집단에 속했느냐에 따라 하루 동안 대여섯 개의 문화에 관여할 수도 있다.

한 나라의 문화처럼 대규모 문화도 있고 또래집단 문화처럼 소규모 문화도 있기 때문에, 우리는 다음과 같이 문화를 매우 실용적으로 정의할 수 있다. 즉 문화는 우리가 특정한 환경 속에서 잘 살아갈 수 있도록 도와주는 것으로, 다양한 경로(가족, 제도 등)를 통해 오랜 세월에 걸쳐 전수된 사상과 관행의 전형이라고 할 수 있다.[5] 문화를 스마트홈이나 호텔 방에 있는 마스터 스위치라고 생각해 보면 어떨까. 마스터 스위치 하나면 온도, 조명, 각종 전자 기기, 블라인드 모두를 제어할 수 있듯이 문화도 마찬가지 역할을 한다. 세대를 거쳐 전수되며 발전해 온 문화는 우리가 한 집단 내에서 하는 경험의 면면을 형성한다. 우리가 무엇을 생각하고, 어떻게 행동하며, 무엇보다 감정을 어떻게 관리하는지에 영향을 미치는 것이다.

모든 문화는 우리의 감정을 자극하는 힘을 가지고 있지만, 확실히 어떤 문화는 감정 조절 면에서 다른 문화보다 더 막강한 능력을 발휘한다. 예를 들면, AA 모임의 문화를 회복뿐만이 아니라 감정적 안정에 이르는 수단으로도 사용한 사람은 홀리스 외에도 수없이 많았는데[6] 사실 그게 AA 모임의 핵심이기도 했다. AA 모임은 알코올 중독 문제를 치료하려는 사람은 누구나 가입할 수 있도록 무료 '회원제'로 운영된다. 이 단체는 1935년에 설립된 이후로 강력한 문화를 형성해 왔으며, AA 문화 덕분에 삶이 바뀌었다고 말하는 이들을 심심찮게 볼 수 있다. 여러모로 이곳은 감정 관리 기술을 연마하는 일종의 극기훈련 캠프라고 할 수 있다. AA 모임을 찾아오는 사람 중에는 감정을 제어하지 못해 삶을 망쳤던 사람이 많다. AA 모임에서는 행복을 되찾으려면 문제의 근원까지 파고들어야 한다고 주장하는데, 음주 그 자체가 아니라 삶이 망가지지 않게끔 자기감정을 다루는 능력이 부족한 게 진짜 문제이기 때문이다.

AA가 수많은 이의 삶을 구할 수 있었던 이유는 이 단체가 문화의 힘, 나아가 문화의 본질적 메커니즘을 통해 사람들이 더 긍정적인 방향으로 변화할 수 있도록 도왔기 때문이다. 하지만 문화의 힘을 활용해서 감정 관리를 해보겠다고 꼭 AA 모임에 가입할 필요는 없다. AA 모임과 같은 효과적인 문화들이 어떻게 그런 대단한 일을 해냈는지 그 속을 들여다보고 싶다면 문화를 다음과 같은 세 가지 핵심 요소로 나눠보는 것이 유용하다. 바로 '믿음과 가치, 규범, 관행'이다.

툰드라에 간 브루클린 사람

내가 어린 시절을 보낸 브루클린은 툭하면 싸움이 나고 특유의 가치관이 뿌리 깊게 자리한 곳이었다. 내 인생에서 가장 오래된 기억 중 하나는 빅리치Big Rich라는 별명을 가졌던 덩치 큰 유치원생에게 코를 한 방 얻어맞은 사건이다. 당시 아이들이 모두 탐내던 기차놀이 세트를 내가 떡하니 차지하고 있던 게 애초에 실수였고,

빅리치는 그게 영 못마땅했나 보다(지금 생각해 보면 빅리치는 사실 그렇게 크지도 않았다). 그날 집에 가서 부모님께 이 이야기를 하자, 어머니는 내 뺨에 입을 맞추신 뒤 내 눈을 똑바로 보면서 이렇게 말씀하셨다. "다음에 빅리치를 만나면 너도 한 방 날려!" 아버지의 차례가 왔을 때 별반 다르지 않은 말씀을 하셨던 걸 보면, 이 문제에 대한 두 분의 문화적 감수성은 상당히 비슷했던 것 같다. 나는 두말할 것도 없이 부모님의 말씀을 찰떡같이 알아들었다. 다음 날 유치원에 가자마자 빅리치에게 저벅저벅 걸어가서 세게 한 방을 먹였다. 돌이켜 보면 나도 썩 잘한 일은 없었지만, 그때 나는 고작 네 살이었다. 게다가 아주 명확한 문화적 가치 하나를 막 배운 참이 아니던가. '우리는 물러서지 않고 맞서 싸우는 사람들이다.'

'믿음'과 '가치'는 각 집단에 속한 사람들이 중시하는 것으로, 그 내용은 문화마다 천차만별이다. 마침 여기 딱 들어맞는 사례가 하나 있다. 내가 나고 자란 문화에서는 힘에는 힘으로 맞서라고 가르쳤지만, 거기서 북쪽으로 죽 올라가면 나오는 북극권에서는 아이들에게 정반대의 내용을 가르친다. '사람들과 절대 맞서 싸워서는 안 된다.'

1970년, 인류학자 진 브리그스Jean Briggs[7]는 이누이트 공동체인 우트쿠히칼링미우트Utkuhikhalingmiut(약칭 우트쿠Utku) 부족과 18개월간 함께 생활한 이야기를 책으로 펴내며 인류학사에 지워지지 않을 발자취를 남겼다. 진이 그곳에서 특히 유심히 관찰한 생활 방식 중 하나는 매년 물고기를 잡으러 블랙강 어귀를 찾아오는 백인들이 우트쿠족과 어떤 식으로 교류하는가 하는 것이었다. 대개 백인들은 우트쿠족이 가지고 있는 카누 두 척 중 한 척을 빌려달라고 했고, 부족민들은 선뜻 그 청을 들어주곤 했다. 그런데 진이 현지 조사를 위해 우트쿠 부족민의 집에 머물던 중 백인 어부들이 큰 구멍이 뚫린 상태로 카누를 돌려주고는 (진이 보기에는) 뻔뻔스럽게도 남은 카누를 마저 빌려달라고 부탁하는 것이었다. 진은 일가족의 가장이 마지막 카누를 군말 없이 빌려주는 모습을 보고 화가 치밀어 올랐고, 결국 부족민들을 대신해 목소리를 냈다. 진은 백인 어부들의 리더와 대치하면서, 그가 이기적이고 배려심이 없으며 우트쿠족의 생존과 생계 수단을 위험에 빠뜨리고 있다고 단도직입적으로 말했다.

논쟁은 진의 승리로 끝났지만(백인 어부들의 리더는 놀라긴 했어도 크게 동요하지 않고 바로 물러났다) 그 뒤에 대가가 따랐다. 그녀가 발끈했다는 이유로 우트쿠족 마을 전체로부터 냉대받게 된 것이다. 게다가 어부들과의 논쟁에서 진이 이겼는데도, 그 가장은 끝내 백인 어부들에게 마지막 카누를 빌려줬다. 그제야 진은 미처 몰랐던 사실을 발견했다. 그곳에서는 분노가 용납되지 않았다. 누군가와 맞서 싸우는 일은 절대 없어야 했다.

진이 살아온 미국 문화에서는 분노와 좌절을 표출하는 일이 별 문제가 되지 않았다. 하지만 우트쿠족 문화에서 그것은 명백한 금기였다. 물론 우트쿠족도 다른 사람들처럼 화를 내긴 했지만, 그 감정을 밖으로 드러내는 일은 거의 없었다. 이유가 뭘까? 이누이트 문화가 수천 년간 생존이 어려운 극한의 환경에서 살아남기 위한 방향으로 진화해 왔기 때문이라는 가설이 있다. 그들은 한 해의 대부분을 함께 지내야 했고, 고도의 협동력을 발휘하면서 자원을 모으고 나눠야만 했으며, 고난과 고립을 함께 이겨내야 했다. 따라서 이누이트 문화는 그런 제약 속에서도 함께 번성해 나갈 수 있는 가치 체계를 발달시켜 왔다. 그곳에서는 사회적 조화가 그 무엇보다 중요했다. 심지어 마지막 카누보다도 더.

이 이야기를 접했을 때, 갈등과 분노를 대하는 우트쿠족의 방식이 내게는 완전히 생소하게 느껴졌다. 누군가가 1980년대에 브루클린에서 이런 식으로 행동했다면 아마 살아가기가 매우 곤란했을 테다. 반대로 북극 툰드라에서 심기에 거슬린다고 사람들의 코를 가격했다간 결코 살아남지 못했을 테다. 문화의 가치 체계가 그 기저에서부터 이렇게 현격한 차이를 보이는 경우는 또 없을 것이다. 하지만 이 두 문화 사이에도 공통점은 있었다. 두 문화 모두 자신의 가치를 확실히 떠받칠 발판, 즉 믿음 체계를 가시화하고 실행할 방법을 발전시켰다. 이것을 우리는 '규범'이라고 부른다.

규범은 명시적 규칙과 암묵적 규칙을 포함하는데 사람들이 서로 조화를 이루며 더불어 살아가게 하고 문화의 믿음과 가치를 강화하며 유지하는 역할을 한다. 예를 들어, 사법 제도의 가치 중 하나는 법에 대한 존중이다. 이 가치를 뒷받침해 주는 규범에 따라 법정에서는 판사를 "존경하는 재판장님$^{\text{Your Honor}}$", 변호사를 "변호인^{counselor}"이라고 부른다. 규범이 특히 중요한 이유는 인간이 사회적 동물이기 때문이다. 규범은 행동을 조정하고 믿음을 강화하는 데 효과적인데, 그 이유 중 하나를 인간의 원초적 본능, 즉 어딘가에 소속되고자 하는 욕구에서 찾아볼 수 있다. 규범이 행동에 영향을 미칠 수 있는 것은 다른 사람들이 우리를 받아들여 주길 바라는 마음 때문이고[8] 이를 위해 우리가 용납 가능한 선에서 행동하도록 도와줄 지침이 필요하다(아울러 우리는 규범을 어길 때 흔히 뒤따르는 처벌도 좋아하지 않는다). 이처럼 규범은 집단의 믿음과 가치를 공고히 하는 아주 놀라운 도구이다. 모든 사람을 한 방향으로 몰고 가는 양치기 개와 비슷한 면도 약간 있긴 하지만.

규범은 헌법의 법조문처럼 명시적으로 전달되기도 하고, 일상적인 상호작용을 통해 암묵적으로 흡수되기도 한다. 이를테면, 환경운동가 친구들이 여는 파티에 플라스틱 컵이나 스티로폼 접시를 가져가지 말아야겠다고 자연스레 깨닫는 경우가 그렇다. 이러한 암묵적 이해는 다른 사람들이 어떤 규칙을 따르고 있는지를 관찰하면서 체득할 수 있다. 한편으로는 규범을 어기면 어떤 일이 벌어지는지를 관찰하면서 배우기도 한다.

사회적 배척은 전 세계 문화에서 규범 위반을 처벌할 때 사용하는 수단 중 하나로, 아득히 오랜 세월을 거쳐온 만큼 고통 또한 상당하다. 수십만 년 전에 배척은 생명에 대한 위협을 의미했다. 집단의 보호와 지원이 없으면 수많은 위험에 무방비 상태로 노출됐기 때문이다. 배척과 그에 따르는 사회적 고통은 인간에게 가장 고통스러운 감정 경험 중 하나라는 연구 결과도 있다.[9]

- 규칙 위반=사회적 배척=매우 나쁨
- 규칙 준수=사회적 포용=매우 좋음

이 도식은 사회적 규범을 어기거나 거기에 순응하지 않을 때 감정적·신체적 고통이 발생하는 이유를 그럴듯하게 설명한다. 아주 먼 옛날에 순응은 선택이 아닌 필수였으며, 그러한 내부 회로가 아직도 우리 안에 그대로 존재한다. 문화에는 우리가 암묵적 규칙을 따르게 하고, 집단 내에서 다른 이들과 성공적으로 어울릴 수 있도록 돕는 세 번째 요소가 있다.

'관행'은 집단이 믿음을 현실에서 구현하고 사회적 규범을 성공적으로 활용하도록 돕는 행동(의식, 훈련, 교육 등)을 말한다. 홀리스의 경우, 바닥에 앉아서 사람들에게 전화를 걸기 시작했을 때 AA 문화에 탄탄히 자리 잡은 관행에 기대고 있었다. AA의 규범이 위기의 순간과 재발 우려를 무사히 넘기도록 서로 돕는 것이라면, AA의 관행은 그저 수화기를 집어 드는 행동이었다. 또 다른 문화적 관행으로는 기도, 의례, 의식이 있는데, 이들은 문화의 가치와 규범을 한층 강화하는 역할을 한다. 그런데 이런 문화적 청사진을 활용해 우리 삶을 또 다른 영역으로 이끄는 것이 있다. 바로 '종교'이다.

종교야말로 문화계의 막강 실세이다.[10] 전 세계 인구의 84퍼센트 이상이 종교를 갖고 있으니 말이다. 종교를 가진 사람들은 그렇지 않은 사람들에 비해 심혈관계가 더 건강하고, 우울증과 불안을 덜 겪으며, 삶을 더 의미 있게 여긴다는 연구 결과도 있다. 물론 모든 사람이 감정 조절을 위해 종교 단체에 가입하거나 종교적 믿음을 실천하진 않겠지만, 종교를 가지면 막강한 부수 효과가 따르는 것은 사실이다.

대부분의 문화와 마찬가지로, 종교도 감정 관리에 도움이 되는 재료들로 짠 일종의 레시피라고 할 수 있다. 첫 번째 재료는 '믿음'이다. 수많은 종교에서 기도나 명상 같은 수련을 통해 감정을 충분히 통제할 수 있으며, 신과 같은 위대한 존재가 우리를 보살펴준다고 가르친다. 더 높고 초월적인 존재에 대한 믿음 속에서 사람들은 경외감과 연결성을 더욱 강하게 느낀다. 그렇게 되면 세상을 더 넓은 관점에서 바라보고, 자신이 꼭 이야기의 중심은 아닐 수도 있다는 생각을 갖게 된다. 수용, 감사, 사랑, 연민은 여러 종교에서 권장하고 추구하는 핵심적인 종교 경험이다. 이러한 감정 경험을 통해 사람들은 자신에게 덜 집중하게 되고[11] 세상과 더 깊이 연결됐다고 느끼면서 자신의 문제에 덜 매몰될 수 있게 된다.

금식·정화의식·순례·종교적 축일 같은 관행은 믿음을 더욱 굳건히 하며, 우리가 통제력을 잃었을 때 다시 통제감을 불어넣어 주는 역할을 한다. 전쟁이 터지거나 불치 판정을 받는 등 끔찍하고 부당한 일을 당했을 때 많은 이가 종교의식에 기대는 것도 그래서일 테다. 평소에 종교를 활용해 아주 사소한 수준에서라도 차분함, 통제감, 익숙함을 키워놓으면 격렬한 감정과 싸우는 데 도움이 된다. 예를 들어, 꾸준히 성당에 다니는 가톨릭 신자라면 성당이 아무리 멀리 떨어진 곳에 있더라도 그 안에 들어서는 순간, 커다란 안도감을 느낄 것이다. 또 어떤 이들에게는 교회 야유회나 유대교의 안식일 만찬 등에 참여하는 일이 그 자리의 규칙을 이미 숙지하고 있으므로 마음이 편안하게 느껴지기도 한다. 이런 식으로 종교 문화는 어려움에 처했을 때 도움이 되니, 어쩌면 이것이 (믿기 힘들겠지만) 이 세상에 소셜 미디어를 사용하는 사람보다 종교를 믿는 사람이 더 많은 이유일지도 모르겠다.

설령 종교를 믿지 않더라도, 종교가 발휘하는 감정 조절 효과의 기저에 있는 활동적 요소를 활용하는 일이 얼마든지 가능하다. 예를 들면, 나만의 의식^{ritual}을 만들어 보는 것이다. 의식은 그 안에 특별한 의미가 녹아있고 매번 같은 방식으로 반복하는 일련의 행동을 말한다. 의식을 행하면서 사람들은 질서와 예측 가능성을 느끼는데, 심리학에서는 이를 '보상 통제$^{compensatory\ control}$'라고 한다.[12] 보상 통제는 통제가 어렵다고 느껴지는 상황에서 드는 부정적 감정을 현 상황에서 내가 행하는 통제(정해진 단계에 따라 행하는 의식)가 줄여준다는 개념이다. 그리고 혼자서도 의식을 행할 수 있긴 하지만, 다른 사람들과 함께 하면 연대감이 싹트는 만큼 더 유익하다.

NBA의 슈퍼스타 르브론 제임스LeBron James도 의식의 힘에 기대는 운동선수 중 한 명이다. 르브론은 경기에 나서기 전 사이드라인에 서서 초크 가루를 공중에 흩뿌리고는 양팔을 크게 벌리며 하늘을 쳐다본다. 그런 다음, 손뼉을 치고 양 주먹에 번갈아 가며 두어 번 숨을 불어넣는다. 이쯤 해서 르브론의 의식이 끝나면 열화와 같은 관중의 환호가 쏟아진다. 실력을 발휘해야 한다는 엄청난 중압감을 양어깨에 지고 코트로 달려 나가야 하는 그에게 이 짧은 의식이 부담을 떨치는 데 얼마나 큰 도움이 될지는 쉽게 상상할 수 있다. 이 의식은 르브론에게 할 수 있다는 힘을 불어넣고, 팬들과 유대감을 느끼게 하며, 앞으로 닥칠 일에 당당히 맞설 태세를 갖추도록 한다.

감정 조절에 유용한 의식을 알아내려면, 먼저 자신의 삶을 들여다보고 어느 부분에서 도움이 필요한지를 파악해야 한다. 만일 당신이 잠자리에 들기 전 불안이 심해지는 유형이라면 촛불 켜기, 좋아하는 시 읽기, 일기 쓰기 등 고려해 볼 선택지가 많다. 명상은 특히 유용한 실천법으로, 이제 특정 종교의 수련법을 벗어나 수백만 명의 사람에게 마음의 평온을 찾아주는 개인적 의식으로 활용되고 있다. 감각을 활용해 일거양득의 효과를 내는 의식들도 있다. 저녁 식사 전에 흥을 돋우는 댄스 타임을 마련해서 사람들이 전자기기를 떼어놓고 테이블에 앉게 한다든지, 헤드폰 없이 아침 산책을 즐기면서 스트레스투성이인 해야 할 일 목록에서 벗어나 새싹이 움튼 나뭇가지, 양 볼이 통통한 다람쥐에게로 시선을 돌려볼 수도 있다. 다른 관행들과 마찬가지로 의식은 가치를 좇아 살면서 규범도 지키게끔 도와준다. 또한, 집단에서 의식을 함께 치르면 사회적 유대감을 강화할 수 있는데, 같은 문화를 공유하는 구성원들의 관계가 더욱 단단해진다.

궁극적으로 봤을 때 AA 문화가 감정 조절 면에서 유달리 효과적인 이유는 AA 모임의 고유한 특징 때문은 아니다. 그보다는 그들이 사람들을 돕기 위해 문화의 모든 레버를 활용하고 있기 때문이다. 예를 들어, AA 문화는 개인의 책임accountability과 수용acceptance에 큰 가치를 둔다. 그래서 AA 모임에는 '충분히 회복될 때까지 연애하지 않을 것', '모임 내 다른 사람들을 인내심과 이해심으로 대할 것'과 같은 (AA에서 '제안'이라고 부르는) 규범이 존재한다.

AA 모임에는 단체의 규범을 지키면서 자신의 가치관대로 살 수 있도록 도와주는 갖가지 관행이 자리하고 있다.[13] 그중 하나가 신입 회원을 '스폰서sponsor'라 불리는 선배 회원과 연결해 주는 것인데, 스폰서는 금주 프로그램의 각 '단계'와 제안을 조심스럽게 숙지시키며 신입 회원이 회복 과정을 잘 밟아나가도록 이끈다. 수많은 회원이 AA 문화에서 가장 영향력이 큰 요소로 사람들 간의 교류를 꼽는다. AA에서 몇 년간 금주 프로그램에 참여해 온 회원들은 신입 회원들이 금주를 시작하면 갖가지 주의 사항과 전화번호를 알려주고 포옹을 건네면서 그들을 잘 챙기려고 한다. AA에서 가장 소중하게 여기는 믿음 중 하나가 바로 이것이다. "당신이 자신을 사랑할 수 있을 때까지 우리가 당신을 사랑하게 해주세요."

관행·규범·가치는 모든 문화에 빠짐없이 존재한다. 이 세 가지 요소를 구체적으로 살펴보고 셋이 어떻게 공조하는지를 확인하면, 어떤 문화가 자신의 삶을 가장 든든하게 지지해 줄지를 알 수 있다. 그리고 자신이 소중하게 여기던 집단이 점점 기대에 못 미친다 싶으면, 지금까지 설명한 문화의 청사진을 활용하여 그 집단의 관행·규범·가치 중 무엇을 더 명확히 하거나 강화할지를 파악하면 된다. 예를 들어 절친한 대학 동기들이 모이는 소중한 모임이 있다고 하자. 그런데 모임을 뒷받침할 확실한 규범이나 관행(한 달에 한 번 모인다는 규범, 돌아가면서 활동을 선택하고 기획하는 일 등)이 전혀 없다면 모임 문화가 깨질 것처럼 느껴질 수 있다. 우리가 속한 집단의 긍정적 문화는 함께 가꿔나가야 하며, 저절로 유지되지 않는다.

한편, 우리 삶을 이루는 문화 중에는 감정적 삶에 도움이 되기보다 오히려 해를 끼치는 문화도 있다. 이를테면 어떤 문화의 토대가 되는 믿음을 우리가 공유하지 못하는 것이다. 걸핏하면 뒷담화하며 뒤통수를 치는 또래집단의 문화나 과로와 바쁨을 높이 평가하는 직장 문화가 그렇다. 겉으로는 훌륭한 믿음과 가치를 내건 것처럼 보이지만, 실제로는 감정 조절에 도움이 되는 긍정적 환경 조성과 관련하여 규범과 관행이 전혀 존재하지 않는 경우도 있다. 이제까지 설명한 문화적 청사진은 우리 삶에서 잘 작동하는 문화들을 찾아낼 때도 도움이 되지만, 제대로 작동하지 않는 문화들을 진단하는 도구도 된다.

때로는 내 삶을 이루는 문화 중 하나가 행복에 악영향을 끼쳐서 그 문화에 그대로 속할 가치가 있는지를 고민하는 경우도 있다. 사람들이 직장을 관두고, 업종을 바꾸고, 안 좋은 관계를 끊는 식으로 병든 문화를 스스로 떠나는 일은 일상적으로 일어난다. 거기에는 그럴 만한 이유가 있을 때가 많다. 만일 지금 속한 문화에서 자신이 원하고 필요로 하는 감정적 삶을 살아갈 수 없다는 생각이 든다면, 두 가지 선택지가 있다. 하나는 그 문화에서 멀어지는 것이다. 우리는 얼마든지 문화를 떠날 수 있으며, 늘 그러고 있기도 하다. 물론 지금껏 속해있던 집단에서 떠나는 일이 항상 유쾌하진 않겠지만, 때로는 이것이 최선의 선택지일 수 있다.

또 다른 선택지는 그 문화를 바꾸는 것이다.

믿음·규범·관행을 바꿔라

2017년, 잉글랜드의 저명한 축구협회[14]는 남자 국가대표팀이 내로라하는 선수들을 데리고도 토너먼트 경기에서 연거푸 패하며 실망을 안기자 쇄신에 나설 수밖에 없었다. 협회는 팀 내의 문제적 문화부터 바꿔야 한다고 보고 적임자를 물색하기 시작했다.

협회의 목표는 남녀 국가대표팀에 고성과 high-performance 문화와 심리적 회복탄력성을 심는 것이었다.[15] 이 과제를 위해 협회가 찾은 적임자가 바로 피파 그레인지 Pippa Grange였다. 그녀는 세계 각지에서 스포츠팀, 단체, 기업의 문화를 훌륭하게 탈바꿈시킨 전력이 있는 노련한 심리학자였다. 숱한 난관 그리고 승부차기 때마다 무너졌던 오명의 역사에도 불구하고, 잉글랜드 남자 대표팀은 2018년 월드컵에서 1990년 이후 처음으로 4강까지 가는 쾌거를 이루었다. 월드컵 초반에 잉글랜드팀이 승부차기로 역사적 승리를 거두자 《데일리 메일》은 피파 그레인지를 "축구계의 메리 포핀스 Mary Poppins"라고 부르며 그녀에 대한 찬사를 아끼지 않았다.[16] 피파는 어떻게 그 과제를 해냈을까? 그것은 잉글랜드 전체가 궁금해하는 질문이기도 했다. 그 답은 우리가 방금 살펴본 문화의 레버들에 있다.

문화가 무엇인지를 생각하다 보면 아무 형체도 없는 듯이 느껴져 위축되기도 한다. 특히 문화를 바꾸고자 할 때는 더더욱 그렇다. 하지만 바로 그럴 때 믿음·규범·관행으로 이뤄진 문화의 청사진이 아주 유용해진다. 그것을 잘 들여다보면 어떻게 해야 레버를 전략적으로 활용해서 문화에 변화를 일으킬지가 보인다. 이러한 기본 원칙들은 문화가 잘 작동할 때 의지할 만하며, 문화를 변화시키고자 할 때 초점을 맞춰야 할 부분이기도 하다. 그렇다면 이제부터 피파가 어떻게 국가대표팀의 분위기를 뒤바꿨는지를 관련 사례들과 함께 알아보자.

규칙 1: 기본 토대를 점검하라. 집단에서 석연치 않은 일이 벌어지고 있다면, 그런 일을 부추기는 믿음과 가치가 무엇인지 살펴보라.
2017년, 관록 있는 리더 다라 코즈로샤히Dara Khosrowshahi가 난국에 빠진 회사를 이끄는 중책을 맡고서 한 일이 바로 이것이었다. 결코 쉽지 않은 일이었지만, 다라는 수차례 위기를 수습해 냈다. 당시 이 회사는 FBI의 조사를 받는 중이었고, 성적 괴롭힘이 만연한 직장 문화 그리고 악명 높은 창업자[17]의 시끌벅적한 퇴출 소동이 연일 언론을 요란하게 장식하고 있었다. 새로운 CEO인 다라가 보기에는 한때 이 스타트업의 급속한 성장을 뒷받침했던 가치들이 이제 몰락을 부채질하고 있었다. 《뉴욕타임스》는 전임 CEO 시절의 "방만한unrestrained" 문화에 대해 보도하면서 직원들이 신체적·성적 괴롭힘을 당하고, 폭력의 위협에 시달리며, "동성애 혐오 발언homophobic slurs"이 난무하는 환경에 노출돼 있다고 했다. 누가 봐도 감정적으로 해로운 문화가 분명했다.

물론 이곳은 평범한 회사가 아니었다. 2009년에 설립된 우버Uber[18]는 실리콘 밸리의 차세대 혁신 기업이라는 찬사를 받았고, 2015년에는 550억 달러의 기업 가치를 기록하며 세계 최고의 스타트업으로 자리매김했다. 다라는 성공 가도를 계속 달리면서 더욱 건강한 문화를 만드는 어려운 과업을 기필코 달성해야 했다. 새로운 리더십 팀이 우버의 문화를 정비하는 과정에서 바로잡았던 중요한 부분 중 하나가 모호하거나 추상적인 가치를 구체적인 가치로 대체한 것이었다. 최종적으로 선정된 새로운 가치들에는 '진심을 담아 만든다.'와 '안전을 최우선으로 한다.' 같은 내용도 들어갔다.[19] 그리고 회사 웹사이트의 가치 페이지에 이러한 믿음의 의미를 구체적으로 설명했다. '고객의 마음을 적극적으로 헤아린다.' '안전에 관해 업계에서 가장 철저한 회사가 되겠다.' 이런 식으로 말이다. 이러한 선언은 집단 내에서 방향성을 일치시키는 역할을 할 뿐 아니라, 평소에 말로 표현되지 않던 부분을 드러내어 가치들을 선명하게 보여준다.

규칙 2: 규범을 다시 생각하라.

2012년, 구글에서 팀의 성패를 결정하는 요소가 무엇인지를 알아내기 위한 연구를 시행했다. 구글이 생산성 극대화와 혁신을 위한 집단 역학 연구에 집착하는 회사로 유명한 만큼, 그들은 어떤 요소가 팀의 성장에 기여하는지를 더 확실히 이해하기 위해 방대한 데이터를 분석했다. 연구를 시작할 때만 해도 구글은 팀에 누가 속했는지가 팀의 성패를 가르리라고 생각했다. 하지만 그들의 예상은 빗나갔다.

팀의 성공에 불을 붙이는 핵심 도화선은 사회적 상호작용을 둘러싼 규범에 있었다. 가장 성공적인 팀들은 심리적 안정을 도모하는 규범들(이야기할 시간을 주기, 타인의 감정을 잘 알아차리기, 힘든 순간이나 감정을 팀에서 함께 공유하기 등)을 중심으로 운영됐다.[20] 구글은 이 정보를 전체 팀의 의사소통을 개선하는 데 적용했다. 다른 의견을 포용하고, 터무니없어 보이는 질문을 환영하며, 실패에 열린 태도를 보일 필요가 있음을 강조하는 식으로 말이다.

모든 회사·단체·기구가 자신들에게 어떤 규범이 최선인지를 알아내기 위해 대대적인 연구 프로젝트를 수행할 수 있을 만큼 막강한 자본력과 데이터 분석력을 갖춘 것은 아니다. 하지만 그 대신 규범 감사norms audit를 진행할 수는 있을 테다. 현재 조직 내부에 어떤 규범들이 존재하는지를 파악해서 그것들이 조직의 믿음과 가치에 부합하는지를 점검하는 것이다. '이 규범들은 조직의 목표에 부합하는가?', '암묵적 규칙 중 일부를 조직의 필요에 따라 바꿀 수 있는가?' 하는 질문을 던져보는 식이다. 여기서 반가운 소식이 하나 있는데, 규범을 바꾸는 일은 생각만큼 어렵지 않다. 사람들 대부분은 자신이 속한 조직의 규범을 따르고 싶어 한다. 어딘가에 속해서 잘 적응하고 싶어 하는 마음은 다들 마찬가지이다. 그러므로 사람들은 이미 규칙을 따를 준비가 돼있으며, 우리가 해야 할 일은 그 규칙을 효과적으로 전달하는 것뿐이다.

규칙 3: 관행을 상황에 맞춰 조정하라.
관행의 측면에서 볼 때, 사람들이 새로운 문화적 믿음과 규범에 잘 적응하도록 도구를 만들어 볼 수 있는 기회는 많다. 이는 상황에 따라 달라지는 문제이지만, 결국은 사람들이 문화 안에서 자신의 감정을 잘 다스리면서 집단의 가치와 규범까지 지키게 하려면 어떻게 해야 하는지에 관한 질문으로 귀결된다. 피파 그레인지가 잉글랜드 국가대표팀의 문화를 바꾸려고 했을 때 주목한 대상은 관행이었다. 그녀는 국가대표팀에 합류하고 가장 먼저 남자 국가대표팀의 감독을 만나서 새로운 가치와 규범에 대해 논의했다. 그들은 선수들의 회복탄력성을 개선하려 했고, 그러려면 선수들이 정서적 안전감을 갖도록 만드는 일이 무엇보다 중요하다고 확신했다. 《에이치알매거진 HRmagazine》과의 인터뷰에서 피파는 팀 안에서 "배려와 친밀감"을 느끼는 일이 중요하다고 강조하며 이렇게 말했다. "만약 당신이 참호 속에 있어도 사람들이 함께 있다는 것을 알면, 그 안에서도 안전함을 느낍니다. 집에 있는 듯한 소속감을 느끼죠."[21]

그들이 목표를 실현하기 위해 새롭게 정립한 가치 중 하나는 팀원 간의 신뢰와 이해를 진정으로 우선시하는 것이었다. 나아가 이 가치를 바탕으로 새로운 규범도 마련했는데, 선수들이 감정을 공유하고 서로를 지지하며 취약점을 드러내도록 권장했다. 하지만 이것이 실제로 가능해지려면, 선수들이 실천할 수 있는 구체적인 관행들을 마련해야 했다.

그렇게 해서 나온 것이 피파가 주도하는 일련의 소그룹 대화였다.[22] 친밀한 대화를 통해 선수들은 현재 자신이 느끼는 두려움과 불안감을 털어놓았고, 이를 악물고 결의를 다지던 태도에서 벗어나 서로의 마음을 더 잘 헤아리게 됐다. 한 선수는 자신이 심각한 우울증을 겪고 있다는 사실을 어렵사리 털어놓았는데, 예전 같았으면 차마 하기 힘들었을 일이었다. 피파는 선수들에게 즐거운 시간을 함께 보내라고 하면서 같이 어울려 놀기를 권장했다. 실제로 선수들은 서로 어울리면서 축구 외의 다른 게임들을 함께 즐기기도 했는데 덕분에 협동심과 신뢰를 쌓은 것은 물론 팀 분위기도 한층 밝고 가벼워졌다. 2018년 월드컵에서 튀니지를 대파했을 때는 코치진이 선수들을 위해 유니콘 모양의 튜브들을 실내 수영장에 잔뜩 띄워놓기도 했다.

그날 내가 벽에 붙은 파리였다면 얼마나 좋았을까. 그랬다면 국가대표 선수들이 보라색 유니콘과 흰색 유니콘을 타고 신나게 시합을 벌이는 광경을 지켜볼 수 있었을 텐데 말이다.

당시 피파 그레인지가 제대로 이해하고 있던 사실은 새로운 가치와 규범을 마련하고 나서 사람들이 그것을 당장 받아들일 것이라고 기대해서는 안 된다는 점이었다. 그럴 때는 사람들이 새로운 가치와 규범을 '체득'할 수 있도록 도와줘야 한다. 피파의 팀이 확립한 관행들은 바로 그 목적을 이루는 데 결정적 역할을 했다. 단순히 "자신의 취약점을 드러내세요."라고 말하는 대신, 그렇게 할 수 있도록 심리적으로 안전한 공간을 만들고, 걸맞은 본보기를 제시해야 하며, 새로운 가치와 규범에 부합하는 행동을 하기 위해 필요한 부차적 기술들을 키워주는 관행들을 수용해야 한다. 피파 그레인지에게서 배울 수 있는 가장 중요한 교훈 중 하나는 더 나은 감정 조절을 위해 문화를 바꾸는 일이 꼭 지루할 필요는 없다는 것이다. 우리는 이 작업을 얼마든지 재밌게 만들 수 있다.

※ ※

공기나 물, 햇빛처럼 문화는 항상 우리 곁에 머물고 있다. 그렇기에 우리가 속한 집단이 우리의 감정적 삶에 어떤 영향을 미치는지를 알아차리기가 어려울 때도 많다. 문화 충돌이 발생했을 때 대처가 어려운 까닭이 여기에 있다. 우리 자신 혹은 상대 집단이 왜 그런 식으로 생각하고 느끼고 행동하는지를 인식조차 못 할 때가 많다는 이야기이다. 하지만 문화가 우리의 감정적 삶을 어떤 식으로 형성하는지를 이해한다면, 감정 전환 도구를 더 잘 활용할 수 있는 청사진을 손에 쥐게 된다. 마치 스마트 스위치 제어판에서 어떤 버튼이 블라인드를 조절하고, 어떤 버튼이 온도를 제어하는지 그 기능을 잘 알게 되는 일과 비슷하다.

이제 우리는 마지막 질문에 다다른다. 마스터 스위치가 뻔히 눈앞에 있는데도 막상 버튼을 누르지 못할 때가 왜 그렇게 많을까? 이는 인간이라면 누구나 겪는 고전적 난제이기도 하다. 우리는 종종 무엇을 해야 하는지 정확히 알면서도 그렇게 하지 못한다. 이러한 앎과 실천 사이의 간극을 어떻게 메울 수 있을까?

아마 여러분도 이 책을 읽기 전부터 다양한 감정 조절 도구들을 이미 알고 있었을 게 분명하다. 그런데 감정에 휩쓸린 순간 그 도구들을 성공적으로 활용해서 무기력한 상태에서 벗어난 적은 몇 번이나 있는가? 그 도구들을 일상에서 어떻게 활용할지에 관해 미리 계획을 짜본 적은? 가슴 시린 이별을 겪은 뒤에 친구의 권유로 산책을 나갔다가 기분이 한결 나아지는 경험을 했다고 하자. 과연 다음번에 힘든 일이 생겼을 때도 스스로 그렇게 할 수 있을까? 1990년대 힙합곡을 들으면 늘 기분이 나아진다는 걸 알면서도 언제든지 재생할 수 있도록 그 노래들로 플레이리스트를 만들어 뒀는가?

우리 대부분이 애초에 그 도구함을 여는 일부터 어려워하는 건, 괴로운 일을 겪고 있는 순간에는 도구함의 뚜껑을 여는 일조차 무척 힘들게 느껴지기 때문이다. 우리는 무엇을 해야 하는지를 이미 알지만, 늘 그렇게 행동하지는 않는다. 그렇다면 왜 우리는 이미 알고 있고 과학적으로도 입증된, 기분을 한결 나아지게 할 게 분명한 일들을 계속 실천하지 못하는 것일까? 그리고 이런 문제를 어떻게 해결할 수 있을까?

이 질문들에 답하기 위해 옛 친구에게로 돌아가 보자.

part 4

감정 전환 시스템 설계하기

chapter 9

나만의 자동 전환 시스템을 설계하라

새벽 3시, 맷 마스댐과 미 해군 특수부대 대원 열 명이 이라크 바그다드 외곽에 자리한 중산층 주택가의 한 집에 몰래 접근하고 있었다.[1] 한밤중에도 후덥지근한 날씨와 먼지 때문에 주민들은 집에서 가장 시원한 방에 모이거나 지붕 위에 간이 잠자리를 마련하여 바람을 맞으며 잠을 청하고 있었다.

대원들은 그 집에 폭탄 제조범이 살고 있다는 사실 말고는 별달리 아는 게 없었다. 그자가 얼마나 단단히 무장하고 있는지, 안에 무고한 민간인이 몇 명이나 있는지도 몰랐다. 하지만 대부분의 폭탄 제조범이 함정을 밟으면 폭발하는 부비트랩 전문가라는 사실만큼은 잘 알았다. 폭탄 제조범들은 포위 작전을 펼치는 군인들을 폭발 한 번으로 십수 명은 죽일 수 있도록 건물 주변에 폭발물을 묻어놓곤 했다. 대원들은 폭탄 제조범들의 집이 대체로 경비가 삼엄한 편이라는 사실도 잘 알았다. 작전에 들어가면 무장 경비원이 2층의 은신처에서 저격을 준비 중일 수도 있었고, 자폭 조끼를 입은 채 졸고 있는 반군, 건드리면 부비트랩을 작동시키는 트립와이어trip wire, 전통 복식인 부르카 속에 수류탄을 숨긴 여자들을 맞닥뜨릴 수도 있었다. 그날 새벽에는 알 수 없는 게 수두룩했고, 갖가지 변수로 작전이 엇나가서 어쩌면 대원들이 모조리 죽을 수도 있었다. 하지만 맷의 팀은 준비가 돼있었다.

미 해군 특수부대가 세계 최고의 정예부대로 꼽히는 데는 이유가 있다. 이 조직의 성공 비결 중 하나는 임무를 앞두고 치밀한 사전 계획을 세운다는 점이다. 대원들은 임무가 주어지면 상상할 수 있는 모든 우발적 상황에 철저히 대비한다. 맷의 팀도 작전에 들어가기 전 며칠간 열 가지가 넘는 잠재적 시나리오를 하나하나 점검했다.

- 만일 타고 가던 헬리콥터가 고장 난다면?
- 만일 목표를 향해 이동하는 도중에 총격을 당한다면?
- 만일 반군의 수가 예상했던 것보다 다섯 배나 많다면?
- 만일 누군가가 퇴각 중에 지뢰를 밟는다면?

작전 지휘관들은 소크라테스 문답법을 써서 대원들의 머릿속에 시나리오를 하나하나 새겨넣었다.

"맷, 만일 이런 일이 일어나면 어떻게 행동하겠나?"

모든 "만일"의 상황에 대해 "그때는"으로 시작하는 세 가지 답안을 마련해 뒀다. 일이 잘못됐을 때 자동 반사적으로 대응할 수 있는 구체적인 계획과 임무를 완수하고 살아 돌아오는 데 필요한 지원을 생각해 둔 것이다.

그랬기에 맷의 팀이 야간 투시경을 쓰고 숨죽인 채 폭탄 제조범의 집에 접근했을 때도 일차적인 계획은 있었다. 그들은 줄지어서 집 주변을 포위하는 일은 하지 않기로 했다. 그 대신 앞마당에서 뿔뿔이 흩어졌다가 현관의 폭발물이 터지는 순간 농구팀이 속공을 펼치듯 재빠르게 공조할 계획이었다. 대원 절반은 현관문을 통해 안으로 들어가고, 나머지 절반은 다른 문과 창문을 통해 집 곳곳으로 진입하기로 했다.

그런데 현관의 폭발물을 터뜨린 순간 예상치 못한 돌발 상황이 발생했다. 집의 외벽 대부분이 유리로 돼있어서 폭발물이 터지자마자 유리가 산산조각 난 것이다. 거리에서 보기에는 마치 집 전체가 폭발한 것 같았다. 약 6미터 상공에서 거대한 유리 파편들이 대원들의 머리 위로 쏟아져 내렸다. 놀랍게도, 그 와중에 부상을 당한 대원은 한 명도 없었다. 온갖 종류의 건축물을 폭파하는 연습을 하면서 다양한 자재가 무너지는 방식들에 대응하는 법을 훈련으로 익혀둔 덕분이었다. 그 결과, 맷의 팀은 유리 파편들이 쏟아져 내렸을 때 약간 놀라기는 했을지언정 겁을 먹지도 경계를 풀지도 않았다. 그저 강철 같은 방어 태세로 전환했을 뿐이다. 몸을 웅크리고 엄호 자세를 취해서 방탄복으로 충격을 받아내고 유리 파편들을 맞으며 임무를 이어나갔다. 폭파 소리 때문에 근처 주민들이 잠에서 깼을 게 분명한 만큼 임무를 더 신속하게 수행해야 했지만, 대원들은 사전에 훈련받은 대로 예기치 않은 상황에서도 계획대로 임무를 침착하게 수행해 나갔다. 결국 그들은 진입에 성공했고 폭탄 제조범을 체포해서 무사히 밖으로 나올 수 있었다.

※ ※

미 해군 특수부대에서는 무언가를 배우고자 할 때 해당 분야에서 세계 최고의 실력자들을 찾아가 훈련을 받는다. 맷이 아직 현역으로 복무하던 당시 그의 팀은 전장에서 펑크 난 타이어를 교체하는 데 10분이 걸린다는 사실을 알게 됐다. 꼼짝 못 하고 적에게 노출돼 있기에는 너무 긴 시간이었다. 전장에서는 단 몇 초로 생사가 갈리는 만큼, 대원들은 미국스톡자동차경주협회^{NASCAR} 정비팀을 초빙해 이틀 동안 더 효과적인 타이어 교체법을 배우며 손가락이 무뎌질 때까지 연습을 반복했다. 수업이 끝났을 때 대원들은 타이어 교체 시간을 10분에서 2분 미만으로 단축할 수 있었다.

감정을 다룰 때 우리가 이루고자 하는 목표가 바로 이것이다.

감정 전환이 필요할 때 미국스톡자동차경주협회 정비팀처럼 해내는 것 말이다. 보다 긍정적 상태로 전환하든, 고통스러운 상태에서 빠져나오든, 그 작업을 더 매끄럽고 의도적으로 재빠르게 해내는 게 우리의 목표이다. 그러려면 그 순간에 (이 책에서 살펴본) 도구 중 무엇을 사용할 수 있을지도 중요하지만, 어떻게 해야 필요한 기술을 재빠르고 효율적으로 발휘할 수 있을지도 알아야 한다. 어떻게 해야 '앎'에서 '실천'으로 넘어갈 수 있을까?

격렬한 감정에 대비한 시나리오

1980년대 말, 독일 출신의 심리학자 가브리엘레 외팅엔Gabriele Oettingen[2]이 오랫동안 사람들을 사로잡은 주제인 '몽상daydream'을 연구하기 위해 미국으로 건너갔다. 그중에서도 가브리엘레가 흥미를 가진 부분은 '공상fantasy'이었다. 우리는 이따금 미래에 어떤 일이 일어날지를 머릿속에서 펼쳐보며 상상하곤 한다. 그런데 공상에도 나름의 기능이 있을까? 머릿속 시간 여행 기계에 올라타서 일어나지 않을 법한 일을 상상하는 것이 과연 목표 성취에 도움이 될까? 연구를 시작할 때까지만 해도 가브리엘레는 그러리라고 생각했다. 하지만 그녀의 생각은 빗나갔다.

성공을 위해 긍정적 결과를 머릿속에 생생하게 그려야 한다는 생각은 많은 연구를 통해 입정되었다. 하지만 가브리엘레의 연구에 따르면 이 방법이 성공을 예견하기는커녕 오히려 실패와 연결되는 것으로 나타났다. 가브리엘레는 연구를 거듭하면서 사람들에게 원하는 일을 공상하게 할수록 실제로 목표를 이룰 가능성이 줄어든다는 사실을 발견했다. 미래를 상상하는 순간 사람들은 소원을 이룬 듯한 만족감을 잠시 맛보는데, 그것이 오히려 목표를 향한 노력을 줄어들게 했다. 자신이 소망하던 일을 이미 이룬 것처럼 느끼며 안일한 생각에 빠졌기 때문이다.

온갖 장애물에 지나치게 집중하는 행위도 별다른 도움이 되지 않았다. 가브리엘레는 이것을 '곱씹기^{dwelling}'라고 불렀는데, 이는 앞길을 가로막는 장애물에 너무 집중한 나머지 그 너머로 그토록 원하던 미래를 보지 못하는 상태를 가리킨다.

(가브리엘레가 보기에) 공상에 있어서 도취나 곱씹기 모두 그 자체로는 해로웠다. 하지만 여기서 눈여겨볼 점이 있다. 그 둘을 한데 묶으면 더할 나위 없이 좋다는 것이다.

원하는 것을 머릿속에 생생하게 그리는 일에 도취돼서 목표에 도달하기 위해 극복해야 할 장애물을 보지 못하면 오히려 일을 그르칠 수 있다. 아울러 시시콜콜한 것들에 얽매여 오직 장애물만 바라본다면, 앞으로 나아갈 길이 보이지 않거나 목표에 도달하기 위한 에너지를 끌어모으지 못한다. 가브리엘레의 연구에서 중요한 발견은 이루고 싶은 미래와 도중에 맞닥뜨릴 문제들을 함께 생생하게 그려낼 때 목표 성취와 행복의 양면에서 결과가 크게 향상된다는 점이다.

가브리엘레는 성공적인 목표 추구 과정을 다음의 세 단계로 명확하게 나눴다.

- **1단계: 소원**Wish

  자신의 소원을 머릿속에 그린다. 원하는 것을 구체적으로 생각해야 한다.

  → "이 책을 완성하고 싶어!"

- **2단계: 결과**Outcome

  결과를 머릿속에 그린다. 소원을 이뤘을 때 가장 좋은 점은 무엇일지, 그때의 기분은 어떨지를 생각한다.

  → "이 책을 출간해서 독자들의 손에 쥐여주게 된다면 정말 뿌듯하겠지."

- **3단계: 장애물**Obstacle

  장애물, 즉 자기 내면의 주요 도전을 머릿속에 그린다.

  → "도움을 바라는 사람들의 수많은 부탁에 번번이 '그래.'라고 대답하는 바람에 집필 시간을 충분히 확보하지 못해서 원고를

한참 붙들고 있는 중이다."

가브리엘레는 소원-결과-장애물로 이어지는 이 3단계 계획을 '정신적 대조$^{mental\ contrasting}$'라고 불렀는데, 이 단계들을 거치려면 자신의 '소원'을 파악한 뒤 이루고자 하는 '결과'와 그를 가로막는 주요 '장애물'을 대조하는 작업이 필요하기 때문이다. 정신적 대조는 사람들이 꿈을 실현할 방법을 찾는 데 무척 중요한 단계지만, 여기에는 결정적으로 중요한 연결고리 하나가 빠져있었다. 책을 완성하고 싶다는 소원을 머릿속에 그리고, 책이 출간됐을 때 어떤 기분일지도 상상했으며, 도중에 맞닥뜨릴 장애물까지 파악했다고 해보자. 그렇다면 나는 이 장애물을 극복하기 위해 무엇을 해야 할까?

다행히도 피터 골비처$^{Peter\ Gollwitzer}$라는 연구자가 가브리엘레의 연구와는 완전히 별개로 마침 그 빠진 조각을 연구하고 있었다. 이른바 '계획하기의 심리학$^{the\ psychology\ of\ planning}$'이었다. 공교롭게도, 피터는 가브리엘레의 남편이기도 했다.

가브리엘레가 정신적 대조를 연구하던 무렵, 피터는 사람들이 어떻게 계획에 접근하는지, 계획의 실행 가능성을 높이는 요인은 무엇인지를 심도 있게 파고들던 중이었다. 우리는 평소 당찬 포부로 온갖 계획을 세운다. '더 건강한 음식을 먹겠어, 살 좀 빼야지, 이제부터 저축할 거야, 좋은 부모가 될 테야, 술을 끊어야지, 10년이나 내 속을 끓이던 그 문제를 이번에야말로 아버지께 말씀드리겠어, 불안감을 떨칠 거야, 아이들한테 그렇게 화내지 말아야지.' 하지만 이런 계획들이 작심삼일로 끝나버리면 자책감을 느끼곤 한다. 계획이 실패로 돌아가는 데는 수많은 이유가 있다. 인생이 뜻대로 안 굴러가거나, 중압감에 짓눌리거나, 정신이 산만해지거나, 스트레스를 받거나, 겁을 집어먹기 때문이다. 피터는 어떻게 하면 사람들이 계획을 더 끈질기게 지켜나갈지를 알고 싶었다. 그래서 그는 고심 끝에 누가 봐도 간단하고 효과적인 해결책을 내놓았다. '실행 의도implementation intention'라는 개념이었다.[3]

여기에는 삶이 뜻대로 풀리지 않을 때에도 사람들이 계획을 끝까지 실천할 수 있도록 그 과정을 더 쉽게 만들어야 한다는 피터의 직관이 담겼다. 계획을 실천하기 위한 실행 과정을 덜 수고롭게 만들겠다는 생각이었다. 피터는 미 해군 특수부대가 임무를 준비할 때 사용하는 방식과 비슷한 틀을 고안했다. 이른바 '만일-그때는 계획if-then plan'을 세워보는 것이었다.

- 만일 아침 6시에 알람이 울린다면, 그때는 운동 가방을 들고 헬스장에 갈 것이다.
- 만일 점심시간 전에 배가 고파지면, 그때는 싱크대 위의 사과를 하나 먹을 것이다.
- 만일 일요일 밤에 다음 주가 걱정되기 시작하면, 그때는 해야 할

일 목록을 작성한 뒤 월요일 아침까지 잠시 치워두고 기분을 좋아지게 하는 음악을 들을 것이다.
- 만일 회의 중에 다시 중압감이 느껴지거나 화가 나면, 그때는 잠깐 멈춰서 우리 모두 한 팀이라는 사실을 떠올린 뒤 무슨 말을 할지를 결정할 것이다.

이러한 접근법의 훌륭한 점은 감정이 격해지는 시나리오를 미리 상상하고 어떤 식으로 대응할지를 사전에 생각해 보게 만드는 것뿐이 아니다. 이 방법을 사용하면 악수를 하는 것만큼이나 자동적으로 목표를 추구할 수 있게 된다.

이것이 바로 우리가 감정 조절에서 지향하는 목표이다. 어떤 상황이 닥쳤을 때 뭘 해야 하는지를 따로 생각할 필요 없이 그냥 바로 행동하게 되는 것이다. 이 방법은 감정적 삶을 관리할 때 큰 도움이 되는데, 우리가 '최소 노력의 법칙'을 따르는 존재이기 때문이다. 인간은 원래 어려운 일을 하고 싶어 하지 않는다. 그리고 감정에 휩싸인 순간에는 어떤 전략을 써야 할지를 생각하는 것 자체가 힘들 수도 있다.

이럴 때 행동 돌입에 필요한 수고를 줄여주는 게 '실행 의도'이다. 상황에 압도될 때도 '실행 의도'가 의지할 수 있는 연결고리를 마음속에 만들어 주기 때문이다. 이 연결고리는 두 가지 차원에서 작동한다.[4] 우선 우리의 목표와 그를 달성하기 위한 구체적 방법을 서로 연결해 주고, 상황을 맥락 속 단서들과 갈무리해서 향후 그 상황이 되면 해야 할 일을 더 잘 떠올리게 한다. 마음속으로 이런 상황들을 예행 연습해 두면 특정 상황과 특정 행동 사이에 심리적 연결고리가 만들어진다. 그렇게 하면 우리가 아는 것을 행동으로 옮길 확률이 더욱 높아진다.

가브리엘레와 피터는 심리학의 이 흥미로운 난제들을 풀기 위해 수십 년간 각자 연구에 몰두했다. 그러다가 2010년 무렵, 번뜩 아이디어가 떠올랐다. 각자가 알아낸 단계들을 하나로 합칠 수 있으며, 그렇게 하면 단순한 부분의 합 이상의 시너지가 발생한다는 것이었다.

여기서 우리는 'WOOP'이라는 이름의 도구를 만나게 된다. WOOP은 소원Wish, 결과Outcome, 장애물Obstacle, 계획Plan의 4단계로 구성된다.

감정 폭탄을 해체하는
WOOP 기술

WOOP은 따로 연구 중이던 두 아이디어가 하나로 합쳐지면서 탄생했다. WOOP을 사용하면 지금껏 감정을 관리하는 법에 관해 습득한 지식을 실제 삶에서 활용하기가 한결 수월해진다.[5]

'정신적 대조'는 WOOP에서 'WOO' 부분에 해당하는데, 사람들이 목표를 되새기며 심기일전하고 도중에 맞닥뜨릴 장애물을 구체적으로 파악하게 한다. '실행 의지'는 WOOP에서 P 부분에 해당하는데, 각각의 장애물(만일)을 구체적 행동(그때는)과 연결하고 감정을 조절하는 전반적 과정을 수월하게 만들어 준다.

그렇다면 우리는 감정 조절에 WOOP을 어떻게 활용할 수 있을까? 여기에 두 가지 사례를 들어보겠다.

- **소원**Wish

  아이들이 짜증 나게 할 때(마야, 대니, 간혹 그럴 때가 있단다) 인내심을 더 발휘하고 싶다.

- **결과**Outcome

  아이들과 관계가 좋아져 더 나은 아버지가 된다.

- **장애물**Obstacle

  아이들이 서로를 멍청이라고 부를 때 나는 이따금 욱한다. 어린 시절에 서로를 업신여기고 깔보는 환경에서 자란 탓에 나는 그런 말에 유난히 예민하게 반응한다.

- **계획**^{Plan}

  내 앞에 놓인 장애물을 넘어설 계획을 세우겠다.

  만일^{If} 아이들이 싸우면, 그때는^{Then} 줌아웃을 해서 저 애들은 아직 어리고, 아내와 나도 어릴 때 저렇게 행동했으며, 아이들의 뇌가 아직 발달 중이라는 사실을 떠올린 뒤, 호통치지 않고 다른 방식으로 아이들의 관심을 끌 것이다.

이런 유형의 상황은 일상에서 언제든지 만날 수 있다. 지금부터는 감정적으로 지극히 힘든 상황에서 WOOP을 활용하는 방법을 소개하려고 한다. 누구나 살다 보면 언젠가는 이런 상황들을 겪게 마련이기 때문이다.

최근 나는 지인의 친구가 가까운 사람을 난데없이 잃었다는 안타까운 이야기를 들었다. 그의 남동생이 자살로 생을 마감한 것이다. 그 일은 가족 모두에게 큰 충격이었고 마음이 부서지는 듯 이루 헤아릴 수 없는 상실감을 느꼈다. 이후 그는 몇 달간 극심한 슬픔에 잠겼다가 빠져나오기를 거듭하며 휘청거렸다. 그도 완전히 손을 놓고 있던 것은 아니었다. 직장에 나가고 심리 상담도 받으며 마음을 정리해 나가고 있었다. 그런데 어느 순간 때로는 슬픔이 지독한 방식으로 치밀어 오른다는 걸 알게 됐다. 그에게는 어린 자녀들이 있었는데, 슬픔이 아이들과 함께하는 시간에까지 영향을 미친 것이다. 그는 아이들과 놀이터에서 술래잡기를 하다가도 갑자기 상실감이 덮쳐오면 술래를 맡고도 중간에 놀이터를 떠날 수밖에 없었다. 슬픔으로부터 도망치고 싶진 않았다. 동생의 죽음을 애도해야 한다는 사실은 그도 잘 알았다. 하지만 그러고 있느라 아이들의 소중한 유년 시절을 놓치고 싶지도 않았다. 이렇게 깊은 상실감에 빠졌을 때 우리는 어떻게 WOOP을 활용할 수 있을까? 여기에 예를 들어보겠다.

- **소원**Wish

  극심한 슬픔에 빠져있는 이 기간에도 아이들과 시간을 보내면서 삶을 즐길 수 있으면 좋겠다.

- **결과**Outcome

  아이들이 자랐을 때 이 시기를 돌아보며 정말 즐거웠다고 기억할 것이다.

- **장애물**Obstacle

  슬픔이 밀려들면 거기서 빠져나올 방법을 모르겠다. 정신이 아득해진다.

- **계획**Plan

  만일If 아이들과 함께 있을 때 그런 느낌이 들기 시작하면 그때는

Then 잠시 멈춰서 미래에 집중하기로 한다. 10초 동안 아이들이 어른이 된 모습을 상상하고, 지금까지 내 삶의 여정을 돌아본다. 삶의 장대한 여정에서 이 시기는 찰나에 지나지 않는다는 사실을 자신에게 일깨운다.

여러분도 현재 감정적으로 힘든 일을 겪고 있다면 WOOP을 활용해 보기를 바란다. 지금 당장 한 가지를 골라서 시도해 보라.

- **W = 소원**

  자신에게 중요한 소원을 하나 적는다. 다소 어렵더라도 이룰 수 있는 소원이어야 한다.

- **O = 결과**

  그 소원을 이루면 어떤 느낌이 들까?

- **O = 장애물**

  나를 가로막고 있는 장애물은 무엇인가?

- **P = 계획**

  장애물에 맞닥뜨렸을 때 나는 어떤 행동을 취할 것인가?
  만일 ~라면, 그때는 ~하겠다.

WOOP의 목표는 큰 수고를 들이지 않고 감정을 손쉽게 전환하게 하는 데 있다. 차에 타면 별생각 없이 바로 안전띠를 매듯이 이 과정이 습관처럼 진행되게 해야 한다. 이 일이 아무래도 불가능하게 느껴진다면, 미 해군 특수부대를 생각해 보자. 그들이 맡는 임무는 결코 쉽지 않지만, 충분한 계획과 훈련을 거쳐서 거의 자동 반사적으로 해내지 않던가.

지난 20여 년간 수많은 연구가 WOOP의 힘과 그것이 사람들의 삶에 미치는 지속적이고 장기적인 영향을 입증했다.[6] WOOP을 활용한 학생들은 학업과 성적 면에서 더 나은 성과를 냈고[7] 부정적 감정을 더 수월하게 극복해 나갔으며[8] 식습관과 운동 습관도 더욱 건강해졌다.[9] 우울증이 있는 사람들은 자신을 더 아끼게 됐고[10] 더 원만한 인간관계를 맺게 됐다.[11] 결정적으로 이 '기술'은 활용하기도 쉽다.

2010년대 중반, 독일 과학자들이 대규모 현장 실험의 일환으로 WOOP을 초등학교 1학년 교실에서 실제로 활용한 적이 있었다.[12] 연구팀은 학생들에게 WOOP이 무엇인지를 설명한 뒤, 그 과정을 총 다섯 번을 함께 해봤다. 결과는 아주 놀라웠다. 겨우 만 6세의 아이들이 감정을 더 잘 조절하게 됐고 성적도 향상됐다. 게다가 WOOP은 아이들의 삶에 지속적인 영향을 미치기까지 했다. 연구팀은 실험으로부터 3년이 지난 뒤에도 WOOP의 긍정적 영향이 계속되고 있다는 사실을 발견했다.

물론 우리가 모든 상황을 미리 계획할 수는 없다. 내가 바라는 미래의 감정 상태를 수없이 머릿속에 그려보고 '만일 ~라면, 그때는 ~하겠다.'라면서 계획을 세우더라도, 앞으로 어떤 일이 벌어질지를 늘 예측할 수는 없는 법이다. 미 해군 특수부대가 폭탄 제조범의 집을 급습했던 작전을 생각해 보자. 대원들은 수많은 '만일-그때는' 시나리오에 대비한 상태였지만, 유리 외벽이 산산이 부서지면서 수천 개의 날카로운 파편이 떨어지는 상황까지는 대비하지 못했다. 하지만 대원들은 폭발물이 터졌을 때의 대응법을 알고 있었다. 그들은 비슷한 상황에서 사용했던 도구들을 갖고 있었고, 그래서 폭발 순간에 자동으로 그 도구들에 손을 뻗었다.

우리도 살다 보면 진짜 폭탄까지는 아니더라도, 폭탄 같은 상황을 만나게 마련이다. 중요한 것은 그 폭탄과 함께 언제든 예상치 못한 감정적 난관이 닥칠 수 있고, 때로 자신도 모르는 사이에 그 감정적 늪에 깊숙이 빠질 수 있다는 점이다. 하지만 이제 우리에게는 그런 상황이 닥쳤을 때 의지할 만한 도구들이 있다. 지금까지 이 책을 통해 알게 된 감정 전환 도구들 말이다.

✹ ✺

여기서 반드시 기억해야 할 중요한 사실이 있다. 누구에게나 통하는 만능 해결책은 없다는 점이다.[13] 운동, 영양, 약품처럼 감정 조절법도 사람마다 효과가 다르다. 3장에도 소개했지만, 나는 2020년 코로나19 팬데믹 초기에 사람들이 전 세계를 휩쓴 불안을 어떻게 극복하는지를 살펴보기 위해 공동 연구를 진행했다. 지독하게 힘들었던 시기를 극복하게 해준 특정 도구나 도구들의 조합 중 무엇이 보편적인 감정 조절법으로 부상하고 있는지를 알아내고자 했다.[14]

그 결과, 우리는 가장 효과적인 도구가 사람마다 천차만별이라는 사실을 알아냈다. 피실험자 중 어떤 이들은 하루에 십여 가지 도구를 사용하는가 하면, 어떤 이들은 도구를 단 하나도 사용하지 않았다. 이 사람에게는 효과가 있던 도구가 다음 사람에게는 전혀 효과가 없기도 했다. 게다가 도움이 되는 도구가 날마다 달라지는 사람들도 많았다. 그런 만큼 나는 여러분에게 여러 가지 감정 전환 도구를 벌여놓고 이것저것 시도해 보기를 권한다. 우선 자신과 잘 맞는 도구들을 찾아낸 다음, WOOP을 통해서 그 도구들이 가장 필요할 때 바로 활용할 수 있는 확률을 높여 나가면 된다.

물론 우리가 아무리 많이 배우고 연습하며 감정을 조절한다고 해도, 늘 감당하기 어려운 감정 경험은 있게 마련이다. 만약 감정을 다루는 일이 식은 죽 먹기처럼 쉽기만 했다면, 감정은 오히려 쓸모없어졌을지도 모른다. 왜냐하면 우리가 불편한 감정을 절대 그냥 두지 못하는 존재이기 때문이다. 신체적 고통처럼 우리가 감정적 고통을 느끼는 데는 다 이유가 있다. 그 고통 속에 바로 우리가 필요로 하는 정보가 들어있다.

감정 전환의 목적은 삶에서 감정적 고통을 완전히 몰아내거나 모든 갈등을 매번 대수롭지 않은 문제로 축소하자는 데 있지 않다. 그보다는 자신의 감정에 귀 기울이고 거기에 건강한 방식으로 반응하는 게 우리의 진정한 목표이다. 고통스러운 감정에서 헤어나지 못할 때는 평소보다 각별히 노력해야 한다. 물론 감정의 레버를 돌리는 것은 강도 조절 수준에 그칠 때가 많다. 하지만 감정 경험이 우리 삶에 누적된다는 점, 그것이 주변 사람들의 삶에도 매우 큰 영향을 미친다는 점을 생각하면 강도 조절도 무척 중요한 문제일 수 있다. 그리고 극심한 고통과 혼란에 빠진 순간에는 우리가 다져온 감정 조절 기술들이 아슬아슬한 줄타기 밑에 펼쳐진 안전망처럼 우리를 받쳐줄 것이다. 나도 인생이라는 줄타기에서 몇 번이나 미끄러지고 떨어진 뒤에야 놀랍게도 내게 안전망이 있다는 사실을 알 수 있었다.

나가며

건강한
감정적 삶을 위하여

"오늘 수업은 취소됐습니다. 자세한 정보는 이메일을 확인해 주세요."

내가 이 책의 결론을 집필하기 약 1주일 전, 오전 5시 7분에 받은 문자 메시지에 이런 내용이 적혀있었다. 딸의 학교에서 보낸 메시지였다. 아내가 아직 옆에서 곤히 자고 있었기 때문에 나는 휴대전화를 던져두고 다시 잠을 청하려 했다. 하지만 다시 누운 채 몇 분이 지나니 영 찝찝하다는 생각이 들었다. 학교가 수업을 취소하는 이유가 문자 메시지에 들어있지 않았다. 폭설이 예보된 날에는 "악천후로 인해"라는 사유가 적혀있곤 했는데, 어제 내내 일기예보를 몇 번이나 확인했는데도(미시간주에서 겨울을 나는 학부모는 이 정도 불편은 감수해야 한다) 폭설 예보는 없었다. 그렇다면 왜 수업을 취소한다는 거지?

다시 휴대전화를 집어 들고 이메일을 확인해 봤다. 밤늦게 교직원과 학생들에게 도착한 익명의 협박 메일 두 통 때문에 수업을 취소한다는 내용이었다. 이게 대체 무슨 소리지? 어떤 협박?

심장이 쿵쾅대는 게 느껴졌고 순식간에 정신이 번쩍 들었다. 이 상태로 다시 잠들긴 글렀다는 걸 경험상 알고 있었기에, 나는 자리를 털고 일어나 차를 끓이면서 정보가 더 있는지 이메일을 다시 확인했다. 학교 측은 세부 사항까지는 밝히지 않았지만, 경찰과 협조해 조사를 진행 중이라는 사실을 메일에 명시했다. 당연히 머릿속에 수많은 질문이 떠올랐다.

'그 협박은 진짜일까? 어떤 종류의 협박이었을까? 폭탄? 총기? 이메일을 추적할 수 있을까? 설마 누가 협박 메일을 보냈는지를 알아내지 못하더라도 아이들을 학교에 다시 보내라고 하려나?'

그나마 다행이라면(관점에 따라 그렇지 않을 수도 있지만) 나처럼 불안에 휩싸인 학부모 한 명이 그 새벽에 깨어있다가 문제의 협박 메일을 내게 공유해 준 것이었다. 원본 이메일의 참조란에 포함된 학생에게서 받은 이메일이라고 했다. 그 내용은 이랬다. "내일 너희 학교에 가서 총을 쏘겠다. 그러고 난 자살할 거야. 이래야 공평할 것 같아서 미리 경고한다. 폭탄도 가져갈까 생각 중이다. 어디 한번 당해보라고."

부모나 교사가 들었다면 기겁할 말이었다. 나라고 예외일 리

없었다. 예전에 『채터, 당신 안의 훼방꾼』을 집필하면서 노던일리노이 대학교와 버지니아 공과대학교의 총격 사건을 조사했던 만큼[1] 집 근처에서 그런 무시무시한 비극이 일어날지도 모른다고 생각하니 더 예민해졌던 것 같다. 동이 터오는 가운데 멍하니 서있으려니 조사하면서 봤던 끔찍한 이미지들이 기억의 창고를 비집고 나와 수면 위로 떠올랐다. 여기에 미국 전역에서 횡행하는 총기 난사 사건들까지 겹쳐지자 정신을 부여잡기가 힘들었다. 물론 내가 느끼는 두려움에는 나름의 근거가 있었다. 불과 2년 전, 우리 집에서 약 1시간 거리에 있는 미시간주 오클랜드카운티의 옥스퍼드 고등학교에서 실제로 끔찍한 총격 사건이 일어났기 때문이다. 우리는 괜찮으리라고 안도하기에는 너무 가까운 거리였다. '여기서도 그런 일이 일어날지 모르잖아?'라는 질문이 지극히 현실적으로 다가왔다.

나는 당장 감정 조절 도구들에 기댔다. 먼저 줌아웃을 하고 상황을 재구성했다. 지금 상황이 무섭기는 했지만, 해를 입은 사람은 아무도 없었고, 앞으로 벌어질지 모를 일에 대해 어차피 내가 할 수 있는 일은 하나도 없었다. 그리고 나는 의도적으로 주의를 다른 데로 돌리려고 노력했다. 건강한 주의 분산 기술을 활용해서 내 일에 몰입하도록 나를 몰아붙였다. 그래서 아내가 아래층으로 내려와 차를 마실 무렵(우리 가족은 커피 애호가는 아니다) 나는 이 책의 집필에 완전히 몰두해 있었다.

나가며

얼마 지나지 않아 FBI가 수사를 시작했고, 그들이 이메일 발신자를 추적하는 동안 학교는 문을 닫았다. 학교 측과 수사 당국이 이 문제를 해결하려 애쓰는 이틀 동안에도 과연 발신자를 찾아냈는지는 여전히 오리무중이었다. 이런 때에는 지역 사회에 집단 채터가 퍼지고 다들 거기 걸려들기 십상이었다. 학부모들과 학생들이 메시지를 주고받으면서 두려움과 불만을 쏟아냈고 디지털 사회적 전염digital social contagion 현상이 뚜렷하게 나타났다. 하지만 나는 온라인 공간에서의 감정 분출에 동참하고 싶은 유혹을 물리치려고 애썼다(물론 '약간'의 감정 공유와 인정은 건강하다는 사실을 기억하자). 그 대신 나는 예전에 보안업체를 운영했던 친구와 이야기를 나누며 상황을 객관적으로 이해하기 위해 무던히 애를 썼다. 또한, 딸과 아내를 안심시키고 그들도 더욱 넓은 시각을 가지도록 하는 등 주변을 돌보려 했다. 그리고 마지막으로, 내 안에 자리 잡은 채터를 감지한 순간 집 밖으로 산책을 나가서 감각을 쉬게 하고 내가 있던 공간도 바꿨다.

이 모든 행동이 전부 두려움을 줄이는 데 도움을 줬다. 두려움의 감정이 완전히 사라진 건 아니었지만, 거기에 휩쓸리지 않을 수 있었다. 여기서 기억해야 할 점은 적절한 상황에서 유발된 두려움은 완전히 없앨 필요가 없다는 것이다. 두려움은 경계심을 늦추지 않도록 일깨우는 정상적 반응이기 때문이다. 이때 내가 취한 사소한 행동 하나하나가 때로는 아주 미미하게, 때로는 거대한 위력을 발휘하며 나를 올바른 방향으로 밀어줬다. 그리고 내가 감정 전환에 성공하자, 딸아이도 감정 조절에 좀 더 능숙해진 듯했다. 아마도 아이들은 스펀지처럼 부모를 따라 배우기 때문일 것이다. 아이들은 부모의 감정을 누구보다 잘 알아차린다.

이런 이야기를 하는 이유는 내가 감정 전환이라는 재능을 타고 났다며 강조하기 위해서가 아니다. 그렇기는커녕 나는 오히려 감정 관리에 처참하게 실패한 사례가 수두룩한 사람이다(내게 어떤 일이 있었는지 궁금한 사람은 『채터, 당신 안의 훼방꾼』의 서문을 읽어봐라). 나도 인간이다. 10년 전만 해도 공동반추의 위험성을 온전히 이해하지 못했기에, 감정을 분출하는 단체 채팅에 뛰어들어 필요 이상으로 오랫동안 머물며 불안감을 더욱 키우곤 했다. 이번에 갖가지 함정에 빠지지 않을 수 있었던 건, 이제 어떤 감정 관리 도구들을 사용할 수 있는지, 그것들을 어떻게 사용하며 내게 어떤 도구가 효과적인지를 알고 있었기 때문이다.

감정이라는 이름의 스트라디바리우스를 연주하는 법을 터득한다고 해서 총기 난사 위협이 생일 파티로 바뀌는 건 아니다. 하지만 이 방법을 쓰면 그런 위협도 관리 가능한 경험으로 바꿀 수 있다. 그리고 이 어려운 작업은 우리 인류가 지구에 머물며 오래도록 마주해 왔던 과제이기도 하다. 어떻게 하면 우리가 원하는 감정은 증폭시키고, 고통을 주는 감정은 약화시키는지 말이다. 돌이켜 보니, 그 옛날 할머니가 "왜"라고 묻지 말라고 말씀하셨을 때 아마도 이런 가르침을 주고 싶으셨던 게 아닌가 싶다.

✹ ✹

나치는 우리 할머니를 데려가지 못했지만, 92세에 재발한 유방암이 결국 할머니를 데려갔다. 나는 할머니의 마지막 순간을 전화로 함께했다. 임종 몇 분 전 마이애미해변의 할머니 댁에서 어머니가 전화를 주셨다. 전화기 뒤편으로 할머니의 신음이 나직이 들렸고, 그 위로 어머니가 흐느끼시는 소리가 선명하게 들려왔다. 마지막 순간에 할머니의 손을 잡아드릴 수 있었다면 얼마나 좋았을까 생각하며 전화 너머로 작별 인사를 전하면서 할머니를 정말 많이 사랑했다고 속삭였다.

할머니가 돌아가신 뒤, 곧바로 내 머릿속에서는 할머니와 함께했던 시간이 주마등처럼 스치고 지나갔다. 우리 할머니는 아무나 할 수 없는 대단한 일을 해내신 분이었다. 모든 걸 빼앗긴 채 오랜 세월을 빈곤에 시달리며 감히 상상조차 할 수 없는 잔혹한 일들을 겪었지만 끝내 살아남으셨다. 하지만 할머니는 그 세월을 단지 견디기만 한 게 아니라 풍요롭게 일구셨다.

2차 세계대전이 끝난 뒤, 할머니와 할아버지는 무일푼 상태로 새로운 생활을 시작하셨다. 브루클린의 집 한 채에서 두 분은 당시 여덟 살이던 우리 어머니, 그리고 전쟁통에서 살아남은 할머니의 언니 부부와 함께 사셨다. 그 뒤로는 이민 가정의 전형적인 이야기가 펼쳐진다. 이 가족은 재단사로 열심히 일하며 모은 돈으로 마침내 가로수가 늘어선 브루클린의 한 귀퉁이에 아름다운 두 가구 주택을 마련했다. 매일 건너편 공원으로 산책을 나가다 보니 금세 서로 의지할 수 있는 친구들과 공동체를 꾸릴 수 있었다. 한겨울에 숲속에서 잠을 청하고, 득실거리는 이 때문에 피부가 벗겨질 정도로 머리를 벅벅 긁고, 나치를 피해 도망 다니던 시절과는 너무나 다른 삶이었다.

은퇴 후 할머니는 겨울이 오면 따뜻한 지역으로 이동하는 스노우버드snowbird로 변신하셨다. 그간 부동산 임대로 번 돈과 알뜰하게 모은 저축을 합쳐서 마이애미해변의 콘도를 한 채 구매하셨다. 자식 중 한 명이 대학을 거쳐 대학원 공부까지 마칠 수 있도록 뒷바라지하셨고, 훗날 내 학업까지 지원해 주셨다. 어린 시절 나는 학교를 마치고 오면 매일 할머니를 만날 수 있는 행운아였다. 나는 할머니가 우리 사이의 유대를 소중히 여기셨으며, 이토록 편안하고 친근하게 서로 의지할 가족이 있다는 사실을 얼마나 다행으로 여기셨는지를 잘 알고 있었다.

할머니가 돌아가셨다고 상실감에 빠져 슬퍼할 일만은 아니었다. 할머니는 기릴 가치가 있는 삶을 살다 가셨다. 무엇보다 참혹한 감정들을 다스릴 줄 알았던 할머니의 능력이 그런 삶을 가능하게 했다.

할머니가 고통스러운 과거를 대하던 방식을 어린 시절의 나는 이해할 수 없었다. 그러나 사실 할머니는 자신만의 독특한 방식으로 과거를 대하고 계셨다. (적어도 내가 아는 선에서는) 자기반성에 지나치게 몰입하지 않는 대신 가족과 공동체의 지지에 한껏 의지하셨다. 조경의 매력에도 푹 빠지셨는데, 덕분에 나는 브루클린식 조경이 집에 화분이 넘칠 듯 많아진다는 뜻이라는 것을 알게 됐다. 할머니의 조경 취미는 정서적 회복력을 부여하는 '그린 스페이스'에 더 많이 노출되게끔 해줬다. 할머니는 때마다 기도, 추모의 날Remembrance Day 같은 유대 문화 전통에 의지하시며 여전히 가슴 깊숙이 남아있던 고통을 이겨내곤 하셨다. 내 뺨에 립스틱 자국을 진하게 남기며 입을 맞추실 때마다, 오븐에서 달콤한 향을 풍기는 누들 쿠겔을 꺼내실 때마다, 할머니의 감정은 어린아이가 이해할 수 없는 방식으로 움직이고 있었다.

할머니의 도구함은 내 도구함과 완전히 달랐다. 그리고 내 도구함과 여러분의 도구함도 상당히 다를 것이다. 이 사실은 이 책에서 누차 반복한 핵심을 다시 한번 강조한다. 감정을 조절하는 데 있어서 모두에게 잘 맞는 만능 해결책은 없다는 점 말이다. 교조적으로 만능 해결책을 찾으려는 시도는 모두에게 효과적인 단 하나의 식이요법이나 운동법을 찾는 것만큼 성공 가능성이 희박한 일이다.

이 책에서 소개한 감정 전환 도구들을 알고 나면, 그중에서 자신에게 가장 잘 맞는 도구를 찾아볼 기회가 생긴다. 어떤 사람들에게는 나처럼 여러 도구를 혼합하는 전략이 효과적일 수 있다. 시야 확장 듬뿍, 건강한 감각 조절 약간, 필요할 때 즉시 부를 수 있는 정교하게 선별된 감정 자문단 하나를 마치 칵테일을 만들 듯 섞는 것이다. 이와 전혀 다른 감정 전환 도구를 사용하는 사람들도 있을 테다. 그리고 어떤 경우에는 운동, 상담 치료, 특정 약물 등의 추가 조치를 자신만의 감정 전환 도구와 병행하는 것이 도움이 된다. 반드시 하나의 선택지만 고를 필요는 없다. 자신에게 가장 잘 맞는 조합을 찾아내는 일이 무엇보다 중요하다.

이 책은 여러분이 실제로 활용할 수 있는 감정 전환 도구들을 소개하며, 그것들을 삶에 적용하는 법에 관한 프레임도 함께 제시한다. 이 도구들을 활용하면서 스스로 감정을 전환하는 법을 배우는 것이 여러분이 밟아야 할 첫 번째 단계이다. 그렇다면 다음 단계는 무엇일까? 바로 이 정보를 다른 사람들과 공유하는 것이다.

이 책의 서두에서 강연이나 워크숍을 할 때마다 감정 관리법을 더 자세히 알고 싶어 하는 사람들이 나를 찾아왔다고 했었다. 그들은 이런저런 이야기를 한 뒤에 어김없이 이런 질문을 던졌다. "왜 학교에서는 이걸 배우지 못했을까요?"

가끔 나는 학교에서 무엇을 배웠는지, 그리고 지금 그 정보들에 얼마나 의지하는지를 생각해 본다. 그럴 때면 나는 매번 같은 지점으로 돌아간다. 학창 시절에 소화기관에 대해 배우던 수업 시간으로 말이다. 그때 배운 정보 중 뇌리에서 떠나지 않는 내용이 하나 있다. 장의 연동운동, 즉 음식이 한쪽 구멍(입)으로 들어왔다가 다른 쪽 구멍(어딘지 알 것이다)으로 이동하는 복잡한 과정에 관한 내용이었다. 그 수업에서 내장 기관이 온종일 수축과 이완을 반복하면서 음식을 몸 밖으로 밀어내는 과정을 배울 수 있었다. 지금까지도 내용이 생생하게 기억나는 걸 보면 그 수업이 확실히 흥미롭긴 했나 보다. 그런데 나는 살면서 이 지식을 실제로 몇 번이나 활용해 봤을까?

정확히 두 번이다. 두 딸이 어린 시절에 어떻게 물구나무를 한 채 음식을 삼킬 수 있는지를 각자 한 번씩 물었기 때문이다. 이제 다음 질문을 던질 차례이다. 나는 감정에 대한 지식(감정이란 무엇인가, 우리는 왜 감정을 갖는가, 감정을 어떻게 다뤄야 하는가)을 얼마나 자주 활용할까?

답은 '하루도 빠짐없이 매일'이다. 현재 정규 교과과정에서 감정 교육을 얼마나 강조하는지는 학교마다 천차만별이다. 학생들의 삶에서 감정은 소화기관만큼이나 핵심적인 주제이며, 수학이나 화학에 관한 지식만큼 인생의 성공에 중요한데도 말이다. 하지만 이제는 변화의 시점이 임박했다는 신호가 차츰 나타나고 있다. 정부 조직과 여러 단체에서 행복을 장려하고 정서조절곤란 emotion dysregulation에 대응하는 캠페인을 진두지휘할 리더들을 임명하는 일이 점점 더 늘고 있다. 학교 관리자들은 과학자들과 손을 잡고 아동 및 청소년의 교과과정에 감정 조절 수업을 추가하는 중이다. 감정을 드러내는 일을 둘러싼 낙인이나 수치심은 점점 기세를 잃고 있으며, 감정이 삶에서 중심적 역할을 한다는 사실을 기꺼이 인정하는 세대에게 그 자리를 넘겨주는 중이다.

8,000~1만 년 전 사이, 인류는 감정을 다스리겠다는 절박함으로 두개골에 구멍을 뚫었다. 그리고 비교적 최근인 20세기 중반까지도 본질적으로 그것과 다를 바 없는 행위를 약간 더 정교한 형태로 계속 시도했다. 전두엽 절제술 frontal lobotomy이 그 증거이다. 감정을 다스리는 수단 중 하나로 머리에 구멍을 뚫는 행위는 인류 역사에서 꽤 오랫동안 이어져 온 셈이다. 이제 그런 시절은 지나갔고, 앞으로는 감정 조절에 관해 쌓아올린 과학적 정보를 더 잘 활용해야 한다. 서서히 변화가 진행 중이기는 하지만, 그에 대한 의식 수준을 아직 더 높일 필요가 있다. 저녁 식사 자리에서 아이들과 이런 이야기를 나누고, (특히 여러분이 관리직에 있다면) 직장에서도 이런 대화를 자연스러운 일로 만들어야 한다. 또한, 정신건강에 대한 인식을 개선하는 공공보건 정책을 지지하고, 정신건강 분야에서 사람들이 각종 지원과 교육, 치료를 받을 수 있도록 장벽을 제거해야 한다.

이 세상은 예측할 수 없는 곳이다. 우리가 아침에 어떤 메시지를 받고 잠에서 깰지는 아무도 모른다. 이렇게 생겨난 감정을 우리가 어떻게 다루는지에 따라, 그날 하루의 흐름부터 가족들의 감정 세계, 직장과 지역 사회, 전 세계에서 벌어지고 있는 정치적 갈등까지 모든 것에 중대한 영향을 미친다. 이런 이유로 나는 감정 관리법을 제대로 이해하는 것이야말로 우리에게 주어진 가장 중요한 과제 중 하나라고 진심으로 믿는다. 아직도 배워야 할 것이 많지만, 그간 상당한 진전을 이뤄온 것도 사실이다. 우리가 이만큼 멀리 올 수 있었던 걸 보면 역시 "왜"는 삐딱한 질문을 던지는 글자만은 아니었나 보다. 우리에게는 자신의 삶을 바꾸고, 사랑하는 사람들의 삶이 달라지도록 도와줄 힘이 있다. 이러한 사실을 깨닫는 출발점에 바로 "왜"로 시작하는 질문들이 있다.

감사의 말

머릿속에 이 책에 대한 구상이 떠오른 건 『채터, 당신 안의 훼방꾼』을 출간한 지 얼마 안 된 시점이었다. 하지만 몇 년에 걸친 집필을 막 끝냈던 터라 바로 책을 쓸 엄두가 나지 않았다. 주저하던 순간에 새로이 도전을 시작할 수 있도록 용기를 북돋워 준 이가 둘 있었다. 늘 한결같은 파트너십과 사랑, 지지를 보여주는 내 인생의 동반자 라라, 그리고 에이전트 더그 에이브럼스$^{Doug\ Abrams}$에게 감사를 전한다.

『감정의 과학』은 감정 조절에 대한 우리의 이해를 완전히 뒤바꿔 놓은 과학적 르네상스를 이야기한다. 여기에 이름을 일일이 열거하기도 어려울 정도로 수많은 동료와 학생이 그 성취에 기여했다. 이 책의 독자와 나는 그들에게 빚을 지고 있다.

질리언 블레이크Gillian Blake는 이상적인 편집자이다. 질리언은 이 책의 가능성을 단번에 알아보고 그 비전이 세상의 빛을 볼 수 있도록 끊임없이 도와줬다. 출판계에서 가장 바쁘게 뛰어다니는 와중에도 시간을 쪼개서 내 초고에 탁월하고 예리한 피드백을 보내줬고, 공감과 유머를 보태서 심기일전하게 해줬다. 질리언 덕분에 더 나은 책이 될 수 있었다.

글쓰기는 외로운 일이기도 하다. 하지만 나는 훌륭한 팀의 지지 속에서 모든 과정을 밟아가는 행운을 누렸다. 로렌 햄린Lauren Hamlin과 앨리사 니커보커Allyssa Knickerbocker는 최고의 집필 가이드들이었다. 둘의 지혜, 문학적 재능, 재치가 없었다면 이 책은 지금과 같은 모습이 아니었을 거다. 초고를 훌륭히 편집해 준 라라 러브Lara Love, 에런 슐먼Aaron Shculman, 레이첼 노이만Rachel Neumann에게도 감사를 전한다. 몇 번이고 반복해서 팩트 체크를 도와준 이븐 네스터락Even Nesterak, 알렉스 웜리Alex Wormley, 케이트 셔츠Kate Schertz에게도 고맙다는 말을 전한다. 에이미 리Amy Li와 제스 스콧Jess Scott이 도와준 덕분에 이 프로젝트가 끝까지 올 수 있었다.

크라운Crown, 포르티에 PRFortier PR, 라빈 에이전시Lavin Agency는 다 같이 힘을 모아서 환상적인 영업마케팅팀을 만들어냈다. 앨리사

포르투나토Allyssa Fortunato, 메리 모우츠Mary Moates, 메이슨 엥Mason Eng, 그레이스 에르미아스Grace Ermias, 찰스 야오Charles Yao, 아드리아나 스태드닉Adrianna Stadnyck, 알리시아 응Alethea NG, 다이애나 메시나Dyana Messina, 줄리 세플러Julie Cepler 그리고 다른 팀원들의 끊임없는 헌신에 깊은 감사를 표한다.

한 권의 책을 집필하는 엄청난 과업에 돌입할 때면 함께 수다를 떨 수 있는 이들이 있다는 사실에 큰 위안을 받곤 한다. 자밀 자키Jamil Zaki와 앤절라 더크워스는 『채터, 당신 안의 훼방꾼』을 작업하면서 사귄 '책 친구들'인데, 이번에도 큰 도움을 받았다. 끝없는 사랑과 감사의 마음의 둘에게 전하고 싶다.

이 책을 응원해 준 댄 핑크Dan Pink, 애덤 그랜트Adam Grant, 리사 다무르Lisa Damour, 찰스 두히그Charles Duhigg, 로리 산토스, 마야 샹카르Maya Shankar, 제이슨 모세르, 미카엘라 로드리게스, 맷 거트먼Matt Guttman, 체이스 볼드윈에게도 감사를 전한다. 그리고 내게 자신의 이야기를 들려준 이들에게도 고개 숙여 인사한다. 지금도 이따금 여러분이 얼마나 너그러운 사람들이었는지를 떠올리며 감사함을 느끼곤 한다.

우리 가족 배질Basil, 어마Irma, 캐런Karen, 이언Ian, 라일라Lila, 오언

Owen에게도 감사의 마음을 전한다. (이름을 안 밝혀도 누군지 다 알 터인) 내 친구들에게 주기적인 부재를 이번에도 참아줘서 고맙다고 말하고 싶다. 집필 과정 내내 응원해 준 내 뛰어난 학생들과 동료들, 그리고 미시간 대학교의 팀들, 로스 경영대학원 최고경영자 과정Ross Executive Education에도 감사드린다. 일일이 언급하기에는 감사드릴 분이 너무 많아서 여기에 적기 시작했다가는 분명 누군가를 빠뜨릴 것 같다.

    마지막으로 라라, 마야Maya, 대니Dani, 모두 지금 그대로 정말 완벽해. 늘 곁에 있어줘서 고마워.

주

들어가며

1. 할머니의 이야기를 서술하기 위해 다음의 세 가지를 참고했다. 첫 번째는 미국 홀로코스트 기념관의 주도로 진행된 구전 역사 기록 작업이다. 1996년 7월 18일에 랜디 골드먼(Randy Goldman)이 도라 크라멘 디미트로(Dora Kramen Dimitro)를 인터뷰한 내용을 다음의 링크에서 확인할 수 있다. collections.ushmm.org/oh_findingaids/RG-50.030.0372_trs_en.pdf. 두 번째로는 다음의 책을 참고했다. Yaffa Eliach, *There Once Was a World: 900-Year Chronicle of the Shtetl of Eishyshok* (Boston: Little, Brown, 1999). 마지막으로, 내가 자라면서 할머니와 나눈 대화들에 대한 기억을 참고했다.

2. 지엠랑카를 누가 팠는가에 대해서는 할머니의 구술 기록과 할머니의 경험이 담긴 문서 기록의 내용이 상충한다. 이 책에서는 할머니께서 직접 들려주신 이야기를 참고했다.

3. 이날은 공식적인 홀로코스트 추모일은 아니었고, 우리 조부모님과 다른 생존자들이 공동으로 마련한 행사였다.

4. Daniel Dukes et al., "The Rise of Affectivism," *Nature Human Behaviour* 5, no. 7 (July 1, 2021): 816–20, www.nature.com/articles/s41562-021-01130-8, doi.org/10.1038/s41562-021-01130-8.

5. Shayla Love, "The Relatable Emotions of Depressed People from 3,000 Years Ago," *Vice*, May 2021.

6. Ephraim George Squier, *Peru: Incidents of Travel and Exploration in the Land of the Incas* (New York: Harper & Brothers, 1877); Hiran R. Fernando and Stanley Finger, "Ephraim George Squier's Peruvian Skull and the Discovery of Cranial Trepanation," in *Trepanation: History, Discovery, Theory*, ed. Robert

Arnott et al. (Boca Raton, Fla.: Taylor & Francis Group, 2003), 3‒19; Charles Gross, "A Hole in the Head: A Complete History of Trepanation," *The MIT Press Reader* (Aug. 29, 2019), thereader.mitpress.mit.edu/hole-in-the-head-trepanation.

7   심리학이나 의학을 공부하는 학생이라면 폴 브로카 박사의 이름이 익숙할 것이다. 발화를 관장하는 두뇌 영역인 브로카 영역(Broca's area)은 그의 이름을 따서 붙인 명칭이다.

8   William T. Clower and Stanley Finger, "Discovering Trepanation: The Contribution of Paul Broca," *Neurosurgery* 49, no. 6 (2001). 다음 자료도 참고하라. Charles G. Gross, *A Hole in the Head: More Tales of the History of Neuroscience* (Cambridge, Mass.: MIT Press, 2009).

9   M. Ghannaee Arani, E. Fakharian, and F. Sarbandi, "Ancient Legacy of Cranial Surgery," *Archives of Trauma Research* 1, no. 2 (Summer 2012): 72‒74; Lydia Kang and Nate Pedersen, *Quackery: A Brief History of the Worst Ways to Cure Everything* (New York: Workman, 2017); Ira Rutkow, *Empire of the Scalpel: The History of Surgery* (New York: Scribner, 2022); Jeffrey A. Lieberman and Ogi Ogas, *Shrinks: The Untold Story of Psychiatry* (London: Weidenfeld & Nicolson, 2016).

10   Miguel A. Farira Jr., "Violence, Mental Illness, and the Brain—a Brief History of Psychosurgery: Part 1—from Trephination to Lobotomy," *Surgical Neurology International* 4, no. 49 (2013). 다음 자료도 참고하라. R. Aaron Robison et al., "Surgery of the Mind, Mood, and Conscious State: An Idea in Evolution," *World Neurosurgery* 77, no. 5‒6 (2012): 662‒86; Rutkow, *Empire of the Scalpel*.

11   Rutkow, *Empire of the Scalpel*, 17.

12   K. Tajima-Pozo et al., "Practicing Exorcism in Schizophrenia," *BMJ Case Reports*, Feb. 15, 2011, bcr1020092350, doi.org/10.1136/bcr.10.2009.2350; Kang and Pedersen, *Quackery*; Ronald J. Comer and Jonathan S. Comer, *Abnormal Psychology* (New York: Macmillan, 2018);

Stephen A. Diamond, "Possession, Exorcism, and Psychotherapy," in D. A. Leeming, ed., *Encyclopedia of Psychology and Religion* (Boston: Springer, 2014): 1355-59, doi.org/10.1007/978-1-4614-6086-2_224.

13   "The Nobel Prize in Physiology or Medicine 1949," Nobelprize.org, www. nobelprize.org/prizes/medicine/1949/moniz/facts/.

14   U.S. Department of Health and Human Services, "New Surgeon General Advisory Raises Alarm About the Devastating Impact of the Epidemic of Loneliness and Isolation in the United States," press release, May 3, 2023, www.hhs.gov/about/news/2023/05/03/new-surgeon-general-advisory-raises-alarm-about-devastating-impact-epidemic-loneliness-isolation-united-states.html; "Loneliness Minister: 'It's More Important Than Ever to Take Action,'" gov.uk, June 17, 2021, www.gov.uk/government/news/loneliness-minister-its-more-important-than-ever-to-take-action; "Japan's Parliament Enacts Bill to Tackle Social Isolation," *Japan Times*, May 31, 2023, www.japantimes.co.jp/news/2023/05/31/national/social-isolation-bill/.

15   Chloe Melas, "Bruce Springsteen Opens Up About His Battles with Depression: 'I Know I Am Not Completely Well,'" CNN, Nov. 28, 2018, www.cnn.com/2018/11/28/entertainment/bruce-springsteen-mental-health-interview/index.html.

16   D. J. Brody and Quiping Gu, "Antidepressant Use Among Adults: United States, 2015-2018," NCHS Data Brief (377) (Sep. 2020): 1-8, www. pubmed.ncbi.nlm.nih.gov/33054926/. 항우울제 연구의 최신 동향에 대한 훌륭하고 이해하기 쉬운 자료를 찾는다면 다음을 참고하라. Christina Caron, "What You Really Need to Know about Antidepressants," *The New York Times*, April 25, 2024, www.nytimes.com/2024/04/25/well/mind/antidepressants-side-effects-anxiety-stress.html. 또 다른 훌륭한 논의는 다음 자료를 참고하라. Dana Smith, "Antidepressants Don't Work the Way Many People Think," *The New York Times*, Nov. 8, 2022, www.nytimes.

com/2022/11/08/well/mind/antidepressants-effects-alternatives.html.

17 "Mental Disorders," World Health Organization, June 8, 2022, www.who. int/news-room/fact-sheets/detail/mental-disorders.

18 Lancet Global Health, "Mental Health Matters," *Lancet Global Health* 8, no. 11 (2020), www.thelancet.com/journals/langlo/article/PIIS2214-109X(20)30432-0/fulltext.

19 Terrie Moffitt et al., "A Gradient of Childhood Self-Control Predicts Health, Wealth, and Public Safety," *Proceedings of the National Academy of Sciences* 108, no. 7 (2011): 2693-98, doi.org/10.1073/pnas.1010076108; Leah S. Richmond-Rakerd et al., "Childhood Self-Control Forecasts the Pace of Midlife Aging and Preparedness for Old Age," *Proceedings of the National Academy of Sciences* 118, no. 3 (2021): e2010211118, doi.org/10.1073/pnas.2010211118; Benjamin Chapman et al., "High School Personality Traits and 48-Year All-Cause Mortality Risk: Results from a National Sample of 26,845 Baby Boomers," *Journal of Epidemiology and Community Health* 73 (2019): 106-10; Markus Jokela et al., "Personality and All-Cause Mortality: Individual-Participant Metaanalysis of 3,947 Deaths in 76,150 Adults," *American Journal of Epidemiology* 178 (2013): 667-75.

20 이선 크로스 지음, 강주헌 옮김, 『채터, 당신 안의 훼방꾼』, 김영사, 2021.

21 여러 연구 결과에 따르면, 사람들이 지금 당장 느껴지는 감정에 집중하기보다는 자신을 괴롭히는 일들이 미래에 어떻게 느껴질지를 생각하도록 유도하는 편이 고통을 줄이는 데 더 도움이 된다고 한다. 이와 관련된 자세한 내용은 『채터, 당신 안의 훼방꾼』을 참고하라. 이 사실을 보여주는 연구 사례는 다음 자료들을 참고했다. Emma Bruehlman-Senecal and Ozlem Ayduk, "This Too Shall Pass: Temporal Distance and the Regulation of Emotional Distress," *Journal of Personality and Social Psychology* 108 (2015): 356-75; and Emma Bruehlman-Senecal, Ozlem Ayduk, and Oliver P. John, "Taking the Long View: Implications of Individual Differences in

Temporal Distancing for Affect, Stress Reactivity, and Well-Being," *Journal of Personality and Social Psychology* 111 (2016): 610–35, doi.org/10.1037/pspp0000103.

22 구체적인 사례는 다음 자료를 참고하라. Heather C. Lench et al., "Exploring the Toolkit of Emotion: What Do Sadness and Anger Do for Us?," *Social and Personality Psychology Compass* 10, no. 1 (2016): 11–25, doi.org/10.1111/spc3.12229.

23 Bonanno and Burton, "Regulatory Flexibility."

24 인지 행동 치료 같은 현재의 치료법들도 사람들의 생각을 관리하면서 감정 조절에 도움이 되긴 한다. 하지만 이 책은 치료를 받을 수 있는 여건인지와 상관없이 누구나 자신의 감정적 삶을 관리할 수 있도록 기본 토대를 제공하는 데 목표를 두고 있다. 인지 행동 치료는 특정한 상황에서는 무척 효과적이지만, 주의력과 인지에 초점을 맞추는 비교적 협소한 접근법이다. 이 책에서는 감각, 인간관계, 주변 환경, 문화와 같은 폭넓은 영역을 탐구하며, 이 모든 요소는 상담실 밖에서도 우리가 필요할 때 언제든지 활용할 수 있는 자원이 될 것이다.

25 Ethan Kross, Ozlem Ayduk, and Walter Mischel, "When Asking Why Does Not Hurt: Distinguishing Rumination from Reflective Processing of Negative Emotions," *Psychological Science* 16 (2005): 709–15.

chapter 1 우리는 왜 그런 감정을 느낄까

1 이 책에 맷의 이야기를 담기 위해서 그를 몇 차례 인터뷰했다.

2 우리 마음속에 별개의 존재, 즉 작은 자아가 뇌 깊숙이 자리 잡고 조종석에 앉아서 버튼들을 누르며 일을 벌여나간다는 생각은 〈인사이드 아웃(Inside Out)〉 같은 영화들을 통해 대중화됐다. 이런 개념은 실제 뇌의 작동 방식을 설명하지 못하며, '호문쿨루스 오류(humunculuns fallacy)'라고 불린다.

3 Debra Trampe et al., "Emotions in Everyday Life," *PLoS ONE* 10, no. 12

(2015): e0145450, doi.org/10.1371/journal.pone.0145450. 피실험자들은 전체 시간의 16퍼센트 동안 부정적 감정을, 41퍼센트 동안 긍정적 감정을 경험했다고 보고했다.

4　Sigal G. Barsade, "The Ripple Effect: Emotional Contagion and Its Influence on Group Behavior," *Administrative Science Quarterly* 47, no. 4 (2002): 644-75, doi.org/10.2307/3094912; Elaine Hatfield et al., "Emotional Contagion," *Current Directions in Psychological Science* 2, no. 3 (1993): 96-100, doi.org/10.1111/1467-8721.ep10770953.

5　"They May Forget What You Said, but They Will Never Forget How You Made Them Feel," Quoteinvestigator.com, quoteinvestigator.com/2014/04/06/they-feel/. 이 명언은 종종 마야 앤절로(Maya Angelou)의 발언으로 오해받지만, 실제로는 카알 W. 뷔너의 말이다.

6　Debra Trampe et al., "Emotions in Everyday Life."

7　Alan S. Cowen and Dacher Keltner, "Self-Report Captures 27 Distinct Categories of Emotion Bridged by Continuous Gradients," *Proceedings of the National Academy of Sciences* 114, no. 38 (2017): E7900-7909, doi.org/10.1073/pnas.1702247114.

8　Lisa Feldman Barrett, *How Emotions Are Made: The Secret Life of the Brain* (Boston: Houghton Mifflin Harcourt, 2017).

9　Colin Wayne Leach et al., "Malicious Pleasure: Schadenfreude at the Suffering of Another Group," *Journal of Personality and Social Psychology* 84, no. 5 (2003): 932-43, doi.org/10.1037/0022-3514.84.5.932.

10　보편적 입장에 대한 개괄적 내용은 다음 자료를 참고하라. Joseph LeDoux, "Rethinking the Emotional Brain," *Neuron* 73, no. 4 (Feb. 2012): 653-76, doi.org/10.1016/j.neuron.2012.02.004.

11　Barrett, *How Emotions Are Made*.

12　다양한 감정 이론이 동의하는 내용에 대해서는 클라우스 셰어(Klaus Scherer)가 훌륭하게 정리한 자료를 참고했다. Klaus R. Scherer, "Theory Convergence in Emotion Science Is Timely and Realistic," *Cognition and*

Emotion 36, no. 2 (2022): 154 – 70, doi.org/10.1080/02699931.2021.1973378.

13　Ibid.; Phoebe C. Ellsworth, "Appraisal Theory: Old and New Questions," *Emotion Review: Journal of the International Society for Research on Emotion* 5, no. 2 (2013): 125 – 31, doi.org/10.1177/1754073912463617; Barrett, *How Emotions Are Made*.

14　Allison S. Troy et al., "A Person-by-Situation Approach to Emotion Regulation: Cognitive Reappraisal Can Either Help or Hurt, Depending on the Context," *Psychological Science* 24, no. 12 (2013): 2505 – 14, doi.org/10.1177/0956797613496434.

15　Aaron C. Weidman and Ethan Kross, "Examining Emotional Tool Use in Daily Life," *Journal of Personality and Social Psychology* 120, no. 5 (2021): 1344 – 66, doi.org/10.1037/pspp0000292; Heather C. Lench and Zari Koebel Carpenter, "What Do Emotions Do for Us?," in *The Function of Emotions*, ed. Heather C. Lench (New York: Springer, 2018), 1 – 7; Azim F. Shariff and Jessica L. Tracy, "What Are Emotion Expressions For?," *Current Directions in Psychological Science* 20, no. 6 (2011): 395 – 99, doi.org/10.1177/0963721411424739.

16　Andrew Mathews, "Why Worry? The Cognitive Function of Anxiety," *Behaviour Research and Therapy* 28, no. 6 (1990): 455 – 68, doi.org/10.1016/0005-7967(90)90132-3; Jeffrey A. Gray, *The Neuropsychology of Anxiety: An Enquiry into the Function of the SeptoHippocampal System* (New York: Oxford University Press, 1982); Lench and Carpenter, "What Do Emotions Do for Us?"

17　슬픔으로 인한 생리적 기능의 둔화에 관해서는 다음 자료를 참고하라. David Huron, "On the Functions of Sadness and Grief," in Lench, *Function of Emotions*, 59 – 91. 슬픔이 성찰의 필요성에 어떤 영향을 미치는지, 사회적 상호작용에서 어떤 함의를 지니는지는 다음 자료를 참고하라. Melissa M. Karnaze and Linda J. Levine, "Sadness, the Architect of Cognitive Change," in Lench, *Function of Emotions*, 45 – 58.

18 S. M. Bell and M. D. Ainsworth, "Infant Crying and Maternal Responsiveness," *Child Development* 43, no. 4 (1972): 1171 – 90, doi.org/10.1111/j.1467-8624.1972.tb02075.x; Lawrence Ian Reed and Peter DeScioli, "The Communicative Function of Sad Facial Expressions," *Evolutionary Psychology: An International Journal of Evolutionary Approaches to Psychology and Behavior* 15, no. 1 (2017), doi.org/10.1177/1474704917700418.

19 Morteza Dehghani et al., "Interpersonal Effects of Expressed Anger and Sorrow in Morally Charged Negotiation," *Judgment and Decision Making* 9, no. 2 (2014): 104 – 13, doi.org/10.1017/s1930297500005477; Ad J. J. M. Vingerhoets and Lauren M. Bylsma, "The Riddle of Human Emotional Crying: A Challenge for Emotion Researchers," *Emotion Review: Journal of the International Society for Research on Emotion* 8, no. 3 (2016): 207 – 17, doi.org/10.1177/1754073915586226.

20 Niels van de Ven et al., "Leveling Up and Down: The Experiences of Benign and Malicious Envy," *Emotion* 9, no. 3 (2009): 419 – 29, doi.org/10.1037/a0015669; Jens Lange and Jan Crusius, "The Tango of Two Deadly Sins: The Social-Functional Relation of Envy and Pride," *Journal of Personality and Social Psychology* 109, no. 3 (2015): 453 – 72, doi.org/10.1037/pspi0000026; Jens Lange et al., "The Painful Duality of Envy: Evidence for an Integrative Theory and a Meta-analysis on the Relation of Envy and Schadenfreude," *Journal of Personality and Social Psychology* 114, no. 4 (2018): 572 – 98, doi.org/10.1037/pspi0000118; Weidman and Kross, "Examining Emotional Tool Use in Daily Life."

21 Daniel H. Pink, *The Power of Regret: How Looking Backward Moves Us Forward* (New York: Random House, 2022).

22 June Price Tangney and Ronda I. Dearing, *Shame and Guilt* (New York: Guilford Press, 2002); David M. Amodio et al., "A Dynamic Model of

Guilt: Implications for Motivation and SelfRegulation in the Context of Prejudice," *Psychological Science* 18, no. 6 (2007): 524–30, doi.org/10.1111/j.1467-9280.2007.01933.x.

23 Lench and Carpenter, "What Do Emotions Do for Us?"; Heather C. Lench et al., "Exploring the Toolkit of Emotion: What Do Sadness and Anger Do for Us?," *Social and Personality Psychology Compass* 10, no. 1 (2016): 11–25, doi.org/10.1111/spc3.12229; also see Ira J. Roseman, "Functions of Anger in the Emotion System," in Lench, *Function of Emotions*, 141–73.

24 Parisa Parsafar and Elizabeth L. Davis, "Fear and Anxiety," in Lench, *Function of Emotions*, 9–23; Randolph M. Nesse and Phoebe C. Ellsworth, "Evolution, Emotions, and Emotional Disorders," *American Psychologist* 64, no. 2 (2009): 129–39, doi.org/10.1037/a0013503; Dean Mobbs et al., "When Fear Is Near: Threat Imminence Elicits Prefrontal-Periaqueductal Gray Shifts in Humans," *Science* 317, no. 5841 (2007): 1079–83, doi.org/10.1126/science.1144298.

25 Cindy Hazan and Phillip R. Shaver, "Romantic Love Conceptualized as an Attachment Process," *Journal of Personality and Social Psychology* 52, no. 3 (1987): 511–24, doi.org/10.1037/0022-3514.52.3.511.

26 Weidman and Kross, "Examining Emotional Tool Use in Daily Life."

27 부정적 감정의 장기화가 신체에 어떤 영향을 미치는지는 『채터, 당신 안의 훼방꾼』을 참고하라.

28 Douglas Starr, "Two Psychologists Followed 1000 New Zealanders for Decades. Here's What They Found About How Childhood Shapes Later Life," *Science*, Feb. 1, 2018, www.science.org/content/article/two-psychologists-followed-1000-new-zealanders-decades-here-s-what-they-found-about-how. 주요 참고 자료를 포함한 프로젝트 웹사이트는 다음을 참고하라. "The Dunedin Study—Dunedin Multidisciplinary Health & Development Research Unit," dunedinstudy.otago.ac.nz/.

29 Moffitt et al., "Gradient of Childhood Self-Control Predicts Health, Wealth,

and Public Safety."

30 Ibid.; Richmond-Rakerd et al., "Childhood Self-Control Forecasts the Pace of Midlife Aging and Preparedness for Old Age." 이 모델에 공변량(covariate: 독립변수와 종속변수 사이의 관계에 영향을 줄 수 있는 또 다른 변수 - 옮긴이)들을 포함하자, 자기 통제력과 뇌 나이, 백질 과집중(white matter hyperintensities: 뇌영상에서 뇌의 백질 부위가 하얗게 보이는 이상 - 옮긴이) 사이의 연관성은 무의미해졌지만 나머지 부분의 연관성은 여전히 유의미한 것으로 나타났다.

31 Moffitt et al., "Gradient of Childhood Self-Control Predicts Health, Wealth, and Public Safety."

32 Thomas Llewelyn Webb, Eleanor Miles, and Paschal Sheeran, "Dealing with Feeling: A Meta-analysis of the Effectiveness of Strategies Derived from the Process Model of Emotion Regulation," *Psychological Bulletin* 138, no. 4 (2012): 775 - 808, doi.org/10.1037/a0027600; Tal Moran and Tal Eyal, "Emotion Regulation by Psychological Distance and Level of Abstraction: Two Meta-analyses," *Personality and Social Psychology Review* 26, no. 2 (2022): 112 - 59, doi.org/10.1177/10888683211069025; Kateri McRae and James J. Gross, "Emotion Regulation," *Emotion* 20, no. 1 (2020): 1 - 9, doi.org/10.1037/emo0000703.

33 Jennifer R. Piazza et al., "Affective Reactivity to Daily Stressors and Long-Term Risk of Reporting a Chronic Physical Health Condition," *Annals of Behavioral Medicine* 45, no. 1 (2013): 110 - 20, doi.org/10.1007/s12160-012-9423-0; Susan T. Charles et al., "The Wear and Tear of Daily Stressors on Mental Health," *Psychological Science* 24, no. 5 (2013): 733 - 41, doi.org/10.1177/0956797612462222.

34 Philippe Verduyn and Saskia Lavrijsen, "Which Emotions Last Longest and Why: The Role of Event Importance and Rumination," *Motivation and Emotion* 39, no. 1 (2015): 119 - 27, doi.org/10.1007/s11031-014-9445-y; Philippe Verduyn et al., "Determinants of Emotion Duration and

Underlying Psychological and Neural Mechanisms," *Emotion Review: Journal of the International Society for Research on Emotion* 7, no. 4 (2015): 330–35, doi.org/10.1177/1754073915590618.

35 Verduyn and Lavrijsen, "Which Emotions Last Longest and Why."
36 Jeremy P. Jamieson et al., "Changing the Conceptualization of Stress in Social Anxiety Disorder: Affective and Physiological Consequences," *Clinical Psychological Science* 1, no. 4 (2013): 363–74, doi.org/10.1177/2167702613482119; Jeremy P. Jamieson et al., "Improving Acute Stress Responses: The Power of Reappraisal," *Current Directions in Psychological Science* 22, no. 1 (2013): 51–56, doi.org/10.1177/0963721412461500.

chapter 2 감정은 조절할 수 있다

1 이 이야기에 등장하는 인물의 신변을 보호하기 위해 이름을 비롯한 몇몇 세부 사항은 수정했다. 그 외 다른 내용은 모두 사실 그대로이다.
2 Maya Tamir et al., "Implicit Theories of Emotion: Affective and Social Outcomes Across a Major Life Transition," *Journal of Personality and Social Psychology* 92, no. 4 (2007): 731–44, doi.org/10.1037/0022-3514.92.4.731.
3 2012년의 한 연구에서는 사람들이 깨어있는 시간의 절반 동안 이런 자동적 경험을 한 것으로 보고됐다. Wilhelm Hofmann and Lotte Van Dillen, "Desire," *Current Directions in Psychological Science* 21, no. 5 (2012): 317–22, doi.org/10.1177/0963721412453587.
4 Adam S. Radomsky et al., "Part 1—You Can Run but You Can't Hide: Intrusive Thoughts on Six Continents," *Journal of Obsessive-Compulsive and Related Disorders* 3, no. 3 (2014): 269–79, doi.org/10.1016/j.jocrd.2013.09.002.

5   Christine Purdon and David A. Clark, "Obsessive Intrusive Thoughts in Nonclinical Subjects. Part I. Content and Relation with Depressive, Anxious, and Obsessional Symptoms," *Behaviour Research and Therapy* 31, no. 8 (1993): 713 – 20, doi.org/10.1016/0005-7967(93)90001-b.

6   David A. Clark, *Intrusive Thoughts in Clinical Disorders: Theory, Research, and Treatment* (New York, Guilford Press, 2005): 1 – 29.

7   내가 '가려움'을 인지적 통제의 사례로 활용한다는 발상을 떠올릴 수 있었던 것은 프린스턴 대학교의 신경과학자 조너선 코언의 강연 덕분이었다. "Jonathan D Cohen on the Rational Boundedness of Cognitive Control," YouTube, accessed Jan. 9, 2024, www.youtube.com/watch?v=vvwSWkrtQ3s. 다음 자료도 함께 참고하라. Xintong Dong and Xinzhong Dong, "Peripheral and Central Mechanisms of Itch," *Neuron* 98, no. 3 (2018): 482 – 94, pubmed.ncbi.nlm.nih.gov/29723501/.

8   Matthew M. Botvinick, et al., "Conflict Monitoring and Cognitive Control," *Psychological Review* 108, no. 3 (2001): 624 – 52, doi.org/10.1037/0033-295x.108.3.624; E. K. Miller, "The Prefrontal Cortex and Cognitive Control," *Nature Reviews Neuroscience* 1, no. 1 (2000): 59 – 65, www.ncbi.nlm.nih.gov/pubmed/11252769?dopt=Abstract, doi.org/10.1038/35036228; K. Ochsner and J. J. Gross, "The Cognitive Control of Emotion," *Trends in Cognitive Sciences* 9, no. 5 (May 2005): 242 – 49, doi.org/10.1016/j.tics.2005.03.010.

9   Ursula Dicke and Gerhard Roth, "Neuronal Factors Determining High Intelligence," *Philosophical Transactions of the Royal Society B: Biological Sciences* 371, no. 1685 (2016): 20150180, doi.org/10.1098/rstb.2015.0180.

10   Ibid.

11   Francesca De Petrillo et al., "The Evolution of Cognitive Control in Lemurs," *Psychological Science* 33 (2022): 1408 – 22; Laurie R. Santos and Alexandra G. Rosati, "The Evolutionary Roots of Human Decision-Making," *Annual Review of Psychology* 66 (2015): 321 – 47; Zhongzheng

Fu et al., "Neurophysiological Mechanisms of Error Monitoring in Human and Non-human Primates," *Nature Reviews Neuroscience* 24, no. 3 (2023): 153–72, doi.org/10.1038/s41583-022-00670-w.

12 De Petrillo et al., "Evolution of Cognitive Control in Lemurs"; Richard W. Byrne and Andrew Whiten, *Machiavellian Intelligence: Social Expertise and the Evolution of Intellect in Monkeys, Apes, and Humans* (Oxford: Clarendon Press, 2002); Robin I. Dunbar, "The Social Brain Hypothesis," *Evolutionary Anthropology: Issues, News, and Reviews* 6, no. 5 (1998): 178–90, doi.org/10.1002/(sici)1520-6505(1998)6:5⟨178::aid-evan5⟩3.0.co;2-8; Henrike Moll and Michael Tomasello, "Cooperation and Human Cognition: The Vygotskian Intelligence Hypothesis," *Philosophical Transactions of the Royal Society B: Biological Sciences* 362, no. 1480 (2007): 639–48, doi.org/10.1098/rstb.2006.2000; Carel P. Van Schaik and Judith M. Burkart, "Social Learning and Evolution: The Cultural Intelligence Hypothesis," *Philosophical Transactions of the Royal Society B: Biological Sciences* 366, no. 1567 (2011): 1008–16, doi.org/10.1098/rstb.2010.0304; Alexandra G. Rosati, "Foraging Cognition: Reviving the Ecological Intelligence Hypothesis," *Trends in Cognitive Sciences* 21, no. 9 (2017): 691–702, doi.org/10.1016/j.tics.2017.05.011.

13 Kevin N. Ochsner et al., "For Better or for Worse: Neural Systems Supporting the Cognitive Downand Up-Regulation of Negative Emotion," *NeuroImage* 23, no. 2 (2004): 483–99. 이 연구에서 우리는 피실험자들에게 두 종류의 지시를 내려서 각기 다른 방식으로 감정을 더 좋아지거나 나빠지게 만들었다. 이 책에 실린 내용은 '상황 초점 전략'의 사례들이다. 이와 더불어 우리 연구팀은 피실험자들에게 감정을 불러일으키는 이미지에 대한 개인적 연결을 재구성하도록 유도하는 '자기 초점 전략'으로 그들의 반응을 강화해 보기도 했다.

14 앨버트 밴듀라의 고전적 연구에 관해서는 다음과 같이 다양한 출처의 자료를 참고했다. Albert Bandura, "Applying Theory for Human

Betterment," *Perspectives on Psychological Science* 14, no. 1 (2019): 12-15, doi.org/10.1177/1745691618815165; Diane Hamilton, "Moral Disengagement with Dr. Albert Bandura," DrDianeHamilton.com, March 1, 2023, drdianehamilton.com/moral-disengagement-with-dr-albert-bandura/; Angela Duckworth, "Guided Mastery," Character Lab, Oct. 17, 2021, characterlab.org/character-hub/tips/guided-mastery/; Albert Bandura, "Exercise of Control Through Self-Belief," Jan. 4, 1989, garfield. library.upenn.edu/classics1989/A1989U419500001.pdf; A. Bandura, E. B. Blanchard, and B. Ritter, "Relative efficacy of desensitization and modeling approaches for inducing behavioral, affective, and attitudinal changes," *Journal of Personality and Social Psychology* 13, no. 3 (1969): 173-99.

15   Alexander D. Stajkovic and Fred Luthans, "Self-Efficacy and Work-Related Performance: A Meta-analysis," *Psychological Bulletin* 124, no. 2 (1998): 240-61, doi.org/10.1037/0033-2909.124.2.240.

16   Daniel Cervone, "Thinking About Self-Efficacy," *Behavior Modification* 24, no. 1 (2000): 30-56, doi.org/10.1177/0145445500241002.

chapter 3 나만의 프루스트 효과 만들기

1   Katharine Shao, "In CNBC Interview, John Legend Talks About His First Post-Penn Job at BCG—and Why He Left It," *Daily Pennsylvanian*, Oct. 12, 2018, www.thedp.com/article/2018/10/john-legend-penn-consulting-bcg-pursue-dreams-music.

2   Martina de Witte et al., "Effects of Music Interventions on Stress-Related Outcomes: A Systematic Review and Two Meta-analyses," *Health Psychology Review* 14, no. 2 (2019): 294-324, doi.org/10.1080/17437199.2019.1627897.

3   E. Stobbe et al., "Birdsongs Alleviate Anxiety and Paranoia in Healthy

Participants," *Scientific Reports* 12, no. 1 (2022): 16414, doi.org/10.1038/s41598-022-20841-0.

4   J. C. Morales-Medina et al., "The Olfactory Bulbectomized Rat as a Model of Depression: The Hippocampal Pathway," *Behavioural Brain Research* 317 (2017): 562-75, doi.org/10.1016/j.bbr.2016.09.029; Cai Song and Brian E. Leonard, "The Olfactory Bulbectomised Rat as a Model of Depression," *Neuroscience and Biobehavioral Reviews* 29, no. 4-5 (2005): 627-47, doi.org/10.1016/j.neubiorev.2005.03.010.

5   감각을 감정 변화와 관련지은 연구는 수없이 많고, 일부 임상 개입법은 감각에 초점을 맞추고 있다. 여기서 내가 언급하는 '감정 조절 체계'는 감정 관리에 유용한 과학적 청사진을 제공하는 모델들을 가리킨다. 감각 경험과 감정 현상 사이의 연관성을 뒷받침하는 증거가 있는데도 이 분야의 주류 프레임들은·이 점을 전혀 다루지 않는다는 사실을 지적하는 내용을 나는 동료 미카엘라 로드리게스와 함께 다음 논문에서 다루었다. Micaela Rodriguez and Ethan Kross, "Sensory Emotion Regulation," *Trends in Cognitive Sciences* 27, no. 4 (2023): 379-90, doi.org/10.1016/j.tics.2023.01.0082022.

6   Jay Schulkin and Greta B. Raglan, "The Evolution of Music and Human Social Capability," *Frontiers in Neuroscience* 8, no. 292 (2014): doi.org/10.3389/fnins.2014.00292.

7   G. Casswell, "Beyond Words: Some Uses of Music in the Funeral Setting," *OMEGA - Journal of Death and Dying*, 64(4): 319-34. doi.org/10.2190/OM.64.4.c.

8   Hazem S. Elshafie and Ippolito Camele, "An Overview of the Biological Effects of Some Mediterranean Essential Oils on Human Health," *BioMed Research International*, Nov. 5, 2017, 1-14, doi.org/10.1155/2017/9268468.

9   Ashley J. Farrar and Francisca C. Farrar, "Clinical Aromatherapy," *Nursing Clinics of North America* 55, no. 4 (Dec. 1, 2020): 489-504, www.sciencedirect.com/science/article/pii/S0029646520300475,

doi.org/10.1016/j.cnur.2020.06.015; R. Tisserand, "Essential Oils as Psychotherapeutic Agents," *Springer EBooks* (Jan. 1, 1988):167‒81, doi.org/10.1007/978-94-017-2558-3_9. Accessed Aug. 21, 2024.

10 Donald Bisson, "Reflexology," in *Complementary and Integrative Medicine in Pain Management*, ed. Michael Weintraub et al. (New York: Springer, 2008): 201‒14.

11 Melissa Eisler, "The 6 Tastes of Ayurveda," Chopra, May 16, 2016, chopra.com/articles/the-6-tastes-of-ayurveda.

12 Avery Hurt, "Why Did Our Paleolithic Ancestors Paint Cave Art?," *Discover Magazine*, Dec. 27, 2022, www.discovermagazine.com/the-sciences/why-did-our-paleolithic-ancestors-paint-cave-art; Sid Perkins, "ScienceShot: Were Most Cave Paintings Done by Women?," *Science*, Oct. 11, 2013, www.science.org/content/article/scienceshot-were-most-cave-paintings-done-women; Adam Brumm et al., "Oldest Cave Art Found in Sulawesi," *Science Advances* 7, no. 3 (Jan. 1, 2021): eabd4648, advances.sciencemag.org/content/7/3/eabd4648, doi.org/10.1126/sciadv.abd4648.

13 Andrea Cheng, "How a Hotel Gets Its Signature Scent," *Condé Nast Traveler*, Aug. 2, 2019, www.cntraveler.com/story/how-a-hotel-gets-its-signature-scent.

14 Adam J. Lonsdale and Adrian C. North, "Why Do We Listen to Music? A Uses and Gratifications Analysis," *British Journal of Psychology* 102, no. 1 (2011): 108‒34.

15 M. Rodriguez and E. Kross, "Harnessing Music as a Tool for Effortless Emotion Regulation" (작성 중 논문).

16 Angela L. Duckworth et al., "A Stitch in Time: Strategic Self-Control in High School and College Students," *Journal of Educational Psychology* 108, no. 3 (2016): 329‒41, doi.org/10.1037/edu0000062. 본문에 나오는 수치들은 이 연구의 미발표 자료에 근거한 것으로, 이 책의 집필을 위해 앤절라 더크워스로부터 제공받았다.

17   Marlise K. Hofer et al., "Olfactory Cues from Romantic Partners and Strangers Influence Women's Responses to Stress," *Journal of Personality and Social Psychology* 114, no. 1 (2018): 1–9, doi.org/10.1037/pspa0000110.

18   John P. Polheber and Robert L. Matchock, "The Presence of a Dog Attenuates Cortisol and Heart Rate in the Trier Social Stress Test Compared to Human Friends," *Journal of Behavioral Medicine* 37, no. 5 (2013): 860–67, doi.org/10.1007/s10865-013-9546-1. 다음 자료도 함께 참고하라. Emma Ward-Griffin et al., "Petting Away Preexam Stress: The Effect of Therapy Dog Sessions on Student WellBeing," *Stress and Health* 34, no. 3 (2018): 468–73, doi.org/10.1002/smi.2804. 스트레스 완화에 도움이 되는 반려동물 치료법에 관해 더 자세히 알고 싶다면 다음 자료를 참고하라. Natalie Ein et al., "The Effect of Pet Therapy on the Physiological and Subjective Stress Response: A Meta-analysis," *Stress and Health* 34, no. 4 (2018): 477–89, doi.org/10.1002/smi.2812; and Nancy R. Gee et al., "Dogs Supporting Human Health and Well-Being: A Biopsychosocial Approach," *Frontiers in Veterinary Science* 8 (2021), doi.org/10.3389/fvets.2021.630465.

19   Sander L. Koole et al., "Embodied Terror Management," *Psychological Science* 25, no. 1 (2013): 30–37, doi.org/10.1177/0956797613483478. 19) 자세한 내용은 다음 자료를 참고하라. Brittany K. Jakubiak and Brooke C. Feeney, "Affectionate Touch to Promote Relational, Psychological, and Physical Well-Being in Adulthood: A Theoretical Model and Review of the Research," *Personality and Social Psychology Review* 21, no. 3 (2016): 228–52, doi.org/10.1177/1088868316650307; Carissa J. Cascio et al., "Social Touch and Human Development," *Developmental Cognitive Neuroscience* 35 (Feb. 2019): 5–11, doi.org/10.1016/j.dcn.2018.04.009.

20   Nicole M. Avena, "The Study of Food Addiction Using Animal Models of Binge Eating," *Appetite* 55, no. 3 (2010): 734–37, doi.org/10.1016/j.appet.2010.09.010; P. Rada, N. M. Avena, and B. G. Hoebel, "Daily

Bingeing on Sugar Repeatedly Releases Dopamine in the Accumbens Shell," *Neuroscience* 134, no. 3 (2005): 737−44, doi.org/10.1016/j.neuroscience.2005.04.043; Pawel K. Olszewski et al., "Excessive Consumption of Sugar: An Insatiable Drive for Reward," *Current Nutrition Reports* 8, no. 2 (2019): 120−28, doi.org/10.1007/s13668-019-0270-5.

21 Laura Fusar-Poli et al., "The Effect of Cocoa-Rich Products on Depression, Anxiety, and Mood: A Systematic Review and Meta-analysis," *Critical Reviews in Food Science and Nutrition* 62, no. 28 (2022): 7905−16, doi.org/10.1080/10408398.2021.1920570.

22 Roger S. Ulrich, "View Through a Window May Influence Recovery from Surgery," *Science* 224, no. 4647 (1984): 420−21, doi.org/10.1126/science.6143402. 다음 자료도 함께 참고하라. Roger S. Ulrich et al., "Stress Recovery During Exposure to Natural and Urban Environments," *Journal of Environmental Psychology* 11, no. 3 (1991): 201−30, doi.org/10.1016/s0272-4944(05)80184-7; and Daniel K. Brown et al., "Viewing Nature Scenes Positively Affects Recovery of Autonomic Function Following Acute-Mental Stress," *Environmental Science and Technology* 47, no. 11 (2013): 5562−69, doi.org/10.1021/es305019p.

23 Jon H. Kaas, "The Evolution of the Complex Sensory and Motor Systems of the Human Brain," *Brain Research Bulletin* 75, no. 2-4 (Mar. 2008): 384−90, doi.org/10.1016/j.brainresbull.2007.10.009.

24 Rodriguez and Kross, "Sensory Emotion Regulation."

25 자세한 내용은 다음 자료를 참고하라. Elizabeth A. Kensinger and Jaclyn H. Ford, "Retrieval of Emotional Events from Memory," *Annual Review of Psychology* 71, no. 1 (2019), doi.org/10.1146/annurev-psych-010419-051123; and Linda J. Levine and David A. Pizarro, "Emotion and Memory Research: A Grumpy Overview," *Social Cognition* 22, no. 5 (2004): 530−54, doi.org/10.1521/soco.22.5.530.50767.

26 Marcel Proust, *In Search of Lost Time* (New York: Modern Library, 2003).

27　　Rodriguez and Kross, "Sensory Emotion Regulation"; Jeffrey D. Green et al., "The Proust Effect: Scents, Food, and Nostalgia," *Current Opinion in Psychology* 50 (April 2023): 101562, doi.org/10.1016/j.copsyc.2023.101562.

28　　Judith K. Daniels and Eric Vermetten, "OdorInduced Recall of Emotional Memories in PTSD—Review and New Paradigm for Research," *Experimental Neurology* 284 (Oct. 2016): 168-80, doi.org/10.1016/j.expneurol.2016.08.001.

29　　J. Garcia, D. J. Kimeldorf, and R. A. Koelling, "Conditioned Aversion to Saccharin Resulting from Exposure to Gamma Radiation," *Science* 122, no. 3160 (1955): 157-58, doi.org/10.1126/science.122.3160.157; Carl R. Gustavson et al., "Coyote Predation Control by Aversive Conditioning," *Science* 184, no. 4136 (1974): 581-83, doi.org/10.1126/science.184.4136.581. 자세한 내용은 다음 자료를 참고하라. John Garcia et al., "A General Theory of Aversion Learning," *Annals of the New York Academy of Sciences* 443, no. 1 (1985): 8-21, doi.org/10.1111/j.1749-6632.1985.tb27060.x.

30　　Ethan Kross et al., "Social Rejection Shares Somatosensory Representations with Physical Pain," *Proceedings of the National Academy of Sciences* 108, no. 15 (2011): 6270-75, doi.org/10.1073/pnas.1102693108.

31　　Michael Inzlicht, Amitai Shenhav, and Christopher Y. Olivola, "The Effort Paradox: Effort Is Both Costly and Valued," *Trends in Cognitive Sciences* 22, no. 4 (2018): 337-49.

32　　Mahita Gajanan, "Here's What Song Michael Phelps Was Listening to When He Made That Face," *Time*, Aug. 29, 2016, time.com/4470449/michael-phelps-olympics-face-future/; Nicole Puglise, "What Is Michael Phelps Listening to on His Trademark Olympics Headphones?," *The Guardian*, Aug. 8, 2016, www.theguardian.com/sport/2016/aug/08/michael-phelps-headphones-music-swimming-olympics-rio#:~:text=.

33 N. Ravaja et al., "Feeling Touched: Emotional Modulation of Somatosensory Potentials to Interpersonal Touch," *Scientific Reports* 7, no. 1 (2017): 40504, doi.org/10.1038/srep40504; Jente L. Spille et al., "Cognitive and Emotional Regulation Processes of Spontaneous Facial Self-Touch Are Activated in the First Milliseconds of Touch: Replication of Previous EEG Findings and Further Insights," *Cognitive, Affective, and Behavioral Neuroscience* 22 (2022): 984–1000, doi.org/10.3758/s13415-022-00983-4.

34 Jakubiak and Feeney, "Affectionate Touch to Promote Relational, Psychological, and Physical Well-Being in Adulthood."

35 다음 논문을 참고하여 나는 평균 디코딩 시작 시간(Table 2)을 계산한 뒤 가장 가까운 백 단위로 반올림했다. Raphael Wallroth and Kathrin Ohla, "As Soon as You Taste It: Evidence for Sequential and Parallel Processing of Gustatory Information," *eNeuro* 5, no. 5 (2018): ENEURO.0269-18.2018, doi.org/10.1523/eneuro.0269-18.2018. 다음 자료도 함께 참고하라. Rosalind S. E. Carney, "Parallel and Sequential Sequences of Taste Detection and Discrimination in Humans," *eNeuro* 6, no. 1 (2019): ENEURO.0010-19.2019, doi.org/10.1523/ENEURO.0010-19.2019.

36 자세한 내용은 다음 자료를 참고하라. Amelia D. Dahlén et al., "Subliminal Emotional Faces Elicit Predominantly Right-Lateralized Amygdala Activation: A Systematic Meta-analysis of fMRI Studies," *Frontiers in Neuroscience* 16 (2022), doi.org/10.3389/fnins.2022.868366; Arne Öhman et al., "On the Unconscious Subcortical Origin of Human Fear," *Physiology and Behavior* 92, no. 1–2 (2007): 180–85, doi.org/10.1016/j.physbeh.2007.05.057.

37 Chayce Baldwin et al., "Managing Emotions in Everyday Life: Why a Toolbox of Strategies Matters" (미시간 대학교 문서).

38 Ariana Orvell et al., "Does Distanced Self-Talk Facilitate Emotion Regulation Across a Range of Emotionally Intense Experiences?," *Clinical Psychological Science* 9, no. 1 (2021): 68–78.

39　미카엘라 로드리게스와 공저한 논문에서 이를 언급한 바 있다. 다음 자료도 함께 참고하라. Iris Duif et al., "Effects of Distraction on Taste-Related Neural Processing: A Cross-Sectional fMRI Study," *American Journal of Clinical Nutrition* 111, no. 5 (2020), doi.org/10.1093/ajcn/nqaa032.

40　Spille et al., "Cognitive and Emotional Regulation Processes of Spontaneous Facial Self-Touch Are Activated in the First Milliseconds of Touch."

41　Patrick G. Hunter et al., "Misery Loves Company: Mood-Congruent Emotional Responding to Music," *Emotion* 11, no. 5 (2011): 1068–72, doi.org/10.1037/a0023749.

42　Tatjana van Strien and Machteld A. Ouwens, "Effects of Distress, Alexithymia, and Impulsivity on Eating," *Eating Behaviors* 8, no. 2 (2007): 251–57, doi.org/10.1016/j.eatbeh.2006.06.004; Catherine Potard, Robert Courtois, and Emmanuel Rusch, "The Influence of Peers on Risky Sexual Behaviour During Adolescence," *European Journal of Contraception and Reproductive Health Care* 13, no. 3 (2008): 264–70, doi.org/10.1080/13625180802273530.

43　Mark Paterson, *The Senses of Touch: Haptics, Affects, and Technologies* (London: Bloomsbury Academic, 2013); Tiffany Field, *Touch* (Cambridge, Mass.: MIT Press, 2014).

44　U.S. Department of Health and Human Services, "New Surgeon General Advisory Raises Alarm about the Devastating Impact of the Epidemic of Loneliness and Isolation in the United States," May 3, 2023, www.hhs.gov/about/news/2023/05/03/new-surgeon-general-advisory-raises-alarm-about-devastating-impact-epidemic-loneliness-isolation-united-states.html.

45　여기에 소개한 증언들은 피실험자들에게 어떤 식으로 외로움을 극복하는지를 묻는 탐색 조사를 통해 수집했다.

chapter 각 스포트라이트, 돌리거나 비추거나

1   Dimitro, interview by Goldman, collections.ushmm.org/search/catalog/irn504865.
2   자세한 내용은 다음 자료를 참고하라. M. I. Posner, "Attention: The Mechanisms of Consciousness," *Proceedings of the National Academy of Sciences* 91, no. 16 (1994): 7398–403, doi.org/10.1073/pnas.91.16.7398; Freek van Ede and Anna C. Nobre, "Turning Attention Inside Out: How Working Memory Serves Behavior," *Annual Review of Psychology* 74, no. 1 (2022), doi.org/10.1146/annurev-psych-021422-041757.
3   E. B. Foa and M. J. Kozak, "Emotional Processing of Fear: Exposure to Corrective Information," *Psychological Bulletin* 99, no. 1 (1986): 20–35, pubmed.ncbi.nlm.nih.gov/2871574/.
4   이선 크로스 지음, 강주헌 옮김, 『채터, 당신 안의 훼방꾼』, 김영사, 2021.
5   Drew Shiller, "Steve Kerr Explains Why Phil Jackson Let Dennis Rodman Go to Las Vegas," NBC Sports, April 27, 2020, www.nbcsportsbayarea.com/nba/golden-state-warriors/steve-kerr-explains-why-phil-jackson-let-dennis-rodman-go-to-las-vegas/1364859/.
6   Jason Heir, *The Last Dance*, episode 3 (Netflix: April 2020).
7   Justin Barrasso, "Rodman Once Skipped Practice During Finals for WCW Gig," *Sports Illustrated*, April 27, 2020, www.si.com/wrestling/2020/04/27/dennis-rodman-wcw-nitro-1998-nba-finals-practice.
8   Stefan G. Hofmann and Aleena C. Hay, "Rethinking Avoidance: Toward a Balanced Approach to Avoidance in Treating Anxiety Disorders," *Journal of Anxiety Disorders* 55 (2018): 14–21.
9   G. A. Bonanno et al., "When Avoiding Unpleasant Emotions Might Not Be Such a Bad Thing: VerbalAutonomic Response Dissociation and Midlife Conjugal Bereavement," *Journal of Personality and Social Psychology* 69, no. 5 (1995).

10 자세한 내용은 다음 자료를 참고하라. Charles J. Holahan et al., "Stress Generation, Avoidance Coping, and Depressive Symptoms: A 10-Year Model," *Journal of Consulting and Clinical Psychology* 73, no. 4 (2005): 658–66, doi.org/10.1037/0022-006x.73.4.658.

11 이선 크로스 지음, 강주헌 옮김, 『채터, 당신 안의 훼방꾼』, 김영사, 2021; D. T. Gilbert et al., "Immune Neglect: A Source of Durability Bias in Affective Forecasting," *Journal of Personality and Social Psychology* 75, no. 3 (1998): 617–38, www.ncbi.nlm.nih.gov/pubmed/9781405, doi.org/10.1037//0022-3514.75.3.617.

12 Michael J. A. Wohl and April L. McGrath, "The Perception of Time Heals All Wounds: Temporal Distance Affects Willingness to Forgive Following an Interpersonal Transgression," *Personality and Social Psychology Bulletin* 33.7 (2007): 1023–35; Emma Bruehlman-Senecal, Özlem Ayduk, and Oliver P. John, "Taking the Long View: Implications of Individual Differences in Temporal Distancing for Affect, Stress Reactivity, and Well-Being," *Journal of Personality and Social Psychology* 111.4 (2016): 610–35.

13 늘 직시만 하는 접근법의 한 예가 반추(rumination)이다. 반추에 빠진 사람들은 자신이 겪고 있는 문제에 반복적으로 초점을 맞추고 그것을 곱씹기만 할 뿐 실질적인 해결로는 나아가지 못한다. 『채터, 당신 안의 훼방꾼』을 참고하라.

14 Amelia Aldao et al., "Emotion-Regulation Strategies across Psychopathology: A Meta-Analytic Review," *Clinical Psychology Review* 30, no. 2 (March 2010): 217–37, pubmed.ncbi.nlm.nih.gov/20015584/, doi.org/10.1016/j.cpr.2009.11.004.

15 George A. Bonanno et al., "The Importance of Being Flexible," *Psychological Science* 15.7 (2004): 482–87.

16 Cecilia Cheng, Hi-Po Bobo Lau, and ManPui Sally Chan, "Coping Flexibility and Psychological Adjustment to Stressful Life Changes: A Meta-analytic Review," *Psychological Bulletin* 140, no. 6 (2014): 1582–607.

chapter 5 감정을 바라보는 필터 바꾸기

1 제리의 이야기는 2013년 2월 23일에 내가 진행한 인터뷰와 그의 회고록을 토대로 했다. Jerry M. Linenger, *Off the Planet: Surviving Five Perilous Months Aboard the Space Station Mir* (New York: McGraw-Hill, 2000).

2 Anna Gosline, "Survival in Space Unprotected Is Possible—Briefly," *Scientific American*, Feb. 14, 2008.

3 감정을 조절하기 위해 믿음을 바꾸는 방법은 꽤 오래전부터 존재해 왔다. 서양과 동양의 고대 철학 모두에는 마음을 바꾸어 감정을 변화시키는 것의 이로움을 지지하는 오랜 전통이 있다. 고대 그리스의 스토아학파 철학자였던 에픽테토스(Epictetos)는 "사람들을 괴롭게 하는 것은 사물 자체가 아니라, 그 사물에 대한 그들의 관점이다."라는 명언을 남기기도 했다. 거의 2,000년이 지나서야 과학이 에픽테토스와 그 동료들의 생각을 따라잡았다. 19세기의 심리학자들은 처음에는 무의식적 힘들이 감정을 발생시킨다는 생각에 사로잡혀 있었다. 지크문트 프로이트처럼 말이다. 그러다가 다음 세대에서는 그 생각을 거부하고 '파블로프의 개' 실험처럼 관찰할 수 있는 대상에 초점을 맞추기 시작했다. 그리고 마침내 1970년대에 '인지 혁명'이 일어나 심리학계를 휩쓸었고 이후로 계속해서 주류 자리를 지키고 있다.

4 일부 사람들은 재구성의 핵심이 자신의 느낌을 긍정적으로 재해석하는 것이라고 생각한다. 물론 이러한 방식에는 이점도 많지만, 긍정적 재구성은 인지 전환의 유용한 한 가지 사례일 뿐이다. 인식을 재구성할 때 더욱 냉철하고 거리를 둔 관점을 취하면서 객관적 시야를 확보할 수도 있다. 이 경우 우리는 여전히 부정적 상황에 대해 계속 생각하고 있지만 '삶이 당신에게 레몬을 준다면 레모네이드를 만들어라(힘든 시련을 긍정적 기회로 바꾸라는 미국 속담 - 옮긴이).' 식으로 대처하는 건 아니다. 궁극적으로 도움이 되는 훨씬 생산적인 방식으로 부정적 상황을 이겨낼 수 있게 된다.

5 Debra A. Bangasser and Amelia Cuarenta, "Sex Differences in Anxiety and Depression: Circuits and Mechanisms," *Nature Reviews Neuroscience*, Sept. 20, 2021, doi.org/10.1038/s41583-021-00513-0; Liana S. Leach et al.,

"Gender Differences in Depression and Anxiety Across the Adult Lifespan: The Role of Psychosocial Mediators," *Social Psychiatry and Psychiatric Epidemiology* 43, no. 12 (2008): 983–98, doi.org/10.1007/s00127-008-0388-z; Carmen P. McLean and Emily R. Anderson, "Brave Men and Timid Women? A Review of the Gender Differences in Fear and Anxiety," *Clinical Psychology Review* 29, no. 6 (2009): 496–505, doi.org/10.1016/j.cpr.2009.05.003.

6   보다 전문적으로 설명하자면, 인지적 노력이 필요한 처리 과정을 추적하는 신경생리학적 파형인 자극 선행 부정파(stimulus preceding negativity)에서 활동 레벨이 높아졌다. 자기 자신과 관련된 감정 반응을 추적하는 신경 파형인 후반 양성 전위(late posivie potential)에서도 상당히 높은 활동 레벨을 기록했다. Jason S. Moser et al., "Neural Markers of Positive Reappraisal and Their Associations with Trait Reappraisal and Worry," *Journal of Abnormal Psychology* 123, no. 1 (2014): 91–105, doi.org/10.1037/a0035817.

7   Sarah Seraj et al., "Language Left Behind on Social Media Exposes the Emotional and Cognitive Costs of a Romantic Breakup," *Proceedings of the National Academy of Sciences* 118, no. 7 (2021), doi.org/10.1073/pnas.2017154118.

8   Johannes C. Eichstaedt et al., "Facebook Language Predicts Depression in Medical Records," *Proceedings of the National Academy of Sciences* 115, no. 44 (2018): 11203–8, doi.org/10.1073/pnas.1802331115.

9   Amy F. T. Arnsten, "Stress Signalling Pathways That Impair Prefrontal Cortex Structure and Function," *Nature Reviews Neuroscience* 10, no. 6 (June 2009): 410–22, www.ncbi.nlm.nih.gov/pmc/articles/PMC2907136/#:~:text=The%20prefrontal%20cortex%20(PFC)%20intelligently,brain%20regions%20(BOX%201), doi.org/10.1038/nrn2648.

10 Jean-Marc Dewaele, "The Emotional Force of Swearwords and Taboo Words in the Speech of Multilinguals," *Journal of Multilingual and Multicultural Development* 25, no. 2–3 (2004): 204–22, doi.

org/10.1080/01434630408666529; Jean-Marc Dewaele, "The Emotional Weight of I Love You in Multilinguals' Languages," *Journal of Pragmatics* 40, no. 10 (2008): 1753−80, doi.org/10.1016/j.pragma.2008.03.002; Fernando Gonzalez-Reigosa, "The Anxiety-Arousing Effect of Taboo Words in Bilinguals," in *Cross-Cultural Anxiety*, ed. Charles D. Spielberger and Rogelio Diaz-Guerrero (Washington, D.C.: Hemisphere, 1976), 89−105; Catherine L. Caldwell-Harris et al., "Physiological Reactivity to Emotional Phrases in Mandarin−English Bilinguals," *International Journal of Bilingualism* 15, no. 3 (2011): 329−52, doi.org/10.1177/1367006910379262; Jennifer Suzanne Schwanberg, "Does Language of Retrieval Affect the Remembering of Trauma?," *Journal of Trauma and Dissociation* 11, no. 1 (2010): 44−56, doi:10.1080/15299730903143550; Catherine L. Harris, "Bilingual Speakers in the Lab: Psychophysiological Measures of Emotional Reactivity," *Journal of Multilingual and Multicultural Development* 25, no. 2−3 (2004): 223−47, doi.org/10.1080/01434630408666530; Catherine L. Harris, Ayşe Ayçiçeği, and Jean Berko Gleason, "Taboo Words and Reprimands Elicit Greater Autonomic Reactivity in a First Language Than in a Second Language," *Applied Psycholinguistics* 24, no. 4 (2003): 561−79, doi.org/10.1017/S0142716403000286; Sayuri Hayakawa et al., "Thinking More or Feeling Less? Explaining the Foreign-Language Effect on Moral Judgment," *Psychological Science* 28, no. 10 (Aug. 14, 2017): 1387−97, doi.org/10.1177/0956797617720944; Boaz Keysar et al., "The Foreign-Language Effect: Thinking in a Foreign Tongue Reduces Decision Biases on Behalf Of: Association for Psychological Science," *Sage Journals* 23, no. 6 (2012), doi.org/10.1177/0956797611432178.

11 www.facebook.com/TennisMajors; "Mamba Mentality: The Exact Words Djokovic Told Himself in the Mirror," *Tennis Majors*, July 6, 2022, www.tennismajors.com/wimbledon-news/mamba-mentality-the-exact-words-djokovic-told-himself-in-the-mirror-610966.html.

12 Igor Grossmann and Ethan Kross, "Exploring Solomon's Paradox: Self-Distancing Eliminates the Self-Other Asymmetry in Wise Reasoning About Close Relationships in Younger and Older Adults," *Psychological Science* 25, no. 8 (2014): 1571-80, doi.org/10.1177/0956797614535400.

13 자세한 내용은 다음 자료를 참고하라. Ariana Orvell et al., "What 'You' and 'We' Say About Me: How Small Shifts in Language Reveal and Empower Fundamental Shifts in Perspective," *Social and Personality Psychology Compass*, April 6, 2022, doi.org/10.1111/spc3.12665; Ariana Orvell et al., "Linguistic Shifts: A Relatively Effortless Route to Emotion Regulation?," *Current Directions in Psychological Science* 28, no. 6 (2019): 567-73, doi.org/10.1177/0963721419861411. 자기 거리두기(self-distancing)와 감정 조절 효과에 관한 연구는 다음 자료를 참고하라. Moran and Eyal, "Emotion Regulation by Psychological Distance and Level of Abstraction"; Ethan Kross et al., "Self-Reflection at Work: Why It Matters and How to Harness Its Potential and Avoid Its Pitfalls," *Annual Review of Organizational Psychology and Organizational Behavior* 10, no. 1 (2023): 441-64, doi.org/10.1146/annurev-orgpsych-031921-024406.

14 '그들(they)'이 언어 전환 장치로서 기능하는지는 아직 연구를 통해 체계적으로 탐구된 적이 없다. 하지만 이론적 관점에서 보면 '그들' 역시 '너', '그', '그녀'와 같은 말을 사용할 때와 비슷한 효과를 내리라 기대할 수 있다.

15 Christopher T. Webster et al., "An Event-Related Potential Investigation of Distanced Self-Talk: Replication and Comparison to Detached Reappraisal," *International Journal of Psychophysiology* 177 (July 2022); Jason S. Moser, "Third-Person Self-Talk Facilitates Emotion Regulation Without Engaging Cognitive Control: Converging Evidence from ERP and fMRI," *Scientific Reports* 7, no. 1 (2017), doi.org/10.1038/s41598-017-04047-3.

16 Erik C. Nook et al., "A Linguistic Signature of Psychological Distancing in Emotion Regulation," *Journal of Experimental Psychology: General* 146, no. 3 (2017): 337-46, doi.org/10.1037/xge0000263; Erik C. Nook et al.,

"Use of Linguistic Distancing and Cognitive Reappraisal Strategies During Emotion Regulation in Children, Adolescents, and Young Adults," *Emotion* 20, no. 4 (2020): 525−40, doi.org/10.1037/emo0000570.

17 Orvell et al., "Does Distanced Self-Talk Facilitate Emotion Regulation Across a Range of Emotionally Intense Experiences?"; Ethan Kross et al., "Self-Talk as a Regulatory Mechanism: How You Do It Matters," *Journal of Personality and Social Psychology* 106, no. 2 (2014): 304−24, doi.org/10.1037/a0035173; Sanda Dolcos and Dolores Albarracin, "The Inner Speech of Behavioral Regulation: Intentions and Task Performance Strengthen When You Talk to Yourself as a You," *European Journal of Social Psychology* 44, no. 6 (2014): 636−42, doi.org/10.1002/ejsp.2048; Ethan Zell et al., "Splitting of the Mind," *Social Psychological and Personality Science* 3, no. 5 (2011): 549−55, doi.org/10.1177/1948550611430164.

18 Erik C. Nook et al., "Linguistic Measures of Psychological Distance Track Symptom Levels and Treatment Outcomes in a Large Set of Psychotherapy Transcripts," *Proceedings of the National Academy of Sciences* 119, no. 13 (2022), doi.org/10.1073/pnas.2114737119.

19 Igor Grossmann et al., "Training for Wisdom: The Distanced-Self-Reflection Diary Method," *Psychological Science* 32, no. 3 (2021): 381−94, doi.org/10.1177/0956797620969170.

20 Bruehlman-Senecal and Ayduk, "This Too Shall Pass"; Bruehlman-Senecal, Ayduk, and John, "Taking the Long View."

21 Victor J. Strecher, *Life on Purpose: How Living for What Matters Most Changes Everything* (New York: HarperOne, 2016).

22 폴 칼라니티 지음, 이종인 옮김, 『숨결이 바람 될 때』, 흐름출판, 2016.

23 빅터 프랭클 지음, 이시형 옮김, 『빅터 프랭클의 죽음의 수용소에서』, 청아출판사, 2020.

chapter 6 감정에도 오아시스가 필요하다

1   로리 산토스의 이야기를 이 책에 실으려고 그녀를 두 차례 인터뷰했다.
2   이는 '솔로몬의 역설'을 더없이 잘 보여주는 사례이다. 우리는 자신보다 타인에게 조언을 더 잘하는 경향이 있다.
3   T. Talhelm et al., "Large-Scale Psychological Differences Within China Explained by Rice Versus Wheat Agriculture," *Science* 344, no. 6184 (2014): 603-8, doi.org/10.1126/science.1246850.
4   Cheol-Sung Lee et al., "People in Historically Rice-Farming Areas Are Less Happy and Socially Compare More Than People in Wheat-Farming Areas," *Journal of Personality and Social Psychology* 124, no. 5 (2023): 935-57.
5   이 이야기에 등장하는 인물의 신변을 보호하기 위해 이름 및 세부 정보를 약간 수정했다. 그 외 다른 내용은 모두 사실 그대로다.
6   이선 크로스 지음, 강주헌 옮김, 『채터, 당신 안의 훼방꾼』, 김영사, 2021; Gregory N. Bratman et al., "Nature and Mental Health: An Ecosystem Service Perspective," *Science Advances* 5, no. 7 (2019), doi.org/10.1126/sciadv.aax0903; Dacher Keltner, *Awe* (New York: Penguin Press, 2023).
7   Robert Gifford, "Environmental Psychology Matters," *Annual Review of Psychology* 65, no. 1 (2014): 541-79, doi.org/10.1146/annurev-psych-010213-115048; Leila Scannell and Robert Gifford, "Defining Place Attachment: A Tripartite Organizing Framework," *Journal of Environmental Psychology* 30, no. 1 (2010): 1-10, doi.org/10.1016/j.jenvp.2009.09.006; Maria Lewicka, "Place Attachment: How Far Have We Come in the Last 40 Years?," *Journal of Environmental Psychology* 31, no. 3 (2011): 207-30, doi.org/10.1016/j.jenvp.2010.10.001.
8   Kathleen Wolf, "Place Attachment and Meaning," Green Cities: Good Health, College of the Environment, University of Washington, 2014, depts.washington.edu/hhwb/Thm_Place.html.
9   Hazan and Shaver, "Romantic Love Conceptualized as an Attachment

Process"; Mario Mikulincer and Phillip R. Shaver, *Attachment in Adulthood: Structure, Dynamics, and Change*, 2nd ed. (New York: Guilford Press, 2016).

10 Jerry J. Vaske and Katherine C. Kobrin, "Place Attachment and Environmentally Responsible Behavior," *Journal of Environmental Education* 32, no. 4 (2001): 16–21.

11 James J. Gross, "The Emerging Field of Emotion Regulation: An Integrative Review," *Review of General Psychology* 2, no. 3 (1998): 271–99, doi.org/10.1037//1089-2680.2.3.271. 다음 자료도 함께 참고하라. Angela L. Duckworth et al., "Situational Strategies for Self-Control," *Perspectives on Psychological Science* 11, no. 1 (2016): 35–55, doi.org/10.1177/1745691615623247; Walter Mischel et al., "Cognitive and Attentional Mechanisms in Delay of Gratification," *Journal of Personality and Social Psychology* 21, no. 2 (1972): 204–18, doi.org/10.1037/h0032198; Walter Mischel, *The Marshmallow Test: Understanding Self-Control and How to Master It* (London: Corgi Books, 2015).

12 Duckworth et al., "Stitch in Time."

13 Kentaro Fujita et al., "Smarter, Not Harder: A Toolbox Approach to Enhancing Self-Control," *Policy Insights from the Behavioral and Brain Sciences* 7, no. 2 (2020): 149–56, doi.org/10.1177/2372732220941242; Denise T. D. de Ridder et al., "Taking Stock of Self-Control: A Meta-analysis of How Trait Self-Control Relates to a Wide Range of Behaviors," *Personality and Social Psychology Review* 16, no. 1 (2012): 76–99, doi.org/10.1177/1088868311418749.

14 Emre Selcuk et al., "Mental Representations of Attachment Figures Facilitate Recovery Following Upsetting Autobiographical Memory Recall," *Journal of Personality and Social Psychology* 103, no. 2 (2012): 362–78, doi.org/10.1037/a0028125.

15 Ed Diener and Martin E. P. Seligman, "Very Happy People," *Psychological Science* 13, no. 1 (2002): 81–84, doi.org/10.1111/1467-9280.00415;

Robert Waldinger and Marc Schulz, *The Good Life* (New York: Simon & Schuster, 2023).

16 Leon Festinger, Stanley Schachter, and Kurt Back, *Social Pressures in Informal Groups: A Study of Human Factors in Housing* (New York: Harper, 1950).

chapter 7 감정 조언자를 찾아라

1 Roy F. Baumeister and Mark R. Leary, "The Need to Belong: Desire for Interpersonal Attachments as a Fundamental Human Motivation," *Psychological Bulletin* 117, no. 3 (1995): 497–529, doi.org/10.1037/0033-2909.117.3.497.

2 Sigal Barsade, "The Contagion We Can Control," *Harvard Business Review*, March 26, 2020, hbr.org/2020/03/the-contagion-we-can-control; Barsade, "Ripple Effect."

3 Sigal Barsade et al., "Emotional Contagion in Organizational Life," *Research in Organizational Behavior* 38 (2018): 137–51, doi.org/10.1016/j.riob.2018.11.005.

4 Alison L. Hill et al., "Emotions as Infectious Diseases in a Large Social Network: The SISa Model," *Proceedings of the Royal Society B: Biological Sciences* 277, no. 1701 (2010): 3827–35, doi.org/10.1098/rspb.2010.1217.

5 고전적 연구에 관해서는 다음 자료를 참고했다. Gustave Le Bon, *The Crowd: A Study of the Popular Mind* (New York: Viking Press, 1960); and Elaine Hatfield, John T. Cacioppo, and Richard L. Rapson, *Emotional Contagion* (Cambridge, U.K.: Cambridge University Press, 2003). 현대적 연구에 관해서는 다음 자료를 참고했다. Barsade et al., "Emotional Contagion in Organizational Life."

6 Barsade, "Contagion We Can Control"; Abraham Sagi and Martin L.

Hoffman, "Empathic Distress in the Newborn," *Developmental Psychology* 12, no. 2 (1976): 175-76, doi.org/10.1037/0012-1649.12.2.175. 자세한 내용은 다음 자료를 참고하라. Korrina A. Duffy and Tanya L. Chartrand, "Mimicry: Causes and Consequences," *Current Opinion in Behavioral Sciences* 3 (June 2015): 112-16, doi.org/10.1016/j.cobeha.2015.03.002; Susan S. Jones, "Imitation in Infancy," *Psychological Science* 18, no. 7 (2007): 593-99, doi.org/10.1111/j.1467-9280.2007.01945.x.

7 감정 전염을 둘러싼 경계조건(boundary condition: 어떤 이론이나 효과가 적용되는 한계나 조건 - 옮긴이)에 관한 탁월한 논의는 다음 자료를 참고하라. Guillaume Dezecache et al., "Emotional Contagion: Its Scope and Limits," *Trends in Cognitive Sciences* 19, no. 6 (2015): 297-99, doi.org/10.1016/j.tics.2015.03.011. 다음 자료도 참고하라. Patrick Bourgeois and Ursula Hess, "The Impact of Social Context on Mimicry," *Biological Psychology* 7, no. 3 (2008): 343-52.

8 수많은 과학자가 흉내 내기를 촉진하는 조건과 억제하는 조건을 연구해 왔다. 이에 관한 간결한 논의는 다음 자료를 참고하라. Duffy and Chartrand, "Mimicry."

9 감정 전염에 이르는 의식적·무의식적 경로에 대한 논의는 다음 자료를 참고하라. Barsade et al., "Emotional Contagion in Organizational Life."

10 Gerben A. van Kleef and Stéphane Côté, "The Social Effects of Emotions," *Annual Review of Psychology* 73 (Jan. 2022): 629-58.

11 Arnold B. Bakker et al., "Burnout Contagion Among General Practitioners," *Journal of Social and Clinical Psychology* 20, no. 1 (2001): 82-98. doi.org/10.1521/jscp.20.1.82.22251; Willem Verbeke, "Individual Differences in Emotional Contagion of Salespersons: Its Effect on Performance and Burnout," *Psychology & Marketing* 14, no. 6 (1997): 617-36, doi.org/10.1002/(sici)1520-6793(199709)14:6⟨617::aid-mar6⟩3.0.co;2-a.

12 Barsade et al., "Emotional Contagion in Organizational Life."

13 Amanda J. Rose, "The Costs and Benefits of Co-rumination," *Child*

Development Perspectives 15, no. 3 (2021): 176-81, doi.org/10.1111/cdep.12419; David S. Lee et al., "When Chatting About Negative Experiences Helps—and When It Hurts: Distinguishing Adaptive Versus Maladaptive Social Support in Computer-Mediated Communication," Emotion 20, no. 3 (2019), doi.org/10.1037/emo0000555.

14 Bernard Rimé et al., "Intrapersonal, Interpersonal, and Social Outcomes of the Social Sharing of Emotion," Current Opinion in Psychology 31 (Feb. 2020): 127-34, doi.org/10.1016/j.copsyc.2019.08.024; Lisanne S. Pauw et al., "I Hear You (Not): Sharers' Expressions and Listeners' Inferences of the Need for Support in Response to Negative Emotions," Cognition and Emotion 33, no. 6 (2018): 1129-43, doi.org/10.1080/02699931.2018.1536036; Bernard Rimé, "Emotion Elicits the Social Sharing of Emotion: Theory and Empirical Review," Emotion Review 1, no. 1 (Jan. 2009): 60-85, doi.org/10.1177/1754073908097189.

15 Mario Mikulineer and Phillip R. Shaver, "An Attachment and Behavioral Systems Perspective on Social Support," Journal of Social and Personal Relationships 26, no. 1 (2009): 7-19, doi.org/10.1177/0265407509105518.

16 Diana I. Tamir and Jason P. Mitchell, "Disclosing Information About the Self Is Intrinsically Rewarding," Proceedings of the National Academy of Sciences 109, no. 21 (2012): 8038-43.

17 Bernard Rimé, "Emotion Elicits the Social Sharing of Emotion: Theory and Empirical Review," Emotion Review 1, no. 1 (Jan. 2009): 60-85, doi.org/10.1177/1754073908097189.

18 이선 크로스 지음, 강주헌 옮김, 『채터, 당신 안의 훼방꾼』, 김영사, 2021; Lee et al., "When Chatting About Negative Experiences Helps—and When It Hurts"; Bernard Rimé, "Emotion Elicits the Social Sharing of Emotion: Theory and Empirical Review," Emotion Review 1, no. 1 (2009): 60-85, doi.org/10.1177/1754073908097189.

19 Ethan Kross et al., "Facebook Use Predicts Declines in Subjective Well-Being in Young Adults," *PLoS ONE* 8, no. 8 (2013), doi.org/10.1371/journal.pone.0069841.

20 Philippe Verduyn et al., "Passive Facebook Usage Undermines Affective Well-Being: Experimental and Longitudinal Evidence," *Journal of Experimental Psychology: General* 144, no. 2 (2015): 480–88, pubmed.ncbi.nlm.nih.gov/25706656/.

21 "Most Popular Social Networks Worldwide as of April 2024, by Number of Monthly Active Users," Statista, 2024, www.statista.com/statistics/272014/global-social-networks-ranked-by-number-of-users/.

22 Moira Burke et al., "Social Comparison and Facebook: Feedback, Positivity, and Opportunities for Comparison," *Proceedings of the 2020 CHI Conference on Human Factors in Computing Systems* (2020): 1–13, reviewed in Ethan Kross et al., "Social Media and Well-Being: Pitfalls, Progress, and Next Steps," *Trends in Cognitive Sciences* 25, no. 1 (2020), doi.org/10.1016/j.tics.2020.10.005.

23 "Daily Time Spent on Social Networking by Internet Users Worldwide from 2012 to 2022," Statista, March 21, 2022, www.statista.com/statistics/433871/daily-social-media-usage-worldwide/.

24 Roy F. Baumeister et al., "Bad Is Stronger Than Good," *Review of General Psychology* 5, no. 4 (2001): 323–70. 다음 자료도 함께 참고하라. Daniel Kahneman and Amos Tversky, "Prospect Theory: An Analysis of Decision Under Risk," *Econometrica* 47, no. 2 (1979): 263–92, www.jstor.org/stable/1914185.

25 Jerry Suls et al., "Social Comparison: Why, with Whom, and with What Effect?," *Current Directions in Psychological Science* 11, no. 5 (2002): 159–63, doi.org/10.1111/1467-8721.00191.

26 K. Fliessbach et al., "Social Comparison Affects Reward-Related Brain Activity in the Human Ventral Striatum," *Science* 318, no. 5854 (2007):

1305-8, doi.org/10.1126/science.1145876.

27 자세한 내용은 다음 자료를 참고하라. Verduyn et al., "Social Comparison on Social Networking Sites"; Peter R. Blake and Katherine McAuliffe, "'I Had So Much It Didn't Seem Fair': EightYear-Olds Reject Two Forms of Inequity," *Cognition* 120, no. 2 (2011): 215-24, doi.org/10.1016/j.cognition.2011.04.006; Vanessa LoBue et al., "When Getting Something Good Is Bad: Even Three-Year-Olds React to Inequality," *Social Development* 20, no. 1 (2010): 154-70, doi.org/10.1111/j.1467-9507.2009.00560.x; Ernst Fehr et al., "Egalitarianism in Young Children," *Nature* 454, no. 7208 (2008): 1079-83, doi.org/10.1038/nature07155; Joyce F. Benenson et al., "Do Young Children Understand Relative Value Comparisons?," *PLoS ONE* 10, no. 4 (2015): e0122215, doi.org/10.1371/journal.pone.0122215.

28 Matthew Baldwin and Thomas Mussweiler, "The Culture of Social Comparison," *Proceedings of the National Academy of Science*s 115, no. 39 (2018): E9067-74, doi.org/10.1073/pnas.1721555115; Thomas Mussweiler, "Comparison Processes in Social Judgment: Mechanisms and Consequences," *Psychological Review* 110, no. 3 (2003): 472-89, doi.org/10.1037/0033-295x.110.3.472; Suls et al., "Social Comparison"; Abraham Tesser, "Toward a Self-Evaluation Maintenance Model of Social Behavior," in *Advances in Experimental Social Psychology*, ed. Leonard Berkowitz (New York: Academic, 1988), 21:181-227; Paul Gilbert et al., "Social Comparison, Social Attractiveness, and Evolution: How Might They Be Related?," *New Ideas in Psychology* 13, no. 2 (1995): 149-65, doi.org/10.1016/0732-118x(95)00002-x.

29 자발적인 사회적 비교와 의도적인 사회적 비교에 관한 논의는 다음 자료를 참고하라. Baldwin and Mussweiler, "Culture of Social Comparison."

30 Leon Festinger, "A Theory of Social Comparison Processes," *Human Relations* 7, no. 2 (1954): 117-40.

31 J. P. Gerber et al., "A Social Comparison Theory Meta-analysis 60+ Years On," *Psychological Bulletin* 144, no. 2 (2018): 177-97, doi.org/10.1037/bul0000127.

32 M. Rodriguez, O. Ayduk, and E. Kross, "Harnessing Downward Social Comparison for Emotion Regulation" (작성 중 논문).

33 Suls et al., "Social Comparison."

34 Peter A. McCarthy and Nexhmedin Morina, "Exploring the Association of Social Comparison with Depression and Anxiety: A Systematic Review and Meta-analysis," *Clinical Psychology and Psychotherapy* 27, no. 5 (2020), doi.org/10.1002/cpp.2452.

35 Elizabeth W. Dunn et al., "Spending Money on Others Promotes Happiness," *Science* 319, no. 5870 (2008): 1687-88, doi.org/10.1126/science.1150952.

36 소득과 행복의 관계를 둘러싼 이야기는 시간이 지나면서 계속 발전해 왔다. 이제는 고전으로 통하는 초기 논문에서는 일정 수준의 소득(약 7만 5,000달러)에 도달하면 이후로 행복이 크게 바뀌지 않는다고 주장했다. 이와 관련해서 다음 자료를 참고하라. Daniel Kahneman and Angus Deaton, "High Income Improves Evaluation of Life but Not Emotional Well-Being," *Proceedings of the National Academy of Sciences* 107, no. 38 (2010): 16489-93, doi.org/10.1073/pnas.1011492107. 최근에 더 많은 양의 데이터를 분석한 연구가 나와서 이전의 주장들을 뒤집었으며, 대다수 사람에게 소득과 행복은 비례하는 것으로 나타났다. 이와 관련해서 다음 자료를 참고하라. Matthew A. Killingsworth, "Experienced Well-Being Rises with Income, Even Above $75,000 per Year," *Proceedings of the National Academy of Sciences* 118, no. 4 (2021), doi.org/10.1073/pnas.2016976118. 다음 자료도 참고하라. Matthew A. Killingsworth et al., "Income and Emotional Well-Being: A Conflict Resolved," *Proceedings of the National Academy of Sciences* 120, no. 10 (2023), doi.org/10.1073/pnas.2208661120.

37 Lara B. Aknin et al., "The Emotional Rewards of Prosocial

Spending Are Robust and Replicable in Large Samples," *Current Directions in Psychological Science* 31, no. 6 (2022): 536-45, doi. org/10.1177/09637214221121100; Lara B. Aknin et al., "Happiness and Prosocial Behavior: An Evaluation of the Evidence," *World Happiness Report*, March 20, 2019.

38 Lara B. Aknin et al., "Prosocial Spending and Well-Being: Cross-Cultural Evidence for a Psychological Universal," *Journal of Personality and Social Psychology* 104, no. 4 (2013): 635-52, doi.org/10.1037/a0031578. 자세한 내용은 다음 자료를 참고하라. Aknin et al., "Happiness and Prosocial Behavior."

39 Mohith M. Varma and Xiaoqing Hu, "Prosocial Behaviour Reduces Unwanted Intrusions of Experimental Traumatic Memories," *Behaviour Research and Therapy* 148 (Jan. 2022): 103998, doi.org/10.1016/j.brat.2021.103998.

40 Dale T. Miller, "The Norm of Self-Interest," *American Psychologist* 54, no. 12 (1999): 1053-60, doi.org/10.1037/0003-066x.54.12.1053.

41 아동과 성인이 즉각적인 이익이 없을 때조차 타인을 돕는 조건에 관한 훌륭한 논의를 보려면 다음을 참고하라. John Helliwell and Lara B. Aknin, "Expanding the Social Science of Happiness," *Nature Human Behaviour* 2, no. 4 (2018): 248-52, doi.org/10.1038/s41562-018-0308-5.

42 Ernst Fehr and Urs Fischbacher, "The Nature of Human Altruism," *Nature* 425, no. 6960 (2003): 785-91, doi.org/10.1038/nature02043.

43 Robert L. Trivers, "The Evolution of Reciprocal Altruism," *Quarterly Review of Biology* 46, no. 1 (1971): 35-57; Sarah F. Brosnan and Frans B. M. de Waal, "A Proximate Perspective on Reciprocal Altruism," *Human Nature* 13, no. 1 (2002): 129-52, doi.org/10.1007/s12110-002-1017-2.

44 자세한 논의는 다음 자료를 참고하라. Oliver Scott Curry et al., "Happy to Help? A Systematic Review and Meta-analysis of the Effects of Performing Acts of Kindness on the Well-Being of the Actor," *Journal of*

Experimental Social Psychology 76 (May 2018): 320 – 29, doi.org/10.1016/j.jesp.2018.02.014.

45 Soyoung Q. Park et al., "A Neural Link Between Generosity and Happiness," Nature Communications, July 11, 2017, doi.org/10.1038/ncomms15964.

46 Jessica J. Walsh et al., "Dissecting Neural Mechanisms of Prosocial Behaviors," Current Opinion in Neurobiology 68 (June 1, 2021): 9 – 14, www.sciencedirect.com/science/article/pii/S0959438820301744?via=ihub, doi.org/10.1016/j.conb.2020.11.006.

47 Curry et al., "Happy to Help?"

chapter 8 마음을 움직이는 마스터 스위치

1 홀리스는 해당 인물의 요구에 따라 사용한 가명이다. 이 책에 실린 이야기는 홀리스와의 인터뷰, 그리고 AA 모임의 웹사이트에 있는 "빅 북(Big Book)"의 내용을 바탕으로 했다. Alcoholics Anonymous, "The Big Book | Alcoholics Anonymous," www.aa.org/the-big-book.

2 Jeanne L. Tsai and Magali Clobert, "Cultural Influences on Emotion: Established Patterns and Emerging Trends," in Handbook of Cultural Psychology, ed. Dov Cohen and Shinobu Kitayama, 2nd ed. (New York: The Guilford Press, 2019): 292 – 318; H. R. Markus and S. Kitayama, "Cultural Variation in the SelfConcept," in The Self: Interdisciplinary Approaches, ed. Jaine Strauss and George R. Goethals (New York: Springer, 1991): 18 – 48.

3 APA Dictionary of Psychology (2018), s.v. "group," dictionary.apa.org/group; Henri Tajfel et al., "Social Categorization and Intergroup Behaviour," European Journal of Social Psychology 1, no. 2 (1971): 149 – 78, doi.org/10.1002/ejsp.2420010202; Adam B. Cohen, "Many Forms of Culture," American Psychologist 64 (2009): 194 – 204, https://doi.org/10.1037/a0015308.

4   Foley R. A. Tsai and M. Mirazón Lahr, "The Evolution of the Diversity of Cultures," *Philosophical Transactions of the Royal Society B: Biological Sciences* 366, no. 1567 (April 12, 2011): 1080-89, www.ncbi.nlm.nih.gov/pmc/articles/PMC3049104/, doi.org/10.1098/rstb.2010.0370. Tsai and Clobert, "Cultural Influences on Emotion"; Markus and Kitayama, "Cultural Variation in the Self-Concept"; David Matsumoto et al., "Culture, Emotion Regulation, and Adjustment," *Journal of Personality and Social Psychology* 94 (2008): 925-37, doi.org/10.1037/0022-3514.94.6.925.

5   A. L. Kroeber and Clyde Kluckhohn, *Culture: A Critical Review of Concepts and Definition* (Cambridge, Mass.: Peabody Museum Press, 1952), https://peabody.harvard.edu/publications/culture-critical-review-concepts-and-definitions; Hazel Rose Markus and Maryam G. Hamedani, "Sociocultural Psychology: The Dynamic Interdependence among Self Systems and Social Systems," in *Handbook of Cultural Psychology*, ed. Dov Cohen and Shinobu Kitayama, 1st ed. (New York: The Guilford Press, 2007).

6   George E. Vaillant, "Positive Emotions and the Success of Alcoholics Anonymous," *Alcoholism Treatment Quarterly* 32, no. 2-3 (June 30, 2014): 214-24, doi.org/10.1080/07347324.2014.907032.

7   브릭스의 이야기는 다음의 기사에서 발견했다. Michaeleen Doucleff and Jane Greenhalgh, "How Inuit Parents Teach Kids to Control Their Anger," NPR, March 13, 2019, www.npr.org/sections/goatsandsoda/2019/03/13/685533353/a-playful-way-to-teach-kids-to-control-their-anger. 이후 브릭스의 책에서 이야기를 발췌해서 이 책에 실었다. Jean L. Briggs, *Never in Anger: Portrait of an Eskimo Family* (Cambridge, Mass.: Harvard University Press, 2001), 276; Jozefien De Leersnyder et al., "Cultural Regulation of Emotion: Individual, Relational, and Structural Sources," *Frontiers in Psychology* 4, no. 55 (2013), www.ncbi.nlm.nih.gov/pmc/articles/PMC3569661/, doi.org/10.3389/fpsyg.2013.00055.

8   C. Nathan DeWall et al., "Social Exclusion and Early-Stage Interpersonal

Perception: Selective Attention to Signs of Acceptance," *Journal of Personality and Social Psychology* 96, no. 4 (2009): 729-41, doi.org/10.1037/a0014634; Solomon E. Asch, "Opinions and Social Pressure," *Scientific American*, 193 (1955).

9 Ethan Kross et al, "Social Rejection Shares Somatosensory Representations with Physical Pain," *Proceedings of the National Academy of Sciences* 108, no. 15 (2011): 6270-75, doi.org/10.1073/pnas.1102693108.

10 Alexandra Wormley et al., "Religion and Human Flourishing," *Journal of Positive Psychology*, Dec. 24, 2023, 1-16, doi.org/10.1080/17439760.2023.2297208; Zeve J. Marcus and Michael E. McCullough, "Does Religion Make People More Self-Controlled? A Review of Research from the Lab and Life," *Current Opinion in Psychology* 40 (Aug. 2021): 167-70, doi.org/10.1016/j.copsyc.2020.12.001; David B. Newman and Jesse Graham, "Religion and Well-Being," in *Handbook of Well-Being*, ed. Ed Diener, Shigehiro Oishi, and Louis Tay (Salt Lake City: DEF, 2018). 종교와 행복 사이의 긍정적 상관관계를 입증한 연구 대부분은 횡단적 상관 연구에 기반하고 있지만, 종단적 연구 결과가 점점 더 축적되면서 종교가 행복을 증진한다는 견해를 뒷받침하는 결과들이 나오고 있다. 한 연구 프로그램에 따르면, 의식과 기도를 강조하여 (종종 '자기 통제' 혹은 '자기 조절'이라는 이름으로) 감정 조절을 도와주는 종교의 특성이 이런 결과를 낸다고 부분적으로 설명한다. 이 문제를 다룬 연구로는 다음 자료를 참고하라. Marcus and McCullough, "Does Religion Make People More Self-Controlled?"

11 Patty Van Cappellen et al., "Religion and Well-Being: The Mediating Role of Positive Emotions," *Journal of Happiness Studies* 17 (2016): 485-505; Allon Vishkin et al., "Religion and Spirituality Across Cultures," *Cross-Cultural Advancements in Positive Psychology* (2014): 247-69, doi.org/10.1007/978-94-017-8950-9_13.

12 Aaron C. Kay et al., "Compensatory Control," *Current Directions in Psychological Science* 18 (2009): 264-68, doi.org/10.1111/j.1467-

8721.2009.01649.x.

13 Center for Substance Abuse Treatment (US), "Exhibit 6-7, 12-Step Group Values and the Culture of Recovery," www.ncbi.nlm.nih.gov, 2014, www.ncbi.nlm.nih.gov/books/NBK248421/box/ch6.box12/?report=objectonly.

14 Jon Boon, "Meet Aussie Psychologist Who Helped England Banish Their Penalty Demons," *Sun*, July 4, 2018, www.thesun.co.uk/world-cup-2018/6696032/dr-pippa-grange-psychologist-england/; Russell Hope, "How England Ended Their Penalties Curse," Sky News, July 4, 2018, news.sky.com/story/why-do-england-always-lose-at-penalties-11425022.

15 "FA Appoints Grange in 'Head of People' Role," ESPN.com, Nov. 10, 2017, www.espn.com/soccer/story/_/id/37538144/fa-names-pippa-grange-head-people-team-development.

16 Jane Fryer, "The Woman Who Pulled Off That World Cup Penalty Shootout Miracle," *Mail Online*, July 4, 2018, www.dailymail.co.uk/news/article-5919187/The-woman-pulled-World-Cup-penalty-shootout-miracle.html.

17 Mike Isaac, "Inside Uber's Aggressive, Unrestrained Workplace Culture," *New York Times*, Feb. 22, 2017, www.nytimes.com/2017/02/22/technology/uber-workplace-culture.html.

18 "The History of Uber," *Investopedia*, accessed Jan. 20, 2024, www.investopedia.com/articles/personal-finance/111015/story-uber.asp.

19 UberValues, www.uber.com/us/en/careers/values/.

20 Charles Duhigg, "What Google Learned from Its Quest to Build the Perfect Team," *New York Times*, Feb. 25, 2016, www.nytimes.com/2016/02/28/magazine/what-google-learned-from-its-quest-to-build-the-perfect-team.html.

21 Rachel Sharp, "The FA's Pippa Grange: How Culture Coaching Improves Performance," *HR*, Sept. 23, 2019, www.hrmagazine.co.uk/content/news/

the-fa-s-pippa-grange-how-culture-coaching-improves-performance/.
22 Emine Saner, "How the Psychology of the England Football Team Could Change Your Life," *Guardian*, July 10, 2018, www.theguardian.com/football/2018/jul/10/psychology-england-football-team-change-your-life-pippa-grange.

chapter 9 나만의 자동 전환 시스템을 설계하라

1 맷의 이야기를 이 책에 싣고자 그와 여러 차례 인터뷰를 진행했다.
2 Angela L. Duckworth et al., "From Fantasy to Action," *Social Psychological and Personality Science* 4, no. 6 (2013): 745 – 53, doi.org/10.1177/1948550613476307; Gabriele Oettingen, *Rethinking Positive Thinking: Inside the New Science of Motivation* (New York: Current, 2015); Gabriele Oettingen, "Future Thought and Behaviour Change," *European Review of Social Psychology* 23, no. 1 (2012): 1 – 63, doi.org/10.1080/10463283.2011.643698; Character Lab, "Gabriele Oettingen—Full-Length— Educator Summit 2018," Vimeo, Nov. 14, 2018, vimeo.com/300909888; Gabriele Oettingen and Peter Gollwitzer, "From Feeling Good to Doing Good," in *The Oxford Handbook of Positive Emotion and Psychopathology*, June Gruber, ed. (New York: Oxford University Press, 2019).
3 Peter M. Gollwitzer and Veronika Brandstätter, "Implementation Intentions and Effective Goal Pursuit," *Journal of Personality and Social Psychology* 73, no. 1 (1997): 186 – 99, doi.org/10.1037/0022-3514.73.1.186; Peter M. Gollwitzer and Gabriele Oettingen, "Implementation Intentions," in *Encyclopedia of Behavioral Medicine*, ed. Marc D. Gellman (New York: Springer, 2020), 1159 – 64; Peter M. Gollwitzer, "Implementation Intentions: Strong Effects of Simple Plans," *American Psychologist* 54, no. 7 (1999): 493 – 503, doi.org/10.1037/0003-066x.54.7.493.

4 Maik Bieleke, Lucas Keller, and Peter M. Gollwitzer, "If-Then Planning," *European Review of Social Psychology* 32, no. 1 (2021): 88-122; Gollwitzer, "Implementation Intentions."

5 Duckworth et al., "From Fantasy to Action"; Oettingen, *Rethinking Positive Thinking*; Oettingen, "Future Thought and Behaviour Change"; Character Lab, "Gabriele Oettingen—Full-Length—Educator Summit 2018."

6 WOOP의 가치를 다양한 분야에서 강조한 주요 과학 논문들의 요약을 보려면 다음을 참고하라. "The Science Behind WOOP," WOOP, woopmylife.org/en/science.

7 Angela L. Duckworth et al., "Self-Regulation Strategies Improve Self-Discipline in Adolescents: Benefits of Mental Contrasting and Implementation Intentions," *Educational Psychology* 31, no. 1 (2011): 17-26, doi.org/10.1080/01443410.2010.506003; Gabriele Oettingen et al., "Self-Regulation of Time Management: Mental Contrasting with Implementation Intentions," *European Journal of Social Psychology* 45, no. 2 (2015): 218-29, doi.org/10.1002/ejsp.2090l; Duckworth et al., "From Fantasy to Action."

8 Nora Rebekka Krott and Gabriele Oettingen, "Mental Contrasting of Counterfactual Fantasies Attenuates Disappointment, Regret, and Resentment," *Motivation and Emotion* 42, no. 1 (2017): 17-36, doi.org/10.1007/s11031-017-9644-4; Gabriele Oettingen et al., "Turning Fantasies About Positive and Negative Futures into Self-Improvement Goals," *Motivation and Emotion* 29, no. 4 (2005): 236-66, doi.org/10.1007/s11031-006-9016-y.

9 Gertraud Stadler et al., "Physical Activity in Women," *American Journal of Preventive Medicine* 36, no. 1 (2009): 29-34, doi.org/10.1016/j.amepre.2008.09.021; Gertraud Stadler et al., "Intervention Effects of Information and Self-Regulation on Eating Fruits and Vegetables over Two Years," *Health Psychology* 29, no. 3 (2010): 274-83, doi.org/10.1037/

a0018644.

10   Anja Fritzsche et al., "Mental Contrasting with Implementation Intentions Increases Goal-Attainment in Individuals with Mild to Moderate Depression," *Cognitive Therapy and Research* 40, no. 4 (2016): 557-64.

11   Sylviane Houssais et al., "Using Mental Contrasting with Implementation Intentions to Self-Regulate Insecurity-Based Behaviors in Relationships," *Motivation and Emotion* 37, no. 2 (2012): 224-33, doi.org/10.1007/s11031-012-9307-4.

12   Daniel Schunk et al., "Teaching Self-Regulation," *Nature Human Behaviour* 6 (2022): 1680-90, doi.org/10.1038/s41562-022-01449-w.

13   Fujita et al., "Smarter, Not Harder"; Bonanno and Burton, "Regulatory Flexibility."

14   Baldwin Chayce et al., "Managing Emotions in Everyday Life: Why a Toolbox of Strategies Matters" (미시간 대학교 문서).

나가며

1   이선 크로스 지음, 강주헌 옮김, 『채터, 당신 안의 훼방꾼』, 김영사, 2021.

옮긴이
왕수민

서강대학교에서 역사와 철학을 전공했다. 주로 인문 및 교양 분야의 도서를 맡아 번역하고 있다. 옮긴 책으로 『바른 마음』, 『나쁜 교육』, 『클라이브 폰팅의 세계사 1』, 『조너선 하이트의 바른 행복』, 『유럽: 하나의 역사』, 『폭염 살인』, 『운동하는 사피엔스』, 『다시, 리더란 무엇인가』 등이 있다.

감정의 과학

초판 1쇄 발행 2025년 9월 19일

지은이 이선 크로스
옮긴이 왕수민

발행인 윤승현 **단행본사업본부장** 신동해
편집장 김예원 **책임편집** 정다이
디자인 [★]규 **마케팅** 최혜진 이인국 **홍보** 반여진
국제업무 김은정 김지민 **제작** 정석훈

브랜드 웅진지식하우스 **주소** 경기도 파주시 회동길 20
문의전화 031-956-7362(편집) 031-956-7089(마케팅)
홈페이지 www.wjbooks.co.kr
인스타그램 www.instagram.com/woongjin_readers
페이스북 https://www.facebook.com/woongjinreaders
블로그 blog.naver.com/wj_booking

발행처 ㈜웅진씽크빅
출판신고 1980년 3월 29일 제406-2007-000046호

한국어판 출판권 ⓒ ㈜웅진씽크빅, 2025
ISBN 978-89-01-29747-7 (03190)

- 웅진지식하우스는 ㈜웅진씽크빅 단행본사업본부의 브랜드입니다.
- 저작권법에 의해 한국 내에서 보호를 받는 저작물이므로 무단전재와 무단복제를 금합니다.
- 이 책 내용의 전부 또는 일부를 이용하려면 반드시 저작권자와 ㈜웅진씽크빅의 서면 동의를 받아야 합니다.
- 책값은 뒤표지에 있습니다.
- 잘못된 책은 구입하신 곳에서 바꾸어 드립니다.